Johdata meidät valoon

Kokoelma Mata Amritanandamayin opetuksia

Koonnut Swami Jnanamritananda

Mata Amritanandamayi Center, San Ramon
Kalifornia, Yhdysvallat

Johdata meidät valoon
Kokoelma Sri Mata Amritanandamayin opetuksia
Koonnut Swami Jnanamritananda

Julkaisija:
Mata Amritanandamayi Center
P.O. Box 613
San Ramon, CA 94583
Yhdysvallat

———————— *Lead us to the Light (Finnish)* —————

Ensimmäinen painos MA Centerin: huhtikuussa 2016

Kääntänyt Nistha Nina Laurila

Saatavissa myös: www.amma.fi

Intiassa:
    www.amritapuri.org
    inform@amritapuri.org

Oi Korkein Olevainen,

Johda meidät epätotuudesta totuuteen,

Pimeydestä valoon,

Ja kuolemasta kuolemattomuuteen.

Om rauhaa, rauhaa, rauhaa.

Brihadaranyaka Upanishad (1: 3: 28)

Sisältö

Esipuhe

Tämä kirja on käännös malayalaminkielisestä alkuteoksesta *Jyotirgamaya*, ja se on kokoelma Amman puheista kysymysten ja vastausten muodossa. Nämä tekstit ovat ilmestyneet aiemmin *Matruvanissa*. Amman jokainen sana levittää tiedon valoa ja karkottaa hämmennyksen pilviä, jotka saattavat varjostaa hänen lastensa mieliä. Jotkut keskustelut liittyvät johonkin tiettyyn aiheeseen. Toisinaan taas esitetyt kysymykset edustavat kuulijoiden mielissä nousevia epäselvyyksiä. Amma antaa kaikkiin kysymyksiin sopivan vastauksen. Amman ainut tavoite on hänen lastensa henkinen kehitys.

Kyseenalaistaminen on merkki mielen kasvusta. Jos epäilyksiä ei poisteta, ne hidastavat yksilön kehittymistä. Tästä syystä ne tulisi selvittää heti saman tien. Vain tällöin matka voi jatkua eteenpäin. Henkistä tietoa janoavat voivat luottaa *Mahatman* [suuren sielun] sanojen olevan vapaita hämmennyksestä.

Jokainen Amman lausuma sana valaisee polkua eteenpäin. Seuraavilta sivuilta saamme lukea Hänen vastauksiaan kysymyksiin ja nykyajan epäselvyyksiin. Vastaukset tulevat hänen kokemuksensa auktoriteetin ja täydellisen älyn voiman kautta.

Swami Jnanamritananda
Amritapuri, 24.8.2000

5

Yöllä Amman kanssa takavesien äärellä

Aamuyöllä noin kello kahdelta kuului kierresimpukan kuoresta tehdyn torven ääni. Se oli merkki Devi Bhava-*darshanin*[1] päättymisestä. Päivä oli ollut hyvin kiireinen, sillä ashramin asukkaat olivat kantaneet koko päivän hiekkaa täyttämään takavesiä, jotta ashramille saataisiin lisää maata. Ammakin oli osallistunut hiekan kantamiseen, joten kaikki olivat hyvin innokkaita. Amma oli antanut ensin aamupäivästä alkaen *darshania* ja sen loputtua tullut taas jo vajaan kahden tunnin kuluttua, eli noin kello viideltä, huoneestaan ulos laulamaan henkisiä lauluja. Tämän jälkeen hän oli aloittanut Devi Bhava-*darshanin*. Ja nyt monta tuntia myöhemmin hän nousi ylös annettuaan *darshanin* jokaiselle. Mutta sen sijaan, että olisi mennyt huoneeseensa, Amma käveli suoraan takavesien rannalle. Tuona päivänä saapuneesta hiekkaerästä osa oli vielä kantamatta ja seuraava hiekkatoimitus saapuisi jo aamulla. Kaikki asukkaat ja vierailijat ryntäsivät kantamaan hiekkaa Amman kanssa.

Ammaa jo hieman tunteville siinä ei ollut mitään uutta, että hän ryhtyi näin raskaaseen työhön lykäten syömistä ja lepäämistä. Mutta Mark, joka oli juuri saapunut Saksasta tapaamaan Ammaa ensimmäistä kertaa, ei kestänyt tätä näkyä. Hän yritti toistuvasti napata hiekkasäkin Amman harteilta, mutta Amma ei antanut periksi.

Amma päätti järjestää kaikille pienen tauon ja viittoi Markin luokseen. Markin silmät täyttyivät kyynelistä siinä silmänräpäyksessä, kun hän katsoi Amman kauniisiin kasvoihin.

---

[1] Tilaisuutta, jossa Amma vastaanottaa ja siunaa henkilökohtaisesti hänen luokseen tulevat ihmiset, kutsutaan darshaniksi.

"Poikani, Ammalla[2] ei ole ollut mahdollisuutta puhua kanssasi ennen kuin vasta nyt. Oletko siksi niin surullinen?"

"Ei, en ole surullinen siksi, että et ole puhunut minulle. Minut tekee surulliseksi se, että näen sinun ja oppilaidesi tekevän näin raskasta työtä. Amma, jos annat minulle siunauksesi, niin lahjoitan sinulle kaiken omaisuuteni. Haluan nähdä sinun lepäävän sen sijaan, että raadat yöt ja päivät tällä tavoin."

Amma nauroi Markin vastaukselle.

Amma: Poikani, tämä on ashram eikä mikään lomakeskus. Tämä paikka on epäitsekästä palvelua harjoittavia varten ja ashramin asukkaat joutuvat ponnistelemaan ahkerasti saavuttaakseen tavoitteensa. Tämä paikka on taivas henkisyyteen suuntautuneille ihmisille. Näiden lasteni elämä on ollut pitkään raskasta työntekoa, mutta se ei ole tuntunut heistä kurjalta tai vaikealta. Amma on sanonut heille aina ensivierailusta lähtien, että heidän tulee olla kuin kynttilöitä. Kynttilä palaa loppuun antaessaan valoa toisille. Vastaavasti uhrautuvaisuutemme tuo maailmaan valoa - todellisen Itsemme valoa.

Ajattele kuinka moni maailman ihmisistä kärsii. Ajattele kaikkia niitä sairaita ja köyhiä ihmisiä, jotka joutuvat kärsimään kivuistaan, koska heillä ei ole varaa mennä lääkäriin eikä ostaa lääkkeitä. Ajattele niitä nälkäänäkeviä, jotka kamppailevat epätoivoisina pysyäkseen hengissä saamatta edes yhtä ateriaa päivässä. On myös paljon lapsia, jotka joutuvat jättämään opintonsa kesken, koska heidän vanhemmillaan ei ole varaa maksaa heidän opintojaan. Mutta me voimme auttaa näitä hädänalaisia ihmisiä säästämällä osan palkastamme. Ashramin orpokodissa esimerkiksi asuu viisisataa lasta. Meidän tulee olla valmiita auttamaan toisia, vaikka se tarkoittaisi sitä, että joudumme itsekin hieman kärsimään.

[2] Amma puhuu itsestään yleensä kolmannessa persoonassa.

Kaikki pitävät sellaisesta työstä, jossa istutaan sisällä toimistotuolilla. Kukaan ei halua tehdä tällaista raskasta työtä, jota nyt teemme. Mutta eikö meidän tulisi toimia esimerkkinä muille? Eikö Krishna sanonutkin *Bhagavad Gitassa,* että mielentyyneys on joogaa? Meidän tulee nähdä kaikki tekemämme työ tapana palvella Jumalaa. Kun lapset näkevät Äidin työskentelevän tänään tällä tavoin, he eivät epäröi tarttua toimeen huomenna. Todellinen Itse on ikuinen ja se löytyy vain hävittämällä kehotietoisuus, mikä puolestaan onnistuu vain luopumalla. Epäitsekästä elämää elävien ihmisten on mahdollista muuntaa mikä tahansa tilanne suotuisaksi.

Poikani, kukaan ei pysty tekemään henkisiä harjoituksia 24 tuntia vuorokaudessa. Kaikki henkisiltä harjoituksilta jäävä muu aika tulee käyttää hyvien tekojen tekemiseen. Tämä auttaa vähentämään ajatusten määrää. Näkyvä maailma on *satgurun* keho [satguru on itseoivaltanut henkinen mestari]. Mestarin ohjeiden mukaan työskenteleminen on rakkautta mestaria kohtaan. Epäitsekäs työ on yksi henkisen harjoituksen muodoista. Poikani, luopuminen on ainoa tie kuolemattomuuteen.

Kysymys: Eikö Jumala olekin luonut tämän kehon ja kaikki maailmassa olevat asiat sitä varten, että voisimme nauttia niistä ja elää onnellisina?

Amma: Jos et piittaa lainkaan liikennesäännöistä, vaan ajat autolla juuri niin kuin sinua huvittaa, ajat melko varmasti jossain vaiheessa kolarin ja saatat kuolla. Sinun tulee noudattaa tiellä liikkuessasi liikennesääntöjä. Jumala loi kaiken, mutta hän myös laati lait, joita meidän tulee noudattaa. Jos emme noudata sääntöjä, tulemme katumaan sitä myöhemmin. Syö vain sen verran kuin on tarpeen. Puhu vain silloin kun se on välttämätöntä. Nuku vain niin kauan kuin sinun tarvitsee. Käytä kaikki muu aika hyvien tekojen tekemiseen. Älä hukkaa sekuntiakaan elämästäsi. Yritä elää elämäsi ollen hyödyksi muille. Jos syöt suklaata niin paljon kuin haluat, vatsasi tulee kipeäksi. Mikä tahansa asia voi muuttua ongelmaksi liiallisuuksiin vietynä. Meidän täytyy ymmärtää, että maallinen onni aiheuttaa kärsimystä.

Kysymys: Eikö Jumala olekin kaikkien tekojemme takana?

Amma: Jumala on antanut meille älyn ja meidän tulisi käyttää sitä erottelukyvyn kehittämiseen. Meidän tulisi käyttää älyä ja erottelukykyä tehdessämme tekoja. Jumala on myös luonut myrkyn, mutta kukaan ei syö myrkkyä ilman syytä. Emme epäröi käyttää erottelukykyämme silloin kun on kyse tällaisista asioista, mutta meidän tulisi punnita jokainen tekomme vastaavalla tarkkaavaisuudella.

Kysymys: Henkiselle mestarille antautuvat ihmiset ovat mieleltään heikkoja, eikö niin?

Amma: Kun painat sateenvarjon kahvassa olevaa nappia, sateenvarjo aukeaa. Vastaavasti henkisen mestarin edessä kumartaminen voi avata mielesi Universaaliksi Mieleksi. Tämän kaltainen tottelevaisuus ja nöyryys ei ole merkki heikkoudesta. Mestari on kuin suodatin vedenpuhdistamolla: se puhdistaa mielesi ja suodattaa egosi pois. Ihmisistä on tullut egojensa avuttomia orjia kaikissa tilanteissa. Ihmiset eivät toimi erottelukykyään käyttämällä.

Eräänä iltana varas murtautui taloon. Asukkaat heräsivät murtovarkaan tullessa sisään, joten varas pakeni kadulle. Talon asukkaat ja heidän naapurinsa lähtivät jahtaamaan varasta huutaen kovaan ääneen: "Varas! Ottakaa varas kiinni!" Varasta jahtaava joukkio kasvoi kokoaan, jolloin varas liittyi heidän joukkoonsa huutaen kurkkunsa täydeltä: "Varas" Varas!" Egomme liittyy samalla tavoin salakavalasti ja huomaamatta seuraamme. Vaikka

Jumala tarjoaa meille monia mahdollisuuksia hylätä egomme, me toimimme päinvastoin: hoivaamme egoa ja teemme siitä seuralaisemme.

Nykyaikana elävien ihmisten mielet ovat yhtä heikkoja kuin ruukussa kasvava taimi – jos sitä ei kastella joka päivä, se kuihtuu ja kuolee pois jo heti seuraavana päivänä. Mieltä on mahdotonta saada hallintaan ilman kuria ja sääntöjä. Sinun tulee noudattaa mestarisi ohjeiden mukaisia sääntöjä ja kieltoja kunnes tulet mielesi herraksi. Sitten kun olet saanut mielesi hallintaasi, sinulla ei ole enää mitään pelättävää, sillä erottelukyvyn voima herää sisälläsi ja johdattaa sinua eteenpäin.

Olipa kerran mies, joka etsi itselleen mestaria. Hän halusi löytää gurun, joka opastaisi häntä hänen toiveidensa mukaisesti. Yksikään guru ei kuitenkaan suostunut tähän eikä mies puolestaan voinut hyväksyä yhdenkään gurun asettamia sääntöjä. Lopen uupuneena mies kävi niitylle makaamaan levätäkseen. Mies ajatteli: "Maailmassa ei taida olla yhtä ainuttakaan gurua, joka opastaisi minua haluamallani tavalla. Enkä suostu kenenkään orjaksi! Mitä tahansa teenkin, eikö Jumala olekin noiden tekojen takana?" Mies kallisti päätään sivulle ja huomasi lähellään seisovan kamelin, joka nyökytti päätään. "Ah, siinäpä minulle sopiva mestari!", hän ajatteli. "Oi kameli, ryhtyisitkö mestarikseni?" hän kysyi ja kameli nyökkäsi vastaukseksi. Ja niin kamelista tuli miehen henkinen mestari. "Oi mestarini, saanko viedä sinut kotiini?", mies kysyi ja jälleen kameli nyökkäsi vastaukseksi. Niinpä mies vei sen kotiinsa ja sitoi sen puuhun kiinni. Muutaman päivän kuluttua mies kysyi mestariltaan: "Oi mestarini, olen rakastunut erääseen naiseen, saanko mennä hänen kanssaan naimisiin?" Kameli nyökytteli. "Oi mestarini, minulla ei ole lapsia", mies sanoi. Kameli nyökytteli jälleen. Perheeseen syntyi lapsia. "Saanko nauttia hieman alkoholia ystävieni seurassa?", mies kysyi ja kameli nyökkäsi. Miehestä tuli alkoholisti ja hän ajautui riitoihin vaimonsa kanssa. "Oi mestarini, vaimoni on varsinainen maanvaiva, saanko tappaa hänet?", mies kysyi kamelilta. Kameli nyökkäsi ja mies tappoi vaimonsa. Sitten poliisi pidätti hänet ja mies tuomittiin vankilaan koko loppuelämäkseen.

Poikani, jos löydät gurun, joka antaa sinut tehdä mitä huvittaa tai elää juuri niin kuin itse haluat, päädyt kahleisiin. Jumala on antanut meille kaikille erottelukykyisen älyn, jota meidän tulisi käyttää. Meidän tulee noudattaa mestarimme sanallisia ohjeita. Aito mestari elää vain ja ainoastaan oppilaidensa vuoksi. Ykseys on ainoa totuus. Sitä ei voi sanoin kuvata. Se on itse elämä. Se on kokemus. Se on jotain, joka tulee sisältäsi. Kun kukka kukkii, sen tuoksu leviää kaikkialle itsestään.

Kysymys: En ymmärrä mitä pahaa siinä on, että nauttii aistimaailman kohteista niiden aistien avulla, jotka Jumala on meille antanut. Ja eikö Jumala itse asiassa antanut aistit meille juuri sitä varten, että nauttisimme luomakunnasta?

Amma: Kuten Amma sanoi, kaikkiin asioihin pätee tietyt säännöt ja meidän tulisi elää elämämme näiden sääntöjen mukaan. Kaikella on oma sisäsyntyinen luontonsa. Jumala on antanut ihmisille aistien lisäksi erottelukyisen älyn. Aistinautintojen perässä juoksevat arvostelukyvyttömät ihmiset eivät koskaan löydä onnea ja rauhaa. He joutuvat aina kärsimään.

Olipa kerran matkamies, joka saapui vieraaseen maahan, jossa hän ei ollut käynyt koskaan aiemmin. Ihmiset olivat hänelle täysin vieraita eikä hän osannut puhua heidän kieltään. Hän ei myöskään tuntenut paikallisia tapoja eikä heidän ruokakulttuuriaan. Mies kuljeskeli kaduilla nähtävyyksiä ihaillen kunnes päätyi lopulta paikalliselle torille, joka vilisi ihmisiä. Tarjolla oli monia hänelle täysin tuntemattomia hedelmiä. Hän huomasi, että monet ostivat erästä tiettyä hedelmää. Mies arveli hedelmien olevan erityisen makeita ja mehukkaita kun ne kerran tekivät kauppansa niin hyvin. Mies päätti ostaa näitä hedelmiä kassillisen. Hän etsi varjoisan paikan puun alta, istui alas ja otti kassista yhden hedelmistä. Mies puraisi hedelmää ja hänen yllätyksekseen se ei ollutkaan makea vaan polttavan tulinen. Mies puraisi hedelmää uudestaan ja se poltti edelleen. Mies oli aivan varma siitä, että loppuosan hedelmästä täytyy olla makea, joten hän puraisi kolmannen kerran ja jälleen hedelmä poltti hänen suutansa kuin tuli. Mies oli varma, että joku hedelmistä osoittautuisi makeaksi, joten hän otti kassista seuraavan ja maistoi sitä. Sekin oli polttavan tulinen, mutta mies ei antanut periksi, vaan maistoi itsepäisesti aina seuraavaa ja seuraavaa hedelmää kyyneleet poskia pitkin valuen, kunnes hän oli syönyt kaikki hedelmät. Miesparka oli tuskissaan! Hän kaipasi niin kovasti makeaa ja mehukasta, mutta sai osakseen vain tulta ja tappuraa. Nuo miehen makeaksi luulemat hedelmät olivat nimittäin chilipaprikoita! Kaikki olisi mennyt hyvin, jos hän olisi jättänyt hedelmät rauhaan ensimmäisen tai toisen puraisun jälkeen. Miehen ei olisi ollut mikään pakko kärsiä niin kovasti, mutta makeannälässään hän söi kaikki chilit ja sai kärsiä valintansa seuraukset. Chili on polttavan tulinen, se on sen olemus. Mies ei saanut chileistä mitään muuta kuin niiden katselemisen nautinnon.

Ihmiset etsivät onnea asioista, joiden todellinen luonne on kaikkea muuta paitsi onnea tuovaa. Niinpä he siirtyvät kohteesta toiseen kuvitellen seuraavan tuovan onnea. Mieli on saanut meidät uskomaan, että voimme löytää onnen ulkoisista kohteista, mutta todellisuudessa onni ei löydy niistä yhdestäkään. Onni, jota etsit, löytyy vain sisältäsi. Jumala on antanut meille kehon, aistit ja älyn, jotta voisimme oivaltaa tämän totuuden ja etsiä autuuden todellista lähdettä. Jos käytämme aistejamme käyttämättä erottelukykyämme, koemme pelkkää kärsimystä kaipaamamme onnen asemesta.

Kehoa ja aisteja voi käyttää kahdella eri tavalla. Jos käytämme niitä Jumalan etsimiseen, saamme kokea ikuisen autuuden. Jos taas tavoittelemme pelkkiä aistinautintoja, tulemme kokemaan sen seurauksena yhtä suunnatonta tuskaa kuin tarinan mies, joka etsi makeutta chilipaprikoista.

Jos tavoittelemme aistinautintoja ymmärtämättä, että niiden todellinen olemus on kärsimys, joudumme väistämättä kokemaan kärsimystä. Mutta jos ymmärrämme ulkoisten kohteiden todellisen luonteen, kärsimys ei heikennä meitä. Meren aalto nousee ja hajoaa rantaan hetkeä myöhemmin. Aallonharjat eivät ole pitkäikäisiä. Vastaavasti henkilö, joka etsii onnea ulkoisista kohteista, musertuu kohdatessaan kärsimystä. Mieliala saattaa kohota hetkellisesti ulkoisia kohteita tavoitellessa, mutta tuo onni ei ole aitoa ja pysyvää onnea, vaan se johtaa kärsimykseen. Voimme oppia tästä sen, että onni ei löydy ulkoisista kohteista.

Se että ihminen hakee onnea aineellisen maailman asioista, on johtanut kärsimykseen ja rauhan puutteeseen. Tämä ei vaikuta ihmisiin ainoastaan yksilötasolla, vaan se vaikuttaa kokonaisiin yhteiskuntiin. Aito rakkaus on kadonnut siksi, että ihmiset etsivät onnea ulkoisista asioista. Ilo ja rauha ovat kadonneet perhe-elämästä. Ihmiset ovat menettäneet kykynsä rakastaa ja palvella toisiaan avoimin sydämin. Aviomiehet himoitsevat toisia naisia ja vaimot toisia miehiä. Nautinnonhaluisuus on mennyt jopa niin pitkälle, että jotkut miehet unohtavat omien tyttäriensä olevan heidän tyttäriään. Ja jopa sisaren ja veljen välisen suhteen käsite horjuu. Monia lapsia murhataan. Kaiken nykymaailmassa tapahtuvan pahan todellinen syy on se, että ihmiset ovat ymmärtäneet täysin väärin sen, mistä onni löytyy.

Amma ei sano, että teidän tulisi kieltää itseltänne kaikki nautinnot, vaan että teidän tulisi ymmärtää niiden todellinen luonne ja muistaa kohtuus kaikessa. *Dharmaa*[3] ei saisi koskaan hylätä.

---

[3] Sanskritinkielinen sana *dharma* tarkoittaa "se joka pitää yllä [luomakuntaa]" Yleensä sitä käytetään viittaamaan asiaan, joka pitää maailmankaikkeuden

Ne, jotka haluavat vain tyydyttää omia itsekkäitä halujaan antamatta minkään rajoittaa itseään, päätyvät ihmisraunioiksi. On täysin luonnollista, että mieli herättää tunteita ja haluja, mutta meidän tulisi hillitä itsemme ainakin joissain määrin. On täysin luonnollista tuntea nälkää, mutta emme silti syö kaikkea sitä syötäväksi kelpaavaa, mihin silmämme milloinkin sattuvat osumaan. Sillä jos söisimme, voisimme pahoin. Vastaavasti ylenmääräinen nautinnonhaluisuus johtaa kärsimykseen, mutta ihmiset eivät ymmärrä tätä. Nautinnon tunne, jonka he luulevat saavansa aistiensa avulla, tulee itse asiassa heidän sisältään, heistä itsestään. Ihmiset etsivät kuumeisesti ulkoista onnea kunnes joutuvat tuskan ja epätoivon valtaan. Ja tästä olotilasta toivuttuaan he tavoittelevat jälleen nautintoja ja romahtavat pian uudestaan. Jos etsit vain ulkoisia nautintoja, elämässäsi ei ole rauhaa. Sinun täytyy oppia kääntymään sisäänpäin, sillä voit löytää todellisen autuuden vain sieltä. Et kuitenkaan löydä sitä ennen kuin mielesi on lakannut kiinnittymästä ulkoisesta nautinnosta toiseen. Meren pohjassa ei ole aaltoja. Tulet huomaamaan, että mielestäsi tulee yhtä tyyni kun sukellat sen syvyyksiin. Ja silloin koet puhdasta autuutta.

Kysymys: Henkiset mestarit vaikuttaisivat pitävän sydäntä älyä tärkeämpänä, mutta eikö äly olekin itse asiassa paljon tärkeämpi? Eihän kukaan pysty saavuttamaan yhtään mitään ilman älyä.

Amma: Äly on välttämätön asia. Amma ei ole koskaan sanonut, ettet tarvitse sitä. Yleensä ihmiset eivät kuitenkaan käytä älyään silloin, kun olisi aika tehdä hyviä tekoja. Itsekkyys pääsee

---

harmoniassa. *Dharmalla* on monia eri merkityksiä kuten esimerkiksi jumalallinen laki, olemassolon laki, oikeamielisyys, uskonto, velvollisuus, vastuu, oikeudenmukaisuus, hyvyys ja totuus. *Dharma* tarkoittaa myös uskonnon sisäisiä perusperiaatteita. Yksi *dharman* yleisimmin tunnetuista määritelmistä on, että se johtaa henkiseen ylevyyteen ja kaikkien luomakunnan olentojen yleiseen hyvinvointiin. *Adharma* on dharman vastakohta.

valloilleen eivätkä ihmiset käytä erottelukykyistä älyään. Äly ja sydän eivät ole kaksi eri asiaa. Erottelukykyinen ihminen on luonnostaan avarakatseinen ja avoin. Avarakatseinen ja avoin ihminen on luonnostaan viaton, nöyrä, yhteistyökykyinen ja halukas kompromisseihin. Sana "sydän" tarkoittaa tällaista avoimuutta. Jo pelkkä sanan "sydän" lausuminen antaa rauhoittavan lempeydentunteen. Lähes kaikkien nykyaikana elävien ihmisten äly on kuitenkin tavanomaista älyä, se ei ole erottelukykyistä älyä. Eikä se itse asiassa ole älyä lainkaan, se on egoa. Ego on kaikkien kärsimysten aiheuttaja. Kun ego kasvaa, ihmisestä tulee rajoittuneempi eikä hän halua enää tehdä kompromisseja. Emme kuitenkaan pärjää henkisessä elämässä emmekä maallisessakaan ilman avarakatseisuuden tuomia hyviä ominaisuuksia.

Amma haluaa kysyä sinulta jotakin. Kuvitellaanpa, että olet laatinut perheenjäsenillesi säännöt: "Minun vaimoni tulee elää, puhua ja käyttäytyä määräämälläni tavalla, koska hän on minun!" Voiko perheenne elää rauhaisasti, jos vaadit häntä elämään sääntöjesi mukaan? Ei voi. Oletetaanpa, että tulet töistä kotiin etkä sano vaimollesi etkä lapsillesi sanaakaan, vaan marssit suoraa päätä omaan huoneeseesi jatkamaan töitäsi ikään kuin olisit edelleen toimistollasi. Mitä luulet, onko perheesi tyytyväinen? Jos vain julistat, että "minä nyt vain olen tällainen", luuletko heidän hyväksyvän sen? Vallitseeko perheessänne rauhallinen ilmapiiri? Jos taas vaihdat vaimosi kanssa muutaman lämpimän sanan ja vietät hieman aikaa lastesi kanssa – eli jos olet valmis antamaan heille itsestäsi pienen palan – kaikki ovat tyytyväisiä. Onni ja rauha kukoistavat perheessä, mikäli hyväksymme toistemme viat ja puutteet. Jos pystyt ottamaan kumppanisi viat kevyesti, se johtuu siitä, että rakastat häntä. Sydän painaa silloin vaakakupissa enemmän, eikö niin? Teistä tuntuu siltä, että sydämenne ovat yhtä ja että voitte elää toistenne kanssa koko loppuelämänne. Sydämestä puhuessaan Amma tarkoittaa tällaista asennetta.

Olisiko käytännöllistä vaatia lapsiamme noudattamaan lukemattomia eri sääntöjä? Taipuvatko lapsesi sinun mielesi mukaisiksi? Vai reagoivatko he olemalla itsepäisiä? Vanhemmat rakastavat lapsiaan, joten he suvaitsevat heidän virheitään ja pyrkivät kasvattamaan heidät hyvin. Tässäkin tapauksessa sydän on siis älyä tärkeämpi, eikö niin? Kun asia on näin, silloin nautimme jokaisesta hetkestä lastemme kanssa ja teemme heidät onnellisiksi. Onni voi kukoistaa perhe-elämässä vain silloin, kun ihmisten sydämet ovat avoimia toisilleen. Jos äly pimentää sydämen varjollaan, emme koe onnea. Älyn käyttäminen on paikallaan silloin, kun olemme ostoksilla tai töissä, mutta kotona se ei onnistu. Ja jopa toimistossa työskennellessämme tarvitsemme avointa sydäntä ja kykyä tehdä kompromisseja. Jos emme toimi näin, työpaikallamme on epäsopua ja tyytymättömyyttä.

Kun annamme sydämelle sijaa elämässämme, meistä tulee joustavia ja pystymme tekemään kompromisseja. Pystymme myös antamaan ja ottamaan vastaan. Erottelukyvystä, avarakatseisuudesta ja yhteistyöhalukkuudesta syntyy luonnollisesti kyky tehdä kompromisseja. Ihmiset kuitenkin käyttävät älyään lähes yksinomaan itsekkäästi, sillä heille ei ole vielä kehittynyt erottelukykyistä älyä. Tämä on suuri puute. Yhteiskunnan on hyvin vaikea kehittyä ilman yhteistyökykyisyyttä. Kyky tehdä yhteistyötä johtaa rauhaan.

Jotta ruosteinen kone toimisi, se täytyy voidella. Nöyryys ja yhteistyökykyisyys ovat voiteluaineita, jotka varmistavat sen, että elämämme kulkee sulavasti eteenpäin. Nämä ominaisuudet voivat syntyä vain jos kehitämme sydäntämme. On tilanteita, joissa meidän tulee käyttää etupäässä älyämme, ja silloin tulee toimia niin. Mutta emme saisi epäonnistua sydämen käyttämisessä tilanteissa, jotka vaativat sydämen asettamista etusijalle.

Mitä syvemmälle maan sisään talon perustukset kaivetaan, sitä korkeampi rakennus voidaan rakentaa. Nöyryys ja avarasydämisyys luovat vastaavasti perustan henkiselle kehittymisellemme. Kun annamme sydämelle hallitsevan aseman elämässämme, nöyryys ja yhteistyökykyisyys kehittyvät meissä. Ihmissuhteistamme tulee myönteisiä ja rauhallisia. Sydämen avartuminen on yksi henkisyyden päämääristä, sillä vain ne, joilla on suuri sydän, voivat oppia tuntemaan Jumalan. Todellisen Itsemme syvin olemus on logiikan ja älyn ulottumattomissa. Sinun on mahdotonta kuvailla sokerin makeutta täysin tyhjentävällä tavalla sellaiselle henkilölle, joka ei ole koskaan maistanut sokeria. Et voi myöskään selittää sanoin sinitaivaan äärettömyyttä. Etkä voi mitata kukan tuoksua. Henkisyys on sanojen tuolla puolen; henkisyys on kokemus. Et pysty maistamaan sen makeutta, ellet siirry älyn tavoittamattomalle alueelle sydämeen.

Olipa kerran maanviljelijä. Eräänä päivänä hän huomasi suuren ihmisjoukon kävelevän majansa ohitse. Maanviljelijä kysyi heiltä minne he olivat matkalla. "Olemme menossa kolmipäiväiseen Bhagavad Gitaa käsittelevään seminaariin, joka järjestetään tässä lähellä", he vastasivat. Maanviljelijäkin halusi kuulla luentoja Bhagad Gitasta, joten hän liittyi heidän matkaansa. Perillä oli valtava tungos. Suurin osa seminaarin osallistujista oli selvästi hyvin rikkaita – sen huomasi heidän vaatteistaan ja koruistaan. Maanviljelijän vaatteet olivat puolestaan vanhat, kuluneet ja töiden likaamat, joten häntä ei päästetty sisälle. Maanviljelijä tuli hyvin surulliseksi ja hän rukoili: "Herra, tulin kuuntelemaan kertomusta sinun elämästäsi, mutta nämä ihmiset eivät päästä minua sisään. Olenko niin arvoton, etten ole kelvollinen edes kuulemaan sinusta? Olenko minä niin syntinen? Jos tämä on sinun tahtosi, niin olkoon näin. Minä istun täällä ulkopuolella kuuntelemassa kertomusta sinusta." Mies istui mangopuun alle kuuntelemaan Bhagavad Gitaa. Hän kuuli kaiken kaiuttimista, mutta hän ei ymmärtänyt sanaakaan, sillä Bhagavad Gitaa luettiin ääneen sanskritin kielellä. Miesparan sydän särkyi ja hän huusi: "Herra, en edes ymmärrä kieltäsi! Olenko minä näin syntinen?" Juuri sillä hetkellä hänen silmänsä osuivat Krishnaa esittävään maalaukseen. Krishna piteli hevosvaljakon ohjaksia toisessa kädessään sanellessaan Bhagavad Gitan Arjunalle. Maanviljelijä vain istui paikoillaan tuijottaen Krishnan kasvoja. Hänen silmänsä täyttyivät kyynelistä eikä hän tiennyt kuinka kauan hän oli siinä istunut. Kun hän viimein havahtui katselemaan ympärilleen, hän huomasi, että ensimmäinen seminaaripäivä oli päättynyt ja ihmiset olivat lähdössä pois. Maanviljelijäkin lähti kotiin, mutta hän palasi jälleen seuraavana päivänä. Hän ei voinut olla ajattelematta Krishnan kasvoja. Hänen ainut tavoitteensa oli päästä istumaan tuon saman puun alle, jotta hän näkisi jälleen maalauksen. Kolmantena seminaaripäivänä maanviljelijä saapui jälleen paikalle ja istuutui puun alle katselemaan maalausta lumoutuneena. Kyyneleet suorastaan tulvivat hänen silmistään. Ja silloin hän koki Jumalan loistavan kirkkaana sisällään. Hän sulki silmänsä ja uppoutui täysin Krishnaan unohtaen kokonaan itsensä.

Väkijoukko hajosi melko nopeasti seminaarin päätyttyä. Kun luentosarjan pitänyt kirjanoppinut tuli ulos, hän huomasi heti maanviljelijän, joka istu liikkumattomana paikallaan mangopuun alla kyynelten valuessa pitkin hänen poskiaan. Kirjanoppinut mykistyi hämmästyksestä. "Miksi ihmeessä tämä mies istuu täällä itkemässä luentoni jälkeen? Koskettiko luentoni häntä niin syvästi?" hän mietti ja meni maanviljelijän luo. Maanviljelijä istui hiljaa aloillaan. Maanviljelijän kasvoista näki, että hän koki autuutta. Hänen ympärillään vallitsi rauhan ilmapiiri. Kirjanoppinut päätti häiritä häntä kysymällä: "Nautitko sinä minun luennostani noin paljon?" Maanviljelijä vastasi: "En ole ymmärtänyt sanaakaan siitä, mitä olet puhunut näiden kolmen päivän aikana. En osaa sanskritia. Mutta suru täyttää sydämeni, kun ajattelen Krishnan tilannetta. Katsoiko hän todellakin taaksepäin koko sen ajan, kun hän saneli Bhagavad Gitan Arjunalle? Hänen hartioidensa on täytynyt särkeä todella paljon siksi, että hän on joutunut pitämään päätään niin kauan noin huonossa asennossa. Se on syy siihen, miksi itken." Tarina kertoo, että maanviljelijä valaistui heti lausuttuaan nuo viimeiset sanat. Maanviljelijän myötätunto ja viattomuus mahdollistivat hänen valaistumisensa. Kun kirjanoppinut kuunteli näitä maanviljelijän sanoja, hänenkin silmänsä täyttyivät kyynelistä ja hän sai kokea sellaista rauhaa, jota hän ei edes tiennyt olevan olemassa. Luennon pitänyt mies oli hyvin älykäs ja hänen kuulijansa olivat korkeasti koulutettuja. Mutta silti tuo köyhä ja viaton maanviljelijä oli heistä ainut, joka kykeni nauttimaan antaumuksesta ja saavuttamaan valaistumisen sen seurauksena. Hänen myötätuntonsa oli esimerkillistä, sillä hän ei murehtinut omia huoliaan, vaan Krishnan kokemia vaikeuksia.

Temppeleissä vierailevat ihmiset rukoilevat monesti Jumalalta: "Anna minulle sitä tai tätä", mutta maanviljelijä koki myötätuntoa, joka on tuollaisen yläpuolella. Hänellä ei ollut egoa. Ihmisten on yleensä hyvin vaikea päästää irti "minä-asenteesta", mutta maanviljelijä oli niin viaton, että kadotti yksilöllisyytensä. Hän koki *parabhaktia* [korkeinta mahdolista antaumusta], mikä on korkein mahdollinen tila. Hän saavutti valaistumisen siksi, että toisin kuin muut, jotka käyttivät älyään, hän toimi sydämestään käsin. Tästä syystä hän täyttyi autuudesta vaivatta ja täysin spontaanisti ja hän pystyi säteilemään heti tuota rauhaa ympärilleen. Meidän tulisi etsiä Jumalaa sydämellämme, sillä siellä hän säteilee. Jumala asuu sydämissämme.

Amman sanojen virta hidastui ja hän sulautui hiljaisuuden mereen. Hänen kyynelten täyttämät silmänsä sulkeutuivat hitaasti. Kyyneleet kastelivat hänen myötätuntoiset kasvonsa märiksi. Pieni joukko oppilaita istui hänen ympärillään. Kukaan ei sanonut sanaakaan. Mark oli aivan hiljaa ja sulki silmänsä meditoidakseen. Kaikki muut lähistöllä olevat lopettivat sen mitä olivatkaan tekemässä ja liittyivät muiden joukkoon istumaan Amman lähelle. Tässä autuuden täyttämässä ilmapiirissä heidän ajatuksensa hiljenivät ja hävisivät. Mielet sulautuivat sanoinkuvaamattomaan kokemukseen. Keskustelu jatkui myöhemmin.

Kysymys: Jos oppilaan halu palvella henkistä mestaria on suurempi kuin hänen halunsa saavuttaa itseoivallus, onko hänen mestarinsa hänen kanssaan kaikissa seuraavissakin elämissä?

Amma: Mikäli täysin antautunut oppilas sitä haluaa, niin silloin mestari on hänen kanssaan. Mutta oppilas ei saisi hukata sekuntiakaan. Hänen tulee olla kuin suitsuke, joka palaa loppuun antaessaan tuoksunsa muille. Oppilaan tulisi hengittää jokainen hengenvetonsa maailman vuoksi. Oppilaan tulisi tehdä jokainen tekonsa sillä asenteella, että hän palvelee mestariaan. Mestariinsa täydellisesti turvautuvan oppilaan ei tarvitse syntyä enää uudestaan, ellei mestari niin tahdo.

Opettajia on kuitenkin hyvin monenlaisia. Kirjoituksiin ja *Puranoihin* syvällisesti perehtyneitä opettajia kutsutaan guruiksi. Nykyaikana kuitenkin melkein ketä tahansa kirjan tai kaksi lukenutta henkilöä sanotaan guruksi. *Satguru* on kuitenkin jotain aivan muuta. *Satguru* on oivaltanut totuuden askeesin ja luopumisen kautta. *Satguru* on saanut suoran kokemuksen siitä korkeimmasta olemisen tilasta, jota kirjoituksissa kuvataan. Hän ei ehkä näytä ulkoisesti kovin kummoiselta muihin verrattuna, mutta saat hänestä aivan toisenlaista hyötyä kuin mestaria teeskentelevistä opettajista. Ne, joiden ulkoiset eleet ovat mahtavia, eivät ole mahtavia sisäisesti eikä sellaiseen guruun turvautumisesta ole juurikaan hyötyä. Ero heidän ja todellisen *satgurun* välillä on kuin ero kymmenen watin ja tuhannen watin hehkulamppujen välillä. Aidon mestarin seurassa täytyt autuudesta ja pääset eroon *vasanoistasi* [taipumuksista]. *Satgurun* opetukset eivät jää sanojen tasolle, vaan ne näkyvät myös hänen teoissaan. *Satguru* elää kirjoitusten sanat todeksi. Mikäli tutkit ja pohdit *satgurun* elämää, sinun ei välttämättä tarvitse lukea kirjoituksia. *Satgurussa* ei ole häivääkään itsekkyydestä. *Satgurua* voisi verrata suklaasta tai makeisesta muovattuun hahmoon, joka on ihanan makea läpikotaisin – palaakaan et heittäisi pois. Satgurut ovat syntyneet vain ja ainoastaan kohottaakseen maailmaa. He eivät ole yksilöitä; he ovat ihanne, jota kohti pyrkiä. Meidän ei tarvitse tehdä muuta kuin seurata heidän viitoittamaansa tietä. Aito mestari avaa silmäsi viisaudelle karkottamalla pimeyden.

Jumala on läsnä kaikessa. Mutta satguru korjaa virheemme ja kohottaa meidän Jumalan valtakuntaan. Tästä syystä mestarin sanotaan olevan Brahma, Vishnu ja Maheswara[4]. *Satguru* merkitsee oppilaalle jopa enemmän kuin Jumala. Kun olet löytänyt *satgurun* sinun ei tarvitse enää pohtia itseoivallusta tai murehtia jälleensyntymistä. Sinun ei tarvitse tehdä muuta kuin seurata mestarisi kulkemaa polkua. Kun olet löytänyt aidon mestarin, olet kuin pieni lampi, joka yhdistyy ojan kautta jokeen, joka virtaa mereen. Olet päässyt sinne minne sinun pitikin päästä. Mestari huolehtii kaikesta muusta ja kuljettaa sinut päämäärääsi. Oppilaan ei tarvitse tehdä muuta kuin antautua mestarinsa jalkojen juureen. Mestari ei koskaan hylkää oppilastaan.

Kysymys: Amma, mikä on nykyihmiselle sopivin tie itseoivallukseen?

Amma: Itseoivallus ei ole sellainen asia, joka istuskelee odottamassa sinua jossain tietyssä paikassa. Krishnan mukaan mielentyyneys on joogaa. Meidän tulisi nähdä kaikki Jumalallisen

---

[4] Hindulaisuudessa Jumala on kolminaisuus: Brahma (Luoja), Vishnu (Ylläpitäjä) ja Shiva tai Maheswara (tuhoaja).

tietoisuuden ilmentymänä ja vasta silloin voimme saavuttaa täydellisyyden. Meidän tulisi nähdä pelkkää hyvyyttä kaikissa ja kaikessa. Mehiläinen keskittyy kukan meteen ja siksi se saa nauttia sen makeudesta. Vastaavasti vain ne, jotka pystyvät näkemään kaikissa asioissa niiden hyvät puolet, ovat kelvollisia saavuttamaan itseoivalluksen.

Jos etsijä todella janoaa itseoivallusta, hänen tulee unohtaa kehonsa täysin. Hänen tulee olla täysin varma siitä, että hän on korkein Itse. Jumala ei asu missään tietyssä yhdessä paikassa, vaan Jumala asuu meidän kaikkien sydämissä. Meidän tarvitsee vain päästä eroon kaikista riippuvaisuuksistamme ja kehotietoisuudesta, siinä kaikki. Ja kun olemme päässeet tuohon pisteeseen, ymmärrämme hyvin syvällisellä tasolla, että Itse ei synny eikä kuole, eikä se koe iloa eikä surua. Kuolemanpelko katoaa ja täytymme autuudella.

Etsijän tulisi kohdata jokainen tilanne kärsivällisesti. Jos hunajan seassa on suolaa, sen mausta ei pääse eroon muulla keinolla kuin lisäämällä sekaan enemmän hunajaa. Etsijän tulee päästä eroon "minä-asenteesta" ja vihamielisyydestä vastaavalla tavalla. Tämä onnistuu ajattelemalla hyviä ajatuksia. Tällöin etsijän mieli puhdistuu ja hän pystyy kohtaamaan jokaisen tilanteen iloisesti. Hän edistyy henkisellä polullaan, vaikkei olisikaan siitä tietoinen.

Itseoivalluksen tilassa näemme kaikki muutkin Itsenä. Jos liukastumme ja satutamme jalkamme, emme syytä siitä silmiämme ja kaiva niitä irti päästämme syyttäen niitä huolimattomuudesta. Yritämme sen sijaan hoivata jalkamme kuntoon. Jos taas satutamme vasemman kätemme, oikea kätemme ryhtyy välittömästi hoitamaan sitä. Itseoivaltanut antaa anteeksi samalla tavoin muiden virheet, sillä hän kokee olevansa yhtä heidän kanssaan.

Itseoivaltanut ei koe mitään itsestään erilliseksi. Mutta niille, jotka eivät ole saaneet suoraa kokemusta tuosta tilasta, puheet itseoivalluksesta ovat vain pelkkiä sanoja, eivätkä sanat saa tuekseen kokemusta. Itseoivalluksen tietoisuuden tilaa on mahdotonta saavuttaa ilman *satgurun* apua. Ainoa asia, mitä etsijän tulee tehdä, on seurata mestarinsa sanoja. Itseoivallusta ei voi ostaa. Sinun tulee vain muuttaa asennettasi, siinä kaikki. Ihmiset erehtyvät luulemaan kahleitaan todellisiksi. Tarina kertoo, että erästä lehmää pidettiin navetassa kiinni sidottuna. Yhtenä päivänä lehmää ei kuitenkaan sidottu, se vain ajettiin navettaan ja ovi laitettiin kiinni köyden lojuessa lattialla. Kun lehmän omistaja avasi seuraavana aamuna navetan oven päästääkseen lehmän ulos, se ei hievahtanutkaan. Omistaja yritti ajaa lehmää ulos kepillä, mutta lehmä vain seisoi paikoillaan. Omistaja työnsi lehmää, mutta se ei liikahtanutkaan. Silloin omistajan päähän pälkähti: "Minähän sidon lehmän yleensä joka ilta, mutta en muistanut tehdä sitä eilen. Mitähän tapahtuisi, jos olisin nyt avaavinani köyden solmun?" Hän nosti köyden toisen pään maasta ja teeskenteli avaavansa solmun, jolloin lehmä lähti ulos navetasta.

Monet ihmiset ovat tuon lehmän kaltaisessa tilassa: heitä ei ole oikeasti sidottu mihinkään, he vain kuvittelevat niin. Tästä harhasta on päästävä eroon. Ihmisten tulisi ymmärtää, että mikään ei todellisuudessa sido heitä. Tästä harhakuvitelmasta on kuitenkin mahdotonta herätä ilman aidon mestarin apua. Tämä ei tarkoita sitä, että mestari antaa itseoivalluksen sinulle. Mestarin ainut tehtävä on saada sinut ymmärtämään, ettet ole kahleissa. Jos kuvittelemasi siteet olisivat todellisia, jonkun olisi ne avattava.

Vasta kun aallot tyyntyvät, voimme nähdä veden pinnasta heijastuvan auringon kuvajaisen. Vastaavasti kun mielen aallot tyyntyvät, voimme nähdä todellisen Itsemme. Tuota kuvajaista ei tarvitse luoda, se on jo olemassa. Meidän tarvitsee vain tyynnyttää aallot, jotta kuva selkiytyy. Läpinäkyvää, kirkasta lasia ei voi käyttää peilinä. Lasin toinen pinta täytyy maalata tietynlaisella maalilla sitä tarkoitusta varten. Ja vasta kun meidät on maalattu epäitsekkyyden maalilla, näemme Jumalan. Niin kauan kuin meillä on ego, emme kykene olemaan epäitsekkäitä. Mestari opastaa oppilaansa sellaisten kokemusten läpi, joita hän tarvitsee päästäkseen eroon egostaan. Oppilas oppii pikku hiljaa karkottamaan egonsa. Kun oppilas on lähellä mestariaan ja hänen suorassa ohjauksessaan, oppilaasta tulee koko ajan kärsivällisempi, vaikkei hän itse sitä huomaisikaan. Mestari laittaa oppilaansa sellaisiin tilanteisiin, joissa hänen kärsivällisyyttään koetellaan ja hänen vihansa saattaa nousta pintaan. Oppilas voi esimerkiksi joutua tekemään työtä, josta hän ei pidä. Tämä saa oppilaan suuttumaan ja hän alkaa niskoitella vastaan, jolloin mestari kehottaa häntä tutkiskelemaan itseään. Tällöin oppilas löytää itsestään voiman, jonka avulla hän voi kohota vaikeiden tilanteiden yläpuolelle. Mestari käyttää erilaisia tilanteita hyväkseen auttaessaan oppilasta pääsemään eroon heikkouksistaan ja auttaessaan häntä löytämään voimansa. Tämä auttaa oppilasta kohoamaan egonsa yläpuolelle. Mestariin turvaudutaan egosta eroon pääsemisen vuoksi.

Vasta kun kierresimpukan liha on poistettu kuoren sisältä, simpukka voi soida kauniisti siihen puhallettaessa. Kun olemme tulleet vastaavalla tavalla vapaiksi egostamme, voimme nousta henkiseen päämääräämme. Kun olemme antautuneet täysin, minuuden tunne on hävinnyt. On vain Jumala. Tätä tilaa ei voi kuvailla sanoin.

Jos sinua vaivaa mestarin tapaamisen jälkeen ajatus siitä, milloin valaistut, se tarkoittaa sitä ettet ole antautunut mestarillesi täysin. Se tarkoittaa myös sitä, ettet usko mestariisi täysin. Kun olet löytänyt mestarisi, sinun tulisi noudattaa hänen ohjeitaan kirjaimellisesti ja unohtaa kaikki muut ajatukset. Siinä kaikki, mitä oppilaan tarvitsee tehdä. Aito oppilas luovuttaa mestarilleen jopa halunsa valaistua. Oppilaan ainut tavoite on olla mestarilleen kuuliainen. Mestari on täydellisyys. Sanat eivät riitä kuvaamaan sitä rakkautta ja kunnioitusta, jota oppilas tuntee mestariaan kohtaan.

Kysymys: Entä jos epäonnistumme? Onko mestari auttamassa meitä jälleen seuraavassa elämässämme?

Amma: Noudata aina mestarin ohjeita. Luovuta elämäsi kokonaan hänen jalkojensa juureen ja ota kaikki tapahtuva vastaan hänen tahtonaan. Epäonnistumisen mahdollisuus ei saisi edes käydä oppilaan mielessä. Epäonnistumisen pelko on heikkous ja se johtuu siitä, ettet luota itseesi. Ja jos et luota itseesi, kuinka voisit luottaa mestariisi? Mestari ei hylkää oppilastaan, joka rukoilee häntä vilpittömästi. Oppilaan tulee turvautua mestariinsa täysin.

Kysymys: Mitä tarkoitetaan mestarin aidolla palvelemisella?

Amma: Mestarista puhuttaessa sillä ei tarkoiteta vain ihmisyksilöä, vaan jumalallista tietoisuutta, totuutta. Mestarin olemus läpäisee koko maailmankaikkeuden. Vasta sitten, kun olemme oivaltaneet tämän, voimme edistyä henkisellä polullamme. Oppilas ei saisi takertua mestarin fyysiseen kehoon. Meidän tulee laajentaa näkökulmamme niin laajaksi, että ymmärrämme mestarin olevan kaikessa, jolloin palvelemme muita antaumuksella. Näin avara maailmankuva on mahdollista saavuttaa mestariin muodostuneen siteen avulla. Kun oppilas kuuntelee mestarinsa sanoja ja tarkkailee mestarinsa tekoja, hänen mielensä kehittyy ja hän kohoaa tuolle tasolle. Oppilas ei kuitenkaan ole välttämättä tietoinen omasta edistymisestään. Mestarin aitoa palvelemista ei kuitenkaan ole se, jos joku haluaa olla itsekkäistä syistään jatkuvasti mestarinsa lähellä.

Oppilas ei saisi kuitenkaan muodostaa mestariinsa sellaista sidettä, ettei hän pysty olemaan erossa mestaristaan hetkeäkään, vaan hänen pitäisi kyetä palvelemaan muita itsensä unohtaen.

26

Oppilaan tulee palvella muita sellaisella asenteella kuin hän palvelisi mestariaan. Aito oppilas on uppoutunut mestarinsa todelliseen olemukseen. Mestari on aina tällaisen oppilaansa seurana. Kun näemme mangopuun, huomiomme kiinnittyy sen hedelmiin eikä puuhun, mutta emme silti laiminlyö puun hoitamista. Vastaavasti mestarin keho on hänen oppilaalleen rakas, vaikka oppilas tietääkin, ettei hänen mestarinsa ole pelkkä keho, vaan että mestarin todellinen olemus on kaiken läpäisevä tietoisuus. Mestarin henkilökohtainen palveleminen on hänelle tärkeämpää kuin hänen oma elämänsä. Aito oppilas on valmis antamaan henkensä mestarinsa puolesta, mutta silti hänen käsityksensä mestarista ei ole rajoittunut ihmisyksilöön. Hän näkee mestarinsa kaikissa elävissä olennoissa ja ymmärtää, että muiden palveleminen on itse asiassa hänen mestarinsa palvelemista. Tästä syystä muiden palveleminen antaa hänelle onnen ja täyttymyksen tunteen.

Kysymys: Mitä hyötyä sellaiselle mestarille antautumisesta on, joka ei ole saavuttanut itseoivalluksen tilaa? Mistä voimme päätellä onko mestari oivaltanut Itsen?

Amma: Tuohon on vaikea vastata. Kaikki haluavat olla tämän hetken tunnetuin elokuvatähti. Ihmiset ovat valmiita tekemään mitä tahansa sen eteen. He yrittävät matkia häntä kaikin tavoin. On myös olemassa henkilöitä, jotka haluavat olla henkisiä mestareita nähtyään miten paljon ihailua ja kunnioitusta mestarit saavat osakseen. Täydellisen mestarin tunnusmerkkien listaaminen tekisi jäljittelijöiden työn helpommaksi ja tavalliset ihmiset erehtyisivät heidän suhteensa helpommin. Tästä syystä on parempi olla valottamatta *satgurun* tunnusmerkkejä tämän enempää. Se on asia, josta ei tulisi keskustella julkisesti.

Kirjoituksissa kuvataan kyllä joitakin mestarin ominaispiirteitä, mutta on vaikeaa verrata yhdessä mestarissa havaittuja piirteitä toiseen mestariin ja yrittää päätellä siitä, onko mestari aito. Jokainen mestari toimii omalla ainutlaatuisella tavallaan. Vaikka lukisit ja opiskelisit kuinka paljon tahansa, sinun on mahdotonta löytää aitoa mestaria ellei sydämesi ole puhdas. Luopuminen, rakkaus, myötätunto ja epäitsekkyys ovat kaikkia mestareita kuvaavia ominaispiirteitä, mutta mestari voi ottaa monenlaisia rooleja testatakseen oppilastaan. Vain puhdassydämiset oppilaat kestävät tämän. Kun etsijä etsii puhtain sydämin aito kaipuu rinnassaan, mestari tulee hänen luokseen. Aito mestari kuitenkin myös koettelee oppilastaan.

Jos etsijän sydän on puhdas, hänen viattomuutensa johdattaa hänet kotiin, vaikka hän päätyisikin epäaidon mestarin käsiin. Jumala valmistaa hänelle polun.

On turhaa hukata aikaa vertailemalla mestareita. Paljon parempi vaihtoehto on rukoilla Jumalalta, että hän tekisi sinusta täydellisen oppilaan ja johdattaisi sinut aidon mestarin luokse. Oppilas tunnistaa aidon mestarin vasta sitten, kun hänen älynsä ja sydämensä ovat sulautuneet toisiinsa.

Kysymys: Amma, millä tavoin mestari koettelee oppilastaan?

Amma: On mahdotonta laatia listaa, jonka avulla oppilas läpäisisi kokeen aivan kuin tavallisessa koulussa. Mestari ohjaa oppilastaan niiden *vasanoiden* mukaisesti, joita oppilas on kerännyt itseensä eri elämiensä aikana. Mestari saattaa käyttäytyä täysin eri tavoin kahta eri oppilastaan kohtaan täysin samanlaisessa tilanteessa. Oppilaan mielestä mestarin käyttäytymisessä ei kenties ole mitään järkeä, mutta mestari yksin tietää, miten hänen tulee toimia, jotta oppilaan *vasanat* heikentyisivät ja hän pääsisi lopulliseen päämäärään. Mestarin tahtoon taipuminen auttaa oppilasta etenemään henkisellä polullaan.

Kun kaksi eri oppilasta tekee saman virheen, mestari saattaa suuttua toiselle kun taas toista kohtaan hän osoittaa pelkkää rakkautta aivan kuin mitään ei olisi tapahtunutkaan. Mestari tietää jokaisen oppilaansa mielenlujuuden ja kehityksen tason. Tapahtumia sivusta seuraavat saattavat arvostella mestaria tietämättömyyttään. He näkevät vain sen, mitä tapahtuu ulkoisella tasolla. He eivät kykene ymmärtämään, mikä muutos oppilaassa tapahtuu sisäisillä tasoilla. Puu ei voi syntyä ellei siemenen kova kuori murru. Eikä oppilas pysty oivaltamaan totuutta ennen kuin hänen egonsa on tuhottu täysin. Mestari testaa oppilastaan lukemattomin eri tavoin varmistuakseen siitä, onko oppilas tullut mestarin luo vain hetken mielijohteesta vai aidosta rakkaudesta perimmäistä henkistä päämäärää kohtaan. Näitä testejä voi verrata opettajan luokalleen pitämiin pistokokeisiin – niistä ei varoiteta etukäteen. Mestarin velvollisuuksiin kuuluu mitata miten kärsivällinen ja rakastava oppilas on ja mistä hän on valmis luopumaan. Hän testaa onko oppilas heikko tietyissä tilanteissa vai löytääkö hän voimia kohota tuon tilanteen yläpuolelle. Oppilaista odotetaan kasvavan tulevaisuuden johtajia ja suunnannäyttäjiä. Eräänä kauniina päivänä tuhannet ihmiset saattavat tulla heidän luokseen luottaen heihin täysin. Oppilaiden täytyy olla tarpeeksi vahvoja, myötätuntoisia ja kehittyneitä ansaitakseen heidän luottamuksensa. Jos oppilas lähtee takaisin maailmaan ilman näitä ominaisuuksia, se on pahin mahdollinen petos. Silloin hänestä, jonka piti suojella maailmaa, tuleekin maailmaa tuhoava vihollinen. Mestari johdattaa oppilaansa lukemattomiin koettelemuksiin muovatakseen hänestä kunnollisen.

Olipa kerran mestari, joka antoi oppilaalleen kiven ja käski tämän veistää siitä patsaan. Kuuliainen oppilas ei syönyt eikä nukkunut, hän vain kaiversi kiveä kunnes patsas oli valmis. Hän vei patsaan mestarinsa luo ja uhrasi sen mestarinsa jalkojen juureen. Sitten hän siirtyi hyvin nöyrästi sivummalle ja jäi seisomaan pää kumartuneena ja kädet yhteen liitettyinä. Mestari katseli patsasta, nosti sen ylös ja heitti sen pois, jolloin patsas hajosi pieniksi palasiksi. "Mikä tämä tällainen patsas on olevinaan, etkö pysty parempaan?" mestari kysyi vihaisena. Oppilas katseli patsaan palasia ja ajatteli itsekseen: "Hän ei sanonut yhtä ainuttakaan ystävällistä sanaa, vaikka työskentelin ahkerasti päiväkausia nukkumatta ja syömättä." Mestari tiesi hänen ajatuksena ja niinpä hän antoi oppilaalle uuden kiven ja käski hänen veistää uuden patsaan. Oppilas poistui veistämään uutta patsasta ja teki siitä jopa edellistä kauniimman. Hän lähestyi jälleen mestariaan ajatellen, että tällä kertaa mestari olisi varmasti tyytyväinen, mutta heti kun mestari näki uuden patsaan, hänen kasvonsa lehahtivat punaisiksi. "Pilkkaatko minua?" mestari kysyi ja jatkoi: "Tämähän on vielä rumempi kuin se edellinen!" Mestari särki tämänkin patsaan pieniksi palasiksi. Sitten hän katsoi oppilastaan, joka seiso pää nöyrästi painuksissa. Tällä kertaa oppilas ei tuntenut mestariaan kohtaan katkeruutta, mutta hän oli hieman surullinen. Mestari antoi hänelle taas uuden kiven ja käski oppilasta jälleen veistämään patsaan. Oppilas veisti tämänkin patsaan huolellisesti ja siitä tuli suorastaan mestariteos. Hän uhrasi tämänkin patsaan mestarinsa jalkojen juureen, mutta mestari rikkoi sen hyvin nopeasti oppilastaan moittien. Tällä kertaa oppilas ei ollut katkera eikä edes surullinen, vaan ajatteli: "Jos tämä kerran on mestarini tahto, niin olkoon näin. Hän tekee kaiken minun parastani ajatellen." Oppilaan asenne oli siis saavuttanut antautumisen asteen. Mestari antoi kuitenkin hänelle vielä yhden kiven ja oppilas otti sen iloisena vastaan. Hän palasi pian mestarinsa luo ainutlaatuisen kaunis patsas mukanaan. Mestari oli häneen hyvin tyytyväinen ja asetti kätensä oppilaan päälaelle siunatakseen hänet. Sivustaseuraajien mielestä mestari saattoi vaikuttaa täysin mielipuoliselta tai vähintäänkin julmalta, mutta sekä mestari että hänelle antautunut oppilas tiesivät molemmat mistä tässä oli oikeasti kyse. Joka kerta kun mestari hajotti oppilaan tekemän patsaan, hän muovasi oppilaan sydämestä mestariteosta. Oppilaan ego hajosi. Vain aito *satguru* pystyy toimimaan näin ja ainoastaan aidot oppilaat saavat kokea mestarinsa toimien aikaansaaman autuuden.

Oppilaan täytyy ymmärtää, että mestari tietää häntä paremmin, mikä on hänelle hyväksi ja mikä ei. Mestari myös tietää mitä hän tarvitsee ja mitä ei. Kenenkään ei pitäisi mennä mestarin luo kohotakseen korkeaan asemaan ja maineeseen. Meidän tulee hakeutua mestarin luo antautuaksemme hänelle. Jos tunnet vihaa tai katkeruutta silloin kun mestarisi ei ylistä sinua tai tekojasi, niin sinulta puuttuu aidon oppilaan ominaispiirteitä. Rukoile tällöin, että pääsisit eroon vihastasi ja ymmärrä, että mestarisi toimii aina sinun parastasi ajatellen.

Jotkut ajattelevat: "Minä olen viettänyt mestarini kanssa näin monta vuotta ja silti hän kohtelee minua tällä tavoin!" Tällaiset ajatukset ovat merkki heidän vähäisestä antaumuksen asteestaan. Ne jotka antautuvat mestarille vain muutamaksi vuodeksi eivät ole todellisia ja aitoja oppilaita, vaan ne, jotka uhraavat koko elämänsä mestarinsa jalkojen juureen. Viha, vastahakoisuus ja itsekkyys heräävät oppilaan mielessä mikäli hän ei päästä irti siitä käsityksestä, että "Minä olen mieli, keho ja äly". Oppilas turvautuu mestariinsa siksi, että pääsisi eroon kielteisistä ominaisuuksistaan. Jos oppilas ei antaudu mestarilleen täysin, hän ei tule koskaan pääsemään eroon kielteistä ominaisuuksistaan. Oppilaan mieleen tulisi juurtua hyvin syvälle se ymmärrys, että mestari tekee kaiken hänen parastaan ajatellen. Oppilaan ei pitäisi koskaan antaa älynsä arvostella mestarin toimia.

Lapseni, kukaan ei pysty ennustamaan sitä, minkälaisen kokeen mestari aikoo pitää oppilaalleen. Täydellinen antautuminen on ainut keino läpäistä testi. Kokeet ovat varma todiste mestarin rakkaudesta oppilastaan kohtaan, sillä ne heikentävät oppilaan vasanoita. Antautuminen on ainut keino saada mestarin armo osakseen.

31

Olipa kerran nuori mies, joka pyysi erästä mestaria hyväksymään hänet oppilaakseen. Mestari vastasi: "Poikani, et ole mieleltäsi tarpeeksi kypsä elämään henkistä elämää. Sinulla on vielä *prarabdhaa*[5], josta sinun tulee päästä eroon ennen sitä. Odota vielä jokunen vuosi." Nuori mies ei kuitenkaan suostunut luovuttamaan. Mestari hyväksyi hänet lopulta oppilaakseen hänen sinnikkyytensä vuoksi. Jonkun ajan kuluttua mestari antoi sanjaasivihkimyksen kaikille muille paitsi tälle oppilaalle. Mies ei kestänyt tätä, vaan hän suuttui mestarilleen. Mies ei osoittanut vihaansa suoraan mestarille, vaan hän alkoi puhua mestarista pahaa ashramiin tuleville vierailijoille. Mestari tiesi tämän, mutta ei sanonut mitään. Jonkun ajan kuluttua oppilas alkoi arvostella mestariaan jopa tämän kuullen. Mestari tunsi oppilaansa luonteen todella hyvin. Hän tiesi, että mitkään sanat tai neuvot eivät auttaisi, vaan hän oppisi ainoastaan kokemuksen kautta. Näin ollen mestari pysyi vaiti.

Eräänä päivänä mestari päätti suorittaa suuren *yajnan* [uhrauksen] koko maailman hyvinvoinnin puolesta. Rituaalia varten tarvittiin paljon erilaisia uhrilahjoja tuleen heitettäväksi. Eräs ashramin lähellä asuva perhe tarjoutui lahjoittamaan tarvittavat tavarat. Nuori mies sai tehtäväkseen hakea kaiken tarvittavan perheeltä pienissä erissä useiden seuraavien päivien aikana. Perheeseen kuuluva nuori nainen ojensi hänelle joka päivä tavarat. Mies ihastui häneen heti ensisilmäykseltä ja hänen tunteensa tuota naista kohtaan kasvoivat päivä päivältä kunnes hän ei enää kyennyt hillitsemään itseään, vaan tarttui naista kädestä. Nainen ei epäröinyt hetkeäkään, vaan tarttui lähellä lojuvaan keppiin ja löi sillä miestä päin kasvoja.

Mestari tiesi heti, mitä oli tapahtunut, kun hän näki miehen palaavan tuona päivänä kasvojaan peitellen. Mestari sanoi

---

[5] Tässä ja edellisissä elämissä tehtyjen tekojen hedelmät, joka ilmentyvät tässä elämässä

hänelle: "Ymmärrätkö nyt, miksi en halunnut aluksi ottaa sinua oppilaakseni ja miksi en tehnyt sinusta sanjaasia [munkkia]? Ajattele miten häpeällistä se olisi ollut, jos sinulla olisi ollut ylläsi okranvärinen kaapu ja olisit käyttäytynyt tuolla tavoin! Olisit pettänyt koko maailman ja kaikki sanjaasit ennen sinua! Mene ja elä maailmassa vielä jonkun aikaa, poikani. Minä kutsun sinut sitten tänne takaisin, kun olet siihen valmis." Oppilas ymmärsi vasta nyt olleensa väärässä ja hän kumartui mestarinsa jalkojen juureen.

Vastavalmistunut lääkäri ei ole heti mestarillinen lääkäri, vaan hänen täytyy suorittaa erikoistumisjakso kokeneemman lääkärin ohjauksessa ja saada siten kokemusta erilaisten vaivojen ja sairauksien hoitamisesta. Ahkeran harjoittelemisen ja kovan työn seurauksena hänestä tulee hyvä lääkäri. Samalla tavoin sinunkin täytyy harjoitella lukemiasi henkisiä opetuksia menemällä maailmaan työskentelemään ihmisten pariin. Voit saada sieltä hyvin kallisarvoisia oppiläksyjä. Tämä on kaikkein tärkein tapa oppia. Mikäli oppilas etsii mestarinsa ohjausta, *satguru* järjestää oppilaalle kaikki ne olosuhteet, jotka hän tarvitsee edistyäkseen henkisellä polullaan. *Vasanasi* eivät katoa minnekään, jos vain istut hiljaa paikallasi meditoimassa silmät suljettuina. Pääset eroon mielesi epäpuhtauksista vain, jos luotat mestariisi täysin ja jos mielesi on tarpeeksi nöyrä ja avoin antautumaan. Antaumus on kuin tahranpoistoaine, jolla lika lähtee vaatteistasi. Antautuminen puhdistaa mielesi epäpuhtaudet ja tuhoaa *vasanat*. *Satgurulle* antautuminen ei ole orjuutta, kuten jotkut virheellisesti ajattelevat, vaan se on ovi todelliseen riippumattomuuteen ja vapauteen.

Olipa houkutus miten suuri tahansa, oppilaan mielen tulee pysyä tyynen vakaana – se on todellista antaumusta mestaria kohtaan. Tällaista asennetta ei voi ostaa rahalla, sen täytyy kehittyä luonnollisesti ja itsestään. Kun oppilaan antaumus on tällaisella tasolla, hän on kaikin puolin valmis.

Kysymys: Henkinen mestari tuntee oppilaansa todellisen luonteen heti hänet nähdessään, eikö niin? Jos näin on, niin mihin kokeita tarvitaan?

Amma: Mestari tuntee oppilaansa luonteen paremmin kuin hän itse, mutta oppilaan täytyy tulla tietoiseksi omista vajavaisuuksistaan, sillä vain silloin hän kykenee nousemaan niiden yläpuolelle ja kehittymään eteenpäin. Nykyaikana on hyvin vaikea löytää päämäärätietoisia oppilaita, jotka ovat kuuliaisia mestarilleen. Elämme aikaa, jolloin henkinen mestari joutuu syyttelyn ja arvostelun kohteeksi, mikäli hän ei taivu oppilaansa itsekkyyteen. Rajattomassa myötätunnossaan mestari tekee kuitenkin kaikkensa saattaakseen oppilaansa takaisin oikealle polulle. Entisaikaan oppilas odotti kärsivällisesti mestariaan. Nykyaikana tilanne on päinvastainen, mestari joutuu olemaan kärsivällinen oppilaidensa suhteen. Mestarin ainut tavoite on viedä oppilas korkeimpaan tietoisuuden tilaan – keinolla millä hyvänsä. Mestari on valmis tekemään tämän päämäärän vuoksi uhrauksia.

Saatat pohtia onko mestarin jokaisen sanan kirjaimellinen noudattaminen orjuutta. Tällainen "orjuus" ei kuitenkaan vahingoita oppilasta millään tavoin, vaan päinvastoin vapauttaa hänet lopullisesti. Se auttaa oppilaan sisällä uinuvaa todellista Itseä heräämään. Jotta siemenestä tulisi mahtava puu, sen täytyy ensin sukeltaa mullan alle.

Jos tuhlaamme siemenet syömällä ne, pääsemme hetkeksi nälästämme. Paljon hyödyllisempää olisi kylvää siemenet maahan ja odottaa kunnes ne ovat kasvaneet suuriksi puiksi, jolloin ne voivat ruokkia useita ihmisiä hedelmillään vuosikausia. Puut myös suovat vilpoisan varjon auringonpaahteen uuvuttamille ohikulkijoille. Puu antaa suojansa jopa sitä kaatamaan tulleelle metsurille.

Oppilaan ei pidä taipua egonsa tahtoon, vaan antautua mestarilleen. Ne jotka pystyvät sen tekemään, pystyvät lievittämään tulevaisuudessa monien ihmisten kärsimyksiä. Mestarille antautuminen ja mestarin totteleminen ei ole orjuutta, vaan merkki rakkaudesta. Sellainen henkilö, joka antautuu henkiselle mestarilleen päästäkseen eroon egostaan, on todella rohkea. Tarraudumme kiinni pieneen tonttiin ja pystytämme aidan sen ympärille ja kutsumme sitä omaksemme. Takerrumme johonkin mitättömän pieneen ja luovumme maailmankaikkeudesta. Meidän tarvitsee vain päästää irti minä-tunteesta ja kaikki kolme maailmaa kumartavat edessämme. Nykyaikana mestarin on todella vaikea löytää kelvollisia oppilaita. Monet nykyajan oppilaista ovat sellaisia, että he haluavat perustaa oman ashraminsa ja esiintyä mestareina vietettyään muutaman vuoden aidon mestarin seurassa. Ja jos jostain löytyy kaksikin oppilasta, jotka ovat valmiita kumartamaan heidän edessään, tämä valemestari kehuu heidät taivaisiin. Aidot mestarit tietävät tämän ja siksi he pyrkivät poistamaan oppilaidensa egon täysin. Muista, että jokainen mestarisi järjestämä tilanne on lahja, joka on annettu sinulle armosta. Sen tarkoituksena on poistaa persoonallisuuttasi rumentava egosi ja paljastaa sinussa piilevän todellisen Itsen kauneus. Tämä on tie korkeimpaan vapauteen, jumalallisuuteen ja ikuisesti kestävään rauhaan.

Jumalallisen Äidin antamia haastatteluja

Amma on antanut seuraavan haastattelun eräälle englanninkieliselle aikakausilehdelle.

Kysymys: Minkä viestin Amma haluaa välittää ihmisille elämällään?

Amma: Amman elämä on hänen viestinsä. Se on rakkaus.

Kysymys: Ihmiset, jotka ovat tavanneet sinut, eivät lakkaa ylistämästä rakkauttasi. Mistä tämä johtuu?

Amma: Amma ei osoita erityistä rakkautta ketään kohtaan tarkoituksella. Rakkaus vain virtaa spontaanisti ja itsestään. Maailmassa ei ole ketään sellaista henkilöä, josta Amma ei pitäisi. Amma osaa vain yhtä kieltä ja se on rakkaus. Rakkaus on kieli, jota kaikki ymmärtävät. Epäitsekkään rakkauden vähyys on nykymaailman pahin puute.

Kaikki puhuvat rakkaudesta ja siitä kuinka paljon he rakastavat toisiaan. Tätä ei kuitenkaan voida kutsua aidoksi rakkaudeksi. Se, mitä nykyajan ihmiset luulevat rakkaudeksi, on itsekkyyden värittämää. Se on aivan kuin halpa koru, jonka pinta on kullattu. Koru saattaa olla hyvinkin kaunis ja mukava, mutta koska se on huonolaatuinen, se ei kestä kauan.

Tarina kertoo, että muuan tyttö sairastui niin pahasti, että hän joutui sairaalaan. Kun hänen oli aika palata kotiin, hän sanoi isälleen: "Isä kaikki ihmiset olivat minulle täällä todella mukavia! Rakastatko sinä minua yhtä paljon? Lääkärit ja sairaanhoitajat hoivasivat minua ja he kaikki rakastavat minua todella paljon!

He kyselivät minulta kuinka voin. He myös huolehtivat kaikista tarpeistani. He petasivat sänkyni, syöttivät minua tasaisin väliajoin eivätkä koskaan toruneet minua! Mutta sinä ja äiti torutte minua koko ajan!" Juuri kun tyttö oli sanonut tämän, vastaanottovirkailija ojensi isälle paperin. Tyttö kysyi mikä se oli. Isä vastasi hänelle: "Kerroit juuri miten paljon ihmiset rakastavat sinua täällä…. No, tämä paperi on lasku siitä, mitä tuo rakkaus meille maksoi!"

Lapseni, tämä kertomus kuvastaa hyvin sitä, minkälaista rakkautta nykymaailmassa on tarjolla. Rakkauden taustalta löytyy aina itsekkäitä tarkoitusperiä. Ihmiset soveltavat ihmissuhteisiinsa kaupankäynnin perusperiaatteita. Kun ihmiset tapaavat uuden henkilön, he ajattelevat heti ensimmäiseksi mitä hyötyä hänestä voisi olla. Jos hyödyn saaminen vaikuttaa epätodennäköiseltä, häneen ei kannata tutustua sen tarkemmin. Tai kun ihmissuhteesta saatu hyöty alkaa vähentyä, suhde hiipuu. Näin itsekkäitä ihmiset ovat ja koko ihmiskunta saa kärsiä tämän seurauksista.

Nykyaikana kolmihenkisen perheen jäsenet elävät kukin kuin omalla erillisellä saarellaan. Nykymaailma on niin pahasti rappiolla, että ihmiset eivät enää tiedä mitä aito rauha ja sopusointu ovat. Tämän asian täytyy muuttua! Epäitsekkyyden tulisi kukkia kaikkialla itsekkyyden asemesta. Ihmisten täytyy lopettaa kaupanteko ihmissuhteissaan. Rakkaus ei saisi olla kahle, vaan sen tulisi olla kuin elintärkeä hengitys. Tätä Amma toivoo.

Kun olemme omaksuneet asenteen: "Minä olen rakkaus, olen rakkauden ruumiillistuma", meidän ei tarvitse enää etsiä rauhaa, sillä rauha tulee luoksemme. Kun mielemme laajenee tällaiseen tilaan, kaikki konfliktit katoavat elämästämme kuin aamuauringon haihduttamat kastepisarat.

Kysymys: Joku on sanonut, että jos haluat tietää miltä rakkauden ruumiillistuma näyttää, katso Ammaa. Mitä Ammalla olisi tähän sanottavana?

Amma: (Nauraa) Jos sinulla on sata rupiaa ja annat siitä jollekin kymmenen, sinulle jää vain 90 rupiaa. Rakkaus on kuitenkin aivan toisenlainen asia kuin raha – vaikka jakaisit sitä miten paljon tahansa, se ei lopu koskaan. Mitä enemmän annat, sitä enemmän sinulla on. Rakkaus on kuin lähdepohjainen kaivo: aina kun otat siitä vettä, uutta pulppuaa tilalle. Amma ei tiedä mitään muuta kuin että hänen elämänsä tulee olla viesti rakkaudesta. Tämä on Amman ainut tavoite. Ihmiset on luotu rakastettaviksi. He elävät rakkaudesta. Ja silti se on ainut asia, jota nykyaikana ei ole saatavilla. Rakkauden puute on nykymaailmassa riehuva rutto.

Kysymys: Amma lohduttaa kaikkia luokseen tulevia syleilemällä heitä. Eikö tämä ole intialaisten tapojen vastaista?

Amma: Eivätkö äidit muka syleile lapsiaan? Kotimaassani on aina ylistetty äidin ja lapsen välistä suhdetta. Amma ei koe luokseen tulevia hänestä erillisiksi. Jos satutat jonkun kehosi osan, kätesi rientää heti hoivaamaan sitä. Amma kokee toisten ihmisten kärsimykset ja surut ominaan. Jos äiti näkee lapsensa itkevän kivusta, voiko hän muka seurata sitä sivusta?

Kysymys: Rakastatko sinä köyhiä ja hyljeksittyjä enemmän kuin muita?

Amma: Amma ei osaa olla puolueellinen rakkaudessaan. Jos talon ulkopuolella palaa lamppu, kaikki taloon sisälle tulevat ihmiset saavat osakseen yhtä paljon valoa. Kukaan ei saa toista enemmän tai vähemmän. Jos pidät ulko-ovesi lukittuna ja pysyttelet sisällä, jäät ilman tuon lampun valoa. Ei ole mitään järkeä syyttää lamppua siitä, että istut pimeässä. Jos haluat nähdä valon, sinun täytyy avata sydämesi ovi ja astua ulos.

Aurinko ei tarvitse kynttilää valaisemaan polkuaan. Jotkut ihmiset kuvittelevat, että Jumala on joku, joka istuu korkealla yläpuolellamme taivaassa, ja he tuhlaavat Jumalan miellyttämiseen suuria rahamääriä. Jumalan armoa ei ole kuitenkaan mahdollista saada osakseen vain rahaa tuhlaamalla. Kun Jumala näkee köyhän saavan apua ja lohtua, Hän on paljon tyytyväisempi kuin nähdessään miljoonia tuhlattavan Hänen kunniakseen järjestettyyn juhlaan. Jumalan armo virtaa sinuun, kun Hän näkee sinun kuivaavan jonkun kärsivän sielun kyyneleet. Missä Jumala näkeekään näin puhtaan mielen, sinne Hän kiirehtii asumaan. Myötätuntoinen sydän on Jumalalle paljon mieluisampi olinpaikka kuin silkkisohva tai kultainen valtaistuin. Amma katsoo vain lastensa sydämiä. Hän ei arvostele lapsiaan heidän taloudellisen tai sosiaalisen asemansa perusteella. Kenellekään äidille sellainen ei tulisi koskaan edes mieleen. Mutta kun joku hyvin surullinen ihminen tulee Amman luo, Amma täyttyy myötätunnosta nähdessään hänen surunsa. Amma kokee surun omakseen ja tekee kaikkensa lohduttaakseen surevaa.

Kysymys: Väsyykö Ammaa viettäessään näin paljon aikaa seuraajiensa kanssa?

Amma: Siellä missä on rakkautta ei ole väsymystä. Äiti voi kantaa lastaan sylissään tuntikausia kokematta lastaan taakkana.

Kysymys: Amma, jouduit kohtaamaan alkuaikoina paljon vastustusta. Kertoisitko jotain tästä.

Amma: Se ei tuntunut Ammasta kovin merkitykselliseltä. Amma tiesi millainen maailma on. Kun menet katsomaan ilotulitusta, tiedät että kovaääninen raketti räjähtää kohta, etkä pelästy pamahdusta. Ne jotka osaavat uida, nauttivat aalloissa leikkimisestä, eivätkä anna pelon heikentää itseään. Vastoinkäymiset eivät häirinneet Amman sisäistä iloa, sillä hän tiesi millainen paikka tämä maailma on. Hänestä tuntui siltä, että häntä vastustavat henkilöt olivat kuin peilejä. He saivat Amman katsomaan syvemmälle sisäänpäin. Amman asenne heitä kohtaan oli tällainen.

Murheet ja valituksenaiheet tulevat mieleesi vain silloin, kun ajattelet olevasi rajallinen keho. Todellisen Itsen kokemassa maailmassa ei ole sijaa suruille. Kun Amma syventyi tutkimaan todellista Itseään, hänelle tuli hyvin selväksi, ettei hän ole paikoillaan pysyvä lampi, vaan vapaasti virtaava joki. Monet ihmiset tulevat joen luo, niin sairaat kuin terveet. Jotkut juovat sen vettä, toiset kylpevät siinä tai pesevät vaatteensa joessa. Jotkut jopa sylkevät jokeen. Joki ei kuitenkaan välitä siitä, miten sitä kohdellaan, joki vain jatkaa virtaamistaan. Joki ei koskaan valita - käytettiinpä sen vettä peseytymiseen tai jumalanpalvelukseen. Joki vain virtaa hoivaten ja pesten puhtaaksi kaiken jokeen kastautuvan. Lammikon vesi on erilaista, sillä se on seisovaa. Se likaantuu nopeasti ja alkaa väistämättä haista pahalle.

Kun Amma oli oivaltanut tämän, häntä kohtaan osoitetulla vastustuksella tai rakkaudella ei ollut minkäänlaista vaikutusta häneen. Kumpikaan niistä ei tuntunut tärkeältä. Surut johtuvat siitä ajatuksesta, että "Minä olen kehoni". Todellisen Itsen tasolla suruille ei ole sijaa. Kukaan ei ollut Ammasta erillinen olento. Amma koki toisten kohtaamat vaikeudet ominaan. Amman itsensä kohtaamat vaikeudet eivät tuntuneet hänestä vaikeuksilta. He heittivät lokaa Ammaa kohden, mutta hän teki siitä lannoitetta. Kaikki mitä tapahtui palveli korkeinta hyvää.

Kysymys: Amma, sinähän koet korkeimman Itsesi, eikö niin? Miksi sinä sitten rukoilet? Miksi teet henkisiä harjoituksia?

Amma: Amma ei ole ottanut tätä kehoa itseään varten, vaan maailmaa varten. Amma ei ole tullut tähän maailmaan istuskelemaan paikallaan ja julistamaan "Minä olen jumalallinen inkarnaatio". Miksi edes syntyä, jos aikoo vain istua tyhjän panttina? Amman tarkoitus on opastaa ihmisiä ja kohottaa maailmaa. Amma on tullut näyttämään ihmisille oikean tien.

41

Kuurojen kanssa kommunikoitaessa täytyy käyttää viittoma-kieltä, eikö niin? Kuurot eivät pysty ymmärtämään mitä yrität heille sanoa jos ajattelet: "Enhän minä ole kuuro, joten miksi minun pitäisi huitoa käsilläni!". Vaikka kuulet, sinun tulee käyttää käsimerkkejä heidän vuokseen. Vastaavasti jos yrität kohottaa sellaisten henkilöiden tietoisuudentilaa, jotka eivät tunne todel-lista Itseään, sinun täytyy laskeutua heidän tasolleen. Heille on näytettävä tie elämällä heidän keskellään ja osoittamalla omalla esimerkillä, että heidän tulee laulaa henkisiä lauluja, meditoida ja tehdä pyyteetöntä palvelutyötä. Amma on omaksunut erilaisia rooleja kohottaakseen ihmisiä. Kaikki nämä roolit näytellään maailman hyväksi.

Ihmiset saapuvat ashramiin joko henkilöautolla, linja-autolla tai veneellä. Amma ei kysy heiltä millä kulkuneuvolla he tuli-vat eikä hän sano, että ashramiin saa tulla vain lentokoneella. Jokainen henkilö käyttää itselleen parhaiten sopivaa kulkuneu-voa päästäkseen perille. Samalla tavoin monet eri polut johtavat itseoivallukseen. Amma antaa kullekin henkilölle hänen mielensä rakennetta vastaavan reseptin. Niiden jotka ovat matemaattisesti lahjakkaita, kannattaa valita yliopistossa pääaineekseen jokin luonnontieteistä, sillä he oppivat sen alan asiat nopeammin kuin muut ja pystyvät etenemään opinnoissaan nopeasti. Ne joilla on älyllisiä lahjoja pyhien kirjoitusten merkitysten ymmärtämiseen, saattavat kyetä edistymään henkisellä polullaan pohtimalla älyllisellä tasolla: "Ei tämä, ei tämä" [neti neti]. Jotta tällainen pohdinta tuottaisi tulosta, se edellyttää hyvin hienovaraista älyä ja huomattavan hyvää kirjoitusten tuntemusta. Tavallinen ihminen ei tule siinä onnistumaan.

Monet ashramiin ensimmäistä kertaa tulevat ihmiset eivät ole koskaan edes kuulleet sanaa "henkisyys". Mitä tällainen lapsi voi siis tehdä? Pyhien kirjoitusten kuten Bhagavad Gitan ymmärtämiseen tarvitaan jonkun tasoista pohjakoulutusta tai mestarin seurassa vietettyä aikaa. Heillä, joilla ei ole ollut tähän mahdollisuutta, on yhtäläinen oikeus edistyä henkisellä polullaan, eikö niin? Vain ne, joilla on todellinen erottelukyvyn voima, voivat astua "neti, neti" –polulle. Kirjoituksia opiskelleet ovat ainoita, jotka kykenevät löytämään kuhunkin tilanteeseen sopivat kirjoitusten sanat pohdiskellen niitä syvällisesti syvästi. Hyvin harvat pystyvät tähän ja kuinka Amma voisi hylätä heidät, jotka eivät tähän pysty? Eikö Amman tulisi auttaa heitäkin kohottumaan? Siksi Amman on tärkeää tuntea kunkin henkilön taso ja laskeutua sille.

Monet tänne tulevat ovat lukutaidottomia. Osalla taas ei ole varaa ostaa kirjoja, vaikka he osaisivatkin lukea. Jotkut ovat oppineet lukemalla jonkun verran, kun taas toiset ovat lukeneet hyvinkin paljon, mutta eivät osaa soveltaa lukemastaan mitään käytäntöön. Jokaista ihmistä tulee vielä tämän lisäksi opastaa hänen kulttuuritaustansa mukaisesti. Brahman [absoluuttinen todellisuus, korkein olemassaolon tila] on jotain sellaista, mitä ei voi sanoin kuvata, sillä se on kokemus – se on elämä. Se on tietoisuudentila, jossa näet kaiken Itsenä. Tämän tietoisuuden-tilan tulisi olla luontainen olotilamme. Meidän ei tule pelkästään mietiskellä kukan olemusta, vaan meidän tulisi muuttua kukaksi. Meidän tulisi käyttää elämämme tämän tavoitteen saavuttamiseksi ja opintojemme tulisi tähdätä siihen. Asioiden ulkoa opetteleminen ei ole vaikeaa. Paljon vaikeampaa on soveltaa oppimaansa käytäntöön. *Rishit* [pyhimykset], jotka elivät kauan sitten, ovat osoittaneet meille omalla esimerkillisellä elämällään henkiset totuudet. Mutta kun nykyajan ihmiset lukevat rishien kirjoituksia, he opettelevat tekstejä ulkoa ja kiistelevät keskenään rishien sanoista.

Pujat [pyhät rituaalit] ja rukoukset ovat kaikki Brahmanin eri puolia.

43

Kysymys: Amma, sinun ashramissasi palvelutyöllä on todella suuri merkitys. Mutta eikö aktiivinen toiminta estä mietiskelemästä Itseä?

Amma: Ylimpään kerrokseen vievät portaat on tehty tiilestä ja sementistä. Ylin kerros on tehty näistä samoista aineksista eli tiilestä ja sementistä, mutta voit tehdä tämän havainnon vasta kun olet kiivennyt portaat perille asti. Portaita kuitenkin tarvitaan perille pääsemiseksi. Vastaavasti Itseoivalluksen saavuttamiseksi tarvitaan tiettyjä apukeinoja.

Muuan mies vuokrasi palatsin. Pian tämän jälkeen hän alkoi käyttäytyä kuin hän olisi tuota aluetta hallitseva kuningas. Eräänä päivänä eräs pyhimys tuli tapaamaan miestä. Mies käyttäytyi todella ylimielisesti matkien kuninkaallisten elkeitä. Pyhä mies sanoi hänelle: "Sinä väität, että tämä palatsi on sinun. Kehotan sinua kysymään tietoisuudeltasi mikä on totuus. Sinun todellinen Itsesi tietää, että olet vain vuokrannut tämän rakennuksen. Et voi sanoa mitään tässä rakennuksessa olevaa esinettä omaksesi, sillä ethän sinä omista niistä yhtä ainuttakaan. Ja silti sinä kuvittelet olevasi kuningas!" Monet nykyajan ihmisistä ovat juuri tällaisia. He lukevat kirjoja ja puhuvat lukemistaan asioista kuin rannalla raakkuvat varikset.[6] He sanovat yhtä ja tekevät toista; he eivät elä puhumallaan tavalla. Pyhiä kirjoituksia aidosti ymmärtävät ihmiset eivät tuhlaa aikaansa kirjoituksia koskeviin väittelyihin, vaan he antavat neuvoja heitä lähestyville ihmisille ja auttavat toisiakin edistymään.

Jokainen ihminen tarvitsee mielensä rakennetta vastaavan polun. Tästä syystä *Sanatana Dharmassa,* ikuisessa uskonnossa, on niin monia eri polkuja [*Sanatana Dharma* on hindulaisuuden perinteinen nimi]. Eri polut alkavat eri tasoilta ja niiden tarkoitus on viedä kullakin tasolla olevaa ihmistä eteenpäin. *Advaita*

---

6 Monissa Keralan osissa rannat ovat täynnä variksia.

[ykseys] ei ole sellainen asia, jonka voimme sulloa aivoihin – se täytyy elää todeksi ja vasta silloin sen voi kokea.

Jotkut ihmiset tulevat tänne väittäen olevansa *Vedantan* asiantuntijoita. He väittävät olevansa puhdas tietoisuus. He kysyvät: "Missä muka on toinen Itse, joka palvelisi Itseä? Mihin palvelustyötä muka tarvitaan ashramissa, jossa ihmiset tavoittelevat Itseoivallusta? Kirjoitusten opiskeleminen ja kontemplointi riittävät aivan varmasti." Entisaikaan jopa suuret sielut siirtyivät *vanaprasthaan*[7] ja *sanjaasaan* vasta sitten, kun he olivat ensin käyneet läpi *grihastashraman* [henkisesti suuntautuneen perhe-elämän] vaiheen. Suurin osa heidän karmallisesta *prarabdhasta* [työ, jota ihmisten täytyy tehdä sovittaakseen karmalliset velkansa] oli sovitettu siihen mennessä ja heillä oli enää vain tietty määrä elinpäiviä jäljellä. Niissä ashrameissa, joissa he vierailivat, tehtiin paljon epäitsekästä palvelutyötä. *Vendanta*a opiskelemaan tulleet oppilaat palvelivat Vedantan mestareita täydellä antaumuksella. Oppilaat kävivät keräämässä polttopuita ja hoitivat lehmiä.

Oletko kuullut tarinaa Arunista, joka suojeli peltoja? Tulvapatoon tuli murtuma, jolloin Aruni kävi maahan makuulleen pysäyttääkseen veden, ettei se tulvisi pellolle satoa tuhoamaan. Näille oppilaille mikään ei ollut erillään Vedantasta. Aruni ei ajatellut: "Tämä on pelkkä pelto, joka on pelkkää mutaa ja hiekkaa, kun taas minä olen Itse!" Hänelle kaikki oli osa Itseä. Oppilaat olivat tuohon aikaan hänen kaltaisiaan. *Karmajooga* [epäitsekäs palvelutyö] oli olemassa jo silloin ja tuohon aikaan mestareilla oli yleensä vain kolme tai neljä oppilasta.

Tässä ashramissa asuu vakituisesti yli tuhat henkilöä. Pystyvätkö he meditoimaan koko ajan? Eivät pysty. Ajatukset hiipivät heidän mieliinsä. Tekivätpä he töitä tai eivät, heidän mieleensä

---

[7] *Vanaprahstha* on perinteisesti kolmas elämänvaihe, jolloin mies ja vaimo jäävät eläkkeelle ja vetäytyvät metsään tekemään henkisiä harjoituksia jättäen maalliset velvollisuutensa taakseen.

45

tulee monia ajatuksia, joten miksi he eivät kanavoisi ajatuksiaan oikeaan suuntaan käyttäen käsiään ja jalkojaan toisten auttamiseen ja pyyteettömään palvelemiseen? Krishna sanoi Arjunalle: "Oi Arjuna, minun ei tarvitse tehdä mitään näissä kolmessa maailmassa eikä minun tarvitse saavuttaa mitään, mutta silti minä toimin koko ajan." Lapseni, teidän mielenne ovat jääneet jumiin kehotietoisuuden tasolle. Mielienne tulisi kohota sen yläpuolelle. Antakaa mielienne laajentua ja tulla Universaaliksi Mieleksi. Myötätunto maailmaa kohtaan on kuin lähtölaukaus kasvulle.

He jotka julistavat ylpeinä olevansa Vedantan mestareita, uskovat että he yksin ovat Brahman ja kaikki muu on mayaa eli harhaa. Mutta pystyvätkö he säilyttämään tämän asenteen kaikissa tilanteissa? Eivät todellakaan pysty. He odottavat ruoan olevan valmista tasan kello kaksitoista tai yksi. Silloin kun he ovat nälkäisiä, ruoka ei ole heidän mielestään mayaa. Ja kun he sairastuvat, he haluavat, että heidät viedään sairaalaan. Sairaala ei siis ole heille sillä hetkellä mayaa – he tarvitsevat sitä ja siellä työskentelevien henkilöiden palveluja.

Niiden, jotka puhuvat mayasta ja puhtaasta tietoisuudesta, tulisi ymmärtää, että aivan kuten hekin tarvitsevat tiettyjä asioita niin tarvitsevat myös muutkin. Nämä niin sanotut Vedantan mestarit tarvitsevat toisten palveluja. He odottavat muiden palvelevan heitä, mutta sillä hetkellä kun olisi heidän vuoronsa auttaa muita, he ryhtyvät mietiskelemään Brahmania. Tämä on merkki laiskuudesta.

Tässä ashramissa työskentelee lääkäreitä, insinöörejä ja monien muiden alojen ammattilaisia. Kaikki työskentelevät omien voimavarojensa mukaisesti. Asukkaat kuitenkin myös meditoivat ja opiskelevat pyhiä kirjoituksia. He opettelevat tekemään tekoja takertumatta niihin. Takertumaton työskentely auttaa pääsemään eroon kehotietoisuudesta ja itsekkyydestä. Kun teko tehdään takertumattomalla asenteella, se ei sido kahleisiin. Se on tie vapauteen. Kukaan tämän ashramin asukkaista ei kaipaa paratiisiin. Yhdeksänkymmentä prosenttia heistä haluaa vain palvella maailmaa. Vaikka heille tarjottaisiin paikkaa paratiisista, he vilkuttaisivat sille hyvästiksi, sillä he kokevat paratiisin sydämissään. Heidän myötätuntoinen sydämensä on heidän paratiisinsa. Tällainen on useimpien täällä asuvien Amman lasten asenne.

Menneisyydessä monet ihmiset, jotka väittivät olevansa puhdas tietoisuus, vetäytyivät yhteiskunnasta syrjään. He eivät olleet valmiita menemänään ihmisten keskuuteen palvelemaan heitä. Tämä selittää sen, miksi yhteiskuntamme on niin pahoin rappeutunut. Kärsimme tällä hetkellä tuollaisen välinpitämättömyyden seurauksista. Halusitko sanoa tällä esittämälläsi kysymyksellä, että meidän tulisi antaa kulttuurimme rappeutua vielä pahemmin?

Ihmisten tulisi ymmärtää, että Advaitaa on *elettävä*. Se on tietoisuudentila, jossa näemme kaiken omana Itsenämme.

Mikä Mahabharata sodan merkitys on? Kun pyörivän rummun sisään laitetaan käsittelemättömiä kiviä, niiden terävät kulmat hioutuvat pois ja kivistä tulee tasaisen sileitä. Vastaavasti kun me palvelemme maailmaa, mielemme epämuodostumat hioutuvat pois, jolloin mielemme tavoittaa Itsen todellisen luonteen - yksilöllinen mieli sulautuu universaaliin tietoisuuteen. Kun palvelet maailmaa, taistelet omia negatiivisia ominaisuuksiasi vastaan. Tämä on Mahabharatan sodan todellinen sanoma ja syy siihen, miksi Krishna pyysi Arjunaa taistelemaan *dharman* puolesta.

Ihmiset ymmärtävät nämä opetukset paremmin, mikäli näytät sen heille käytännössä omalla esimerkilläsi. Tämä on Amman tavoite.

Kysymys: Amma, pidätkö antaumusta tärkeimpänä asiana ashramissasi? Kun katselen rukouksia ja antaumuksellisia lauluja, ne näyttävät minusta melkeinpä ohjelmanumeroilta.

Amma: Oletetaan, että sinulla on tyttöystävä. Kun puhut hänelle, onko se mielestäsi ohjelmanumero? Et ajattele tällä tavoin kun todella rakastat jotakuta. Keskusteluanne sivusta seuraavista se saattaa kuitenkin näyttää ohjelmanumerolta. Sama pätee tässäkin asiassa - ne eivät ole koskaan meille mikään ohjelmanumero. Rukouksemme ovat meidän tapamme ilmaista yhteyttä Jumalaan. Koemme pelkkää autuutta jokaisena hetkenä, jolloin rukoilemme. Puhuipa sitten mies rakkaalleen tai nainen hänelle, he ovat molemmat koko ajan iloisia eivätkä koe tyytymättömyyttä lainkaan. He eivät kyllästy keskustelemaan, vaikka olisivat puhuneet toistensa kanssa jo tuntikausia. Me koemme samanlaista nautintoa rukoillessamme.

Rukous on keskustelua rakastettumme kanssa – oman todellisen Itsemme kanssa. Sinä olet Itse, Atman. Sinun ei ole tarkoitus olla onneton. Sinä et ole yksilöllinen sielu. Sinä olet Korkein Tietoisuus. Sinun todellinen luontosi on autuus. Tämä on rukouksen todellinen tarkoitus. Aito rukous ei sisällä tyhjiä sanoja.

Poikani, jos tarkoitat antaumuksella rukoilemista ja antaumuksellisten laulujen laulamista, niin nehän kuuluvat jokaiseen uskontoon. Muslimit rukoilevat ja kumartavat Mekkaa kohti. Kristityt rukoilevat Kristusta esittävän kuvan, ristin tai kynttilän liekin edessä. Jainalaiset, buddhalaiset ja hindut rukoilevat myös. Näistä kaikista uskonnoista löytyy myös mestarin ja oppilaan käsite. Keskuudessamme ilmestyy ajoittain profeettoja ja mestareita, joita pidetään suuressa arvossa. Eivätkö nämä kaikki olekin antaumuksen erilaisia ilmenemismuotoja? Kirjoituksia opiskelleet meditoivat Vedantan periaatteita ja pääsevät sillä tavoin etenemään henkisellä polullaan. Eikö se olekin juuri heidän antaumuksensa, mikä mahdollistaa tämän?

Poikani, todellista antaumusta on nähdä Jumala kaikissa ja kunnioittaa kaikkia. Meidän tulee kasvattaa tällaista asennetta. Mielemme tulisi kohota sellaiselle tasolle, jolla näemme Jumalan kaikessa. Intialaisten mielikuvissa Jumala ei asu taivaassa, vaan Jumala on kaikkialla. Kaikkein tärkeintä elämässä on oppia tuntemaan Jumala. Henkisten totuuksien kuuntelemisen, pohdiskelun ja sisäistämisen tavoite on oivaltaa korkein olemus tai Jumala. Antaumuksen tie on yksi henkisistä poluista ja se johtaa tuohon samaan päämäärään.

Kaikkien ei ole helppoa kääntää mieltään sisäänpäin, sillä mieli haluaa vaeltaa paikasta toiseen. Kirjoituksia opiskelleet saattavat pitää *"neti neti"* –polkua [ei tämä, ei tämä] itselleen sopivimpana, mikä tarkoittaa sitä, että he kieltäytyvät samaistumasta mihinkään muuhun paitsi todelliseen Itseensä. Maailmassa on kuitenkin hyvin paljon ihmisiä, jotka eivät ole opiskelleet mitään. Heidänkin tulee oppia tuntemaan Itse, vai mitä? Antaumus on heille kaikkein käytännöllisin keino.

Jotkut ihmiset ovat allergisia injektioruiskuille ja he saattavat jopa kuolla pistokseen. Tästä syystä heille täytyy antaa lääkkeet suun kautta. Kun he sairastuvat, heidän täytyy nauttia lääkkeensä suun kautta, sillä se on heille ainut keino parantua. Vastaavalla tavalla Ammakin määrää lääkkeitä eri tavoin nautittaviksi henkilöstä riippuen. Jokainen saa *samskaroitansa*[8] vastaavia henkisiä harjoituksia. On väärin sanoa, että jokin menetelmistä olisi toista tärkeämpi. Kaiken täällä tehdyn tarkoituksena on ihmisten hyvinvoinnin kohentuminen.

Joki on täynnä vettä ja tästä syystä sillä näyttäisi olevan kaksi toisistaan erillistä rantaa. Me puhumme joen tästä ja

---

[8] *Samskara* on edellisistä ja tästä elämästä mieleen painautuneiden vaikutelmien kokonaisuus, joka vaikuttaa ihmisen elämään – hänen luonteeseensa, tekoihin, mielentilaan jne. Sillä viitataan myös menneessä viljeltyyn hyvyyteen ja luonteen jalouteen, kykyihin ja muihin jaloihin ominaisuuksiin. Sillä voidaan myös tarkoittaa kulttuuria.

tuosta puolesta. Jos joki kuivuu, voimme havaita, että nuo kaksi rantaa ovat samasta maaperästä muodostunut yksi yhtenäinen uoma. Vastaavasti käsitteet "sinä" ja "minä" johtuvat siitä, että koemme olevamme erillisiä yksilöitä. Kun tämä yksilöllisyyden tunne katoaa, koemme olevamme yhtä – on vain kokonaisuus ja täydellisyys [*purnam*]. Kumpikin poluista, sekä "ei tämä, ei tämä" että antaumus, voivat johtaa meidät kokemukseen Itsestä.

Olipa kerran lapsi, jonka täytyi antaa vuoteenomana olevalle isälleen tämän lääkkeet, mutta juuri kun poika astui huoneeseen, tuli sähkökatkos. Poika oli yhtäkkiä pilkkopimeässä huoneessa eikä nähnyt mitään. Haparoiden hän kokeili ensin seinää: "Ei, tämä ei ole se mitä etsin." Hän kokeili ovea: "Ei, se ei ole tämä-kään." Hän kosketti pöytää: "Ei se ole tämäkään." Hänen kätensä osui sänkyyn: "Tämäkään ei ole se." Lopulta hänen kätensä kosketti hänen isäänsä: "Kyllä! Tämä se on!" Poika pääsi isänsä luo hylkäämällä yhden sellaisen asian kerrallaan, joka ei ollut hänen isänsä.

Tämä sama pätee antaumukseen. Aidon antaumuksellisen etsijän huomio on aina kiinnittynyt Jumalaan. Jumala on ainut asia, joka merkitsee hänelle jotain. Etsijä hylkää kaiken sen, mikä ei ole Jumala. Mitään muuta ei ole olemassa kuin ajatus rakkaasta Jumalasta.

Osa etsijöistä on sitä mieltä, että: "Minä en ole keho, enkä mieli, enkä äly. Mieli ja keho aiheuttavat kaiken kärsimyksen." Toisen ryhmän asenne on puolestaan seuraavanlainen: "Minä kuulun Jumalalle. Ainut asia, mitä tarvitsen, on Jumala. Jumala on kaikkeni." Näiden kahden ryhmän välillä on vain tällainen pieni ero. Pikkuhiljaa alamme ymmärtää, että mitään muuta ei ole kuin Jumala, ja sellaista elämämme tulisi olla. Meidän tulee nähdä kaikki Jumalana, se on todellista antaumusta. Kun näemme Jumalan kaikessa, unohdamme itsemme ja yksilöllisyytemme liukenee olemattomiin.

50

Antaumuksellinen etsijä ei etsi Jumalaa, joka istuu taivaassa kaukana jossain päämme yläpuolella, vaan hän oppii näkemään Jumalan kaikessa. Tällaisen oppilaan ei tarvitse harhailla sinne ja tänne Jumalaa etsien. Jumala loistaa hänen sisällään, sillä hän ei näe Jumalan ja kaiken muun välillä mitään eroa. Rukoilemisen tavoite on päästä tälle tietoisuudentasolle. Kunnioitamme rukouksillamme totuutta. Mielen tulee kohota kehon, mielen ja älyn tasolta Itsen tasolle. Ajattele keittiön katossa roikkuvaa sadan watin lamppua. Lamppu on niin pahasti noen ja pölyn peitossa, että se antaa valoa vain kymmenen watin lampun verran. Kun lika pyyhitään pois, lamppu loistaa jälleen täydessä kirkkaudessaan. Henkiset harjoitukset puhdistavat meitä vastaavalla tavalla. Kun jumalallisuuttamme peittävä huntu poistetaan, pystymme kokemaan meissä piilevän loputtoman voimanlähteen. Ymmärrämme, että emme syntyneet kokeaksemme surua, vaan että todellinen luontomme on autuus. Pelkkä näistä totuuksista puhuminen ei kuitenkaan riitä, vaan henkiset harjoitukset ovat välttämättömiä. Jokaisella ihmisellä on synnynnäinen valmius oppia uimaan, mutta emme silti opi uimaan ellemme mene veteen harjoittelemaan. Antaumus ja rukoilu ovat keinoja herättää meissä piilevä jumalallisuus.

Kysymys: Olen kuullut, että jos henkinen oppilas koskettaa toista ihmistä, hän menettää osan henkisestä voimastaan. Onko tämä totta?

Amma: Pienessä patterissa on vain rajallinen määrä energiaa ja se vähenee käytössä. Voimanlähteeseen liitetyssä sähköjohdossa puolestaan riittää virtaa aina. Menetät voimasi, jos uskot olevasi egoon rajoittunut, kuin pieni patteri. Jos taas olet suorassa yhteydessä Jumalaan, joka on loppumattoman voiman lähde, kuinka voisit menettää voimiasi? Äärettömyydestä tulee vain äärettömyys.

Vaikka sytyttäisit kynttilän liekistä tuhat uutta kynttilää, alkuperäisen liekin valo ei himmene. On kuitenkin totta, että henkinen oppilas saattaa menettää voimiaan. Sinun täytyy olla hyvin tarkkaavainen, sillä olet edelleen kehon, mielen ja älyn tasolla. Niin kauan kuin olet tuolla tasolla, sinun täytyy olla varovainen. Sinun tulee noudattaa henkisellä polulla yamaa ja niyamaa [mitä sinun tulee tehdä ja mitä et saa tehdä] koskevia määräyksiä niin kauan kunnes olet saanut mielesi hallintaasi. Tämän jälkeen sinun ei tarvitse olla huolissasi siitä, jos kosketat jotain toista henkilöä. Pyri koskettamaan toisia sillä asenteella, että kosketat Jumalaa – silloin et menetä voimiasi, vaan saat kosketuksesta lisää voimaa.

Kysymys: Amma, sinä jouduit kärsimään lapsena paljon. Kun näet kärsiviä ihmisiä, tuovatko he sinulle mieleen nuo ajat?

Amma: Löytyykö maailmasta sellaista ihmistä, joka ei olisi kärsinyt jollain tavalla? On totta, että Amman lapsuus ei ollut helppo, mutta Amma ei kokenut vastoinkäymisiä varsinaisiksi vaikeuksiksi. Amman äiti Damayanti sairastui eikä hän pystynyt enää hoitamaan taloutta. Amma lohdutti itseään sillä ajatuksella, että vaikka hän joutui jättämään koulunsa kesken, hänen veljensä ja siskonsa saivat käydä opintonsa loppuun. Amma ei siis enää mennyt kouluun, vaan hän otti täyden vastuun kaikista kotitöistä. Hän valmisti ruoan koko perheelle, pakkasi sisaruksilleen eväät mukaan kouluun, pesi kaikkien vaatteet ja hoiti lehmät, vuohet, ankat, kanat ja muut eläimet. Amma keräsi lehmille heiniä ruoaksi ja hän myös hoiti äitiään Damayantia. Hänellä riitti kotitöitä aamuneljästä puoleenyöhön asti. Tällaisten kokemusten avulla Amma oppi jo lapsena, mitä vaikeudet tarkoittavat.

Ammalla oli tapana käydä vähintään viidessäkymmenessä alueen talossa keräämässä lehmille tapiokan lehtiä. Joku perhe saattoi olla juuri syömässä, kun hän tuli taloon, kun taas jossain toisessa talossa koko perhe näki nälkää ja lapset lojuivat lattialla nälän heikentäminä. Amma kuuli eräässä talossa lasten rukoilevan vanhemmilleen pitkää ikää, kun taas seuraavassa talossa asuvan perheen isoäiti oli täysin laiminlyöty ja epätoivoinen. "Kukaan ei huolehdi minusta", tämä vanha nainen valitti ja jatkoi: "He ruokkivat minua kuin koiraa eikä kukaan auta minua pesemään vaatteitani. Kaikki vain huutavat minulle ja lyövät minua." Tämä sama päti hyvin moneen vanhukseen, jotka olivat raataneet koko elämänsä lastensa puolesta ja menettäneet terveytensä näiden ponnistelujen vuoksi. Ja nyt kun he puolestaan olivat avuttomia vanhuutensa vuoksi, kukaan ei auttanut heitä. Kukaan ei halunnut nähdä heidän eteensä edes sen verran vaivaa, että olisivat antaneet heille vähän vettä silloin kun heidän oli jano. Tällaista kärsimystä kohdatessaan Ammalla oli tapana tuoda heille ruokaa kotoaan. Ihmiset, jotka lapsina rukoilevat vanhemmilleen pitkää ikää, alkavat pitää vanhempiaan taakkana heti kun ovat perustaneet oman perheensä. He haluavat päästä tuolloin eroon vanhemmistaan. Ihmiset rakastavat toisia ihmisiä vain jos hyötyvät siitä jotain. Lehmää rakastetaan siksi, että se antaa maitoa. Mutta heti kun lehmä menee umpeen eikä enää tuota maitoa, se lähetetään teurastamolle. Amma ymmärsi, että kaiken maallisen rakkauden taustalla on jokin itsekäs motiivi. Amman kodin lähellä oli pieni lampi. Ammalla oli tapana viedä vanhoja naisia sinne, kylvettää heidät ja pestä heidän vaatteensa. Amma otti nälästä itkevät lapset syliinsä, kantoi heidät kotiinsa ja antoi heille ruokaa. Amman isä ei pitänyt tästä, vaan torui häntä sanoen: "Miksi sinä raahaat näitä likaisia räkänokkia meidän kotiimme?"

Amma ymmärsi maailman luonteen kohdatessaan kärsiviä ja vaikeuksissa olevia ihmisiä. Kun he sairastuvat ja menevät sairaalaan, heidän täytyy odottaa useita tunteja. Lopulta lääkäri ottaa ehkä heidät vastaan ja kirjoittaa reseptin. Mutta mistä nämä ihmiset saisivat rahaa lääkkeisiin? Amma on nähnyt monia niin köyhiä ihmisiä, ettei heillä ole varaa ostaa edes yhtä tablettia kipulääkettä. Tällä alueella elävät ihmiset selviävät saamallaan palkalla hädin tuskin päivästä toiseen. Jos he joutuvat olemaan pois töistä edes yhden päivän, heidän perheensä näkee nälkää. Jos he sairastuvat, heillä ei ole varaa lääkkeisiin. Ihmiset vääntelehtivät tuskissaan eikä heillä ole rahaa ostaa kipulääkkeitä. Yksi pieni pilleri riittäisi viemään kivun pois muutamassa minuutissa, mutta heillä ei ole varaa siihen, joten he joutuvat kärsimään tuskaansa koko päivän.

Amma on nähnyt monien lapsien itkevän, koska heillä ei ole varaa ostaa paperia koulussa pidettäviä kokeita varten[9]. Jotkut lapset menevät kouluun paita okaan piikeillä napitettuna, sillä heillä ei ole varaa ostaa uusia nappeja hajonneiden tilalle. Amma on siis nähnyt, kuullut ja kokenut ihmisten kärsivän. Hän on nähnyt mitä kaikkia vastoinkäymisiä he joutuvat kohtaamaan. Se sai Amman ymmärtämään millainen maailman luonne on ja se sai hänet katsomaan sisäänpäin. Kaikesta tässä maailmassa olevasta tuli hänen gurunsa. Jopa pieni muurahainen oli hänen gurunsa.

Amma on jakanut kärsivien ja köyhien surut jo lapsesta asti. Tästä syystä hän ymmärtää ihmisten kivun ja surun kertomattakin. Nykyisin Ammaa tulee tapaamaan monia ihmisiä, jotka ovat kohdanneet samanlaisia ongelmia. Ne, joiden hallussa resurssit ovat, voisivat halutessaan helpottaa näiden ihmisten kärsimyksiä hyvin paljon. Amma haluaa kannustaa kaikkia rikkaita lapsiaan olemaan myötätuntoisia ja palvelemaan köyhiä ja kärsiviä.

Kysymys: Sana "amma" tarkoittaa äitiä. Mutta kuinka naista, joka ei ole koskaan synnyttänyt, voidaan pitää äitinä?

---

[9] Joissakin intialaisissa kouluissa, joissa opiskelu on maksutonta, oppilaiden täytyy ostaa itse koepaperit. Näin ei ole Amman kouluissa (Amrita Vidyalayam).

Amma: Lapseni, äiti on epäitsekkyyden symboli. Äiti tuntee lapsensa sydämen; hän tietää lapsensa tunteet. Hän omistaa koko elämänsä lapselleen. Äiti antaa lapselleen anteeksi kaikki tämän tekemät virheet, sillä hän tietää lapsen tekevän ne tietämättömyydessään. Tämä on todellista äitiyttä. Ja siitä Amman elämässä on kyse; hän näkee kaikki omina lapsinaan.

Intialainen kulttuuri opettaa lapsia ajattelemaan pienestä pitäen, että heidän äitinsä on Jumala; Jumalan ruumiillistuma. Kulttuurimme pitää äitiyttä naiseuden täyttymyksenä. Mies pitää perinteisesti kaikkia muita naisia äitinään paitsi vaimoaan. Ja naiset puhuttelevat äidiksi kaikkia itseään vanhempia naisia, jotka ovat ansainneet hänen arvostuksensa "äitinä". Näin korkea asema naisella on kulttuurissamme perinteisesti ollut. Osa perinteestä on kuitenkin kadonnut muiden kulttuurien vaikutuksesta. Kulttuurimme rappeutumisen seuraukset ovat nähtävissä yhteiskunnassamme.

Kaikki naiset ovat luonnostaan äidillisiä. Äidillisyyden tulisi olla jokaisen naisen hallitsevin ominaispiirre. Äidillisyys on niin puhdas ominaisuus, että se karkottaa kaikki sellaiset ominaisuudet, jotka eivät ole toivottuja. Se on aivan kuin auringonsäde, joka karkottaa pimeyden. Rakkaus, epäitsekkyys ja uhrautuvaisuus ovat äidillisyyden tunnusmerkkejä. Voimme pitää jalon kulttuurimme hengissä vain näitä ominaisuuksia vaalimalla.

Amman mielestä hänen tapansa toimia sopii tähän tarkoitukseen. Kysyit kuinka naista, joka ei ole synnyttänyt, voidaan kutsua äidiksi. Lentokoneen moottorin suunnitellut insinööri tietää lentokoneen moottorista enemmän kuin lentokoneen lentäjä, eikö niin? Naisesta ei tule äitiä pelkästään synnyttämällä, vaan äidillisten ominaisuuksien tulee puhjeta kukkaan hänessä. Nainen, jossa nämä ominaisuudet ilmenevät kaikessa täyteydessään, ei ole yhtään vähemmän äiti kuin nainen, joka on synnyttänyt lapsen. Eivätkö muuten äidinkieli ja luontoäiti ole myös äitejämme?

Kysymys: Amma, työskenteletkö yhteiskunnan hyväksi saavuttaaksesi jonkun tietyn päämäärän?

Amma: Ammalla on vain yksi toive: että hänen elämänsä olisi kuin suitsuke. Suitsuke levittää ympärilleen hyvää tuoksua muiden iloksi palaessaan itse loppuun. Amma toivoo, että hän voisi olla vastaavalla tavoin hyödyksi maailmalle omistaen jokaisen elämänsä hetken lapsilleen. Amma ei näe eroa päämäärän ja sen saavuttamiseksi käytettyjen keinojen välillä. Amman elämä virtaa jumalallisen tahdon mukaisesti, siinä kaikki.

Kysymys: Gurun sanotaan olevan oleellinen osa henkistä polkua. Kuka oli Amman guru?

Amma: Kaikki tässä maailmassa ovat Amman guruja. Jumala ja guru ovat jokaisessa ihmisessä, mutta niin kauan kun egomme hallitsee meitä, emme ole siitä tietoisia. Ego on kuin huntu, joka peittää sisäisen gurun. Kun olet löytänyt sisäisen gurusi, koet gurun kaikissa maailmankaikkeudessa ilmenevissä asioissa. Kun Amma löysi gurun sisältään, kaikesta tuli hänen gurunsa – jopa jokaisesta hiekanjyvästä. Saatat miettiä oliko muka piikkipensaan piikkikin hänen gurunsa, ja kyllä se oli. Kun piikki pistää jalkaasi, kiinnität parempaa huomiota polkuun. Näin ollen sinua pistänyt piikki estää sinua satuttamasta itseäsi muihin piikkeihin tai putoamasta rotkoon.

Amma pitää myös omaa kehoaan gurunaan, sillä kun mietiskelemme kehon katoavaisuutta, ymmärrämme että Itse on ainoa ikuinen todellisuus. Kaikki mitä Amma kohtasi, johti häntä hyvyyteen. Tästä syystä Amma kunnioittaa kaikkea elämää.

Kysymys: Tarkoittaako Amma, että emme tarvitse gurun apua saavuttaaksemme itseoivalluksen?

Amma: Ei, Amma ei tarkoita sitä. Musikaalisesti erittäin lahjakas ihminen saattaa pystyä laulamaan kaikki ragan perinteiset sävelet ilman erityistä koulutusta. Mutta kuvitelkaapa jos kaikki alkaisivat laulaa ragoja ilman koulutusta! Amma ei siis tarkoittanut sanoa, että henkistä mestaria ei tarvita, vaan että muutamat harvinaiset yksilöt, jotka ovat poikkeuksellisen tietoisia ja tarkkaavaisia, eivät tarvitse ulkoista gurua.

Ole tietoinen ja tarkastele kaikkea kohtaamaasi erottelukykysi avulla. Älä haudo takertumisen tai torjunnan tunteita mitään asiaa kohtaan. Tällöin kaikella kohtaamallasi on jokin opetus sinulle tarjottavanaan. Mutta kuinka monella ihmisellä on tällaista takertumattomuutta, kärsivällisyyttä ja päämäärätietoisuutta? Niiden, joilla näitä ominaisuuksia ei vielä ole, on hyvin vaikeaa saavuttaa lopullinen päämäärä, elleivät he turvaudu ulkoiseen guruun. Aito guru herättää sisälläsi uinuvan tiedon. Nykypäivän ihmiset eivät kykene aistimaan sisäistä gurua, sillä he ovat tietämättömyytensä sokaisemia. Ihmisten täytyy muuttaa ajattelutapaansa, jotta he kykenisivät näkemään tiedon valon. Antaumuksellisen oppilaan asenne auttaa tämän saavuttamisessa.

Meillä tulisi olla aloittelijan asenne, sillä vain aloittelijalla on kärsivällisyyttä opetella jokin asia perin pohjin. Vaikka kehosi on varttunut, se ei välttämättä tarkoita sitä, että mielesi on kypsä. Jos toivot mielesi laajentuvan yhtä avaraksi kuin koko maailmankaikkeus, sinulla täytyy olla lapsen asenne. Vain lapsi voi kehittyä ja kasvaa. Suurimmalla osalla ihmisistä on kuitenkin egon, kehon, mielen ja älyn asenne. Vasta sitten, kun luovumme tästä asenteesta ja omaksumme viattoman lapsen asenteen, meillä on kyky imeä itseemme kaikki meille annettu oppi.

Satoipa vuoren huipulle miten paljon vettä tahansa, se ei jää ylös huipulle, vaan valuu alaspäin ja täyttää vuoren juurella olevan kuopan. Ja aivan samalla tavoin kaikki tulee luoksemme, mikäli olemme omaksuneet sellaisen asenteen, että emme ole mitään.

Kärsivällisyys, tietoisuus ja tarkkaavaisuus ovat elämän aitoja rikkauksia. Nämä ominaisuudet ovat niin tärkeitä, että henkilö, jolla ne on, voi onnistua missä tahansa asiassa. Kun kehität itsessäsi näitä ominaisuuksia, puhdistat sisäistä peiliäsi, joka auttaa sinua huomaamaan omat epäpuhtautesi ja pääsemään niistä eroon. Ja kun peilisi on puhdas, et tarvitse muita peilejä, sillä olet itse oma peilisi. Tällöin tiedät kuinka pääset eroon omista epäpuhtauksistasi etkä tarvitse siinä enää kenenkään toisen apua. Saavutat kyvyn puhdistaa itse itsesi. Kun pääset tälle tasolle, koet gurun kaikkialla. Kukaan ei ole mielestäsi sinua vähäpätöisempi. Et kiistele koskaan turhan vuoksi. Et puhu tyhjiä sanoja. Suuruutesi näkyy kaikissa teoissasi.

Kysymys: Tarkoittaako tämä sitä, että meidän ei tarvitse opiskella henkisiä kirjoituksia?

Amma: On hyvä opiskella *Vedantaa*, sillä silloin tie Jumalan luo kirkastuu nopeasti. He jotka opiskelevat *Vedantaa*, ymmärtävät kuinka lähellä Jumala on; että Jumala on heissä. Suurimmalla osalla ihmisistä *Vedanta* jää kuitenkin vain sanojen tasolle. Se ei heijastu heidän tekoihinsa. *Vedanta* ei ole mikään lasti, jota kannellaan ympäriinsä; sen periaatteet tulee viedä syvälle sydämeen ja harjoittaa niitä mielen tasolla. Suurin osa ihmisistä ei ymmärrä tätä, vaan heistä tulee ylimielisiä. Kun aito ymmärrys *Vedantasta* kasvaa, meistä tulee luonnostaan nöyriä. *Vedanta* auttaa meitä ymmärtämään, että olemme Jumala, mutta jotta saisimme tästä suoran kokemuksen, meidän tulee elää *Vedantan* periaatteiden mukaisesti. Jos kirjoitat paperille sanan "sokeri" ja nuolet paperia, se ei maistu makealle. Sinun tulee maistaa sokeria, jotta saisit kokemuksen makeudesta. Vastaavasti *Brahmanista* lukeminen ja puhuminen ei anna suoraa kokemusta *Brahmanista*. Tekojemme tulisi kuvastaa sitä, mitä olemme lukeneet ja oppineet. Tällöin tieto muuttuu omakohtaiseksi kokemukseksi. Mutta jotta jaksaisimme ponnistella, tarvitsemme rohkaisua ja kannustusta. Ne henkilöt, jotka ovat sisäistäneet *Vedantan* opit aidosti, innoittavat muita seuraamaan samaa polkua. Jotkut ihmiset istuvat joutilaina julistaen: "Minä olen Brahman". Miksi sitten Brahman otti itselleen tuon kehon? (Tässä viitataan tuohon joutilaana olevaan kehoon.) Eikö muodottomana oleminen riittänyt hänelle? Olemme saaneet tämän kehon, joten meidän tulee havainnollistaa totuus tekoina. Kun olemme ymmärtäneet tämän, meistä tulee nöyriä. Amma puhuu tässä nyt vain omasta elämästään. Hän ei vaadi muita seuraamaan hänen polkuaan sellaisenaan. Sinun tulisi edetä omista kokemuksistasi käsin. Tunne itsesi! Amma tahtoo sanoa vain tämän.

Tämä seuraava Amman haastattelu on julkaistu Intian Times-lehdessä. Haastattelu tehtiin Amman New Delhin vierailun aikana maaliskuussa 1999.

Kysymys: Amma on perustanut ainutlaatuisen sairaalan AIMS:in [10] ja aloittanut mittavan ilmaisten talojen rakennushankkeen Amrita Kuteeramin. Näiden lisäksi Amman aloitteesta on syntynyt monia muita hankkeita, jotka auttavat köyhiä. Mikä sai Amman aloittamaan tällaisen palvelutyön?

Amma: Amma tapaa päivittäin monia hyvin köyhiä ihmisiä, jotka kertovat hänelle kärsimyksistään. Niinpä Amma on oppinut ymmärtämään heidän kohtaamiaan vaikeuksia ja heidän tarpeitaan. Amma tuntee sisällään suurta halua lievittää heidän kärsimyksiään. Tästä eri hankkeet ovat saaneet alkunsa. Yhtäkään niistä ei ole kaavailtu etukäteen eikä niitä varten ole kerätty

---

[10] AIMS, Amrita lääketieteen instituutti ja tutkimuskeskus, sijaitsee Cochinissa Keralan osavaltiossa. AIMS on kirjainlyhenne seuraavista sanoista: Amrita Institute of Medical Siences.

etukäteen varoja. Aina kun aloitamme jonkun uuden hankkeen, Jumala lähettää meille kaiken mitä tarvitsemme. Meidän tulisi ymmärtää, että Jumala ei ole rajoittunut temppeleihin ja kirkkoihin. Jumala on meissä jokaisessa. Kun jaamme omastamme muille ja autamme toisiamme, me itse asiassa palvelemme Jumalaa.

Jos joku menee kirkkoon tai temppeliin palvelemaan ja rukoilemaan Jumalaa, mutta ulos tullessaan kääntää katseensa pois kadulla istuvasta nälkää näkevästä ihmisestä, hänellä ei ole todellista antaumusta Jumalaa kohtaan.

Kysymys: Joidenkin filosofien lausumat väitteet yksilöllisestä sielusta ja korkeimmasta tietoisuudesta ovat antaneet sellaisen käsityksen, että Jumalan ja ihmisten välillä ei ole eroa. He ovat myös antaneet ymmärtää, että hyvän ja pahan välillä ei ole eroa eikä myöskään puhtaan ja epäpuhtaan tai taivaan ja helvetin välillä. Eikö tämä hämärrä kykyämme erottaa oikea väärästä?

Amma: Tämä johtuu väärinkäsityksestä. Ykseyden periaatteiden opettamisen – sen, että yksilöllisen sielun ja Korkeimman välillä ei ole eroa – todellinen tavoite on herättää ihmisissä sisällä uinuva voima ja johtaa heidät totuuteen. *Vedanta* sanoo meille: "Sinä olet kuninkaiden kuningas; sinä et ole kerjäläinen." Tietoisuus tästä auttaa meitä löytämään sisältämme loppumattoman voiman lähteen. Mutta niin kauan kun emme ole oivaltaneet tätä ykseyttä suoran kokemuksen kautta, meidän täytyy erottaa hyvä pahasta ja kulkea oikeaa polkua. Sitten kun olet oivaltanut perimmäisen totuuden, kaksijakoinen maailma katoaa – on vain totuus, joten mitään ei voi hylätä vääränä.

Tällaisen valaistuneen sielun jokainen sana ja teko hyödyttävät yhteiskuntaa. Jopa tällaisen henkilön hengityksen kosketus auttaa ihmisiä pääsemään eroon negatiivisista taipumuksistaan. Mitkään tämän maailman ongelmat eivät pysty häiritsemään sellaista henkilöä, joka on tietoinen omasta jumalallisuudestaan. Aito vedantan mestari on henkilö, joka elää ykseystietoisuudessa, eikä sellainen, joka vain puhuu siitä. Aito vedantan mestari toimii esimerkkinä koko maailmalle.

Sellaisia henkilöitä ei voida pitää henkisinä, jotka juovat alkoholia ja tekevät muita vääriä tekoja samalla kun siteeraavat pyhiä kirjoituksia ja julistavat, että kaikki on Brahman. Meidän tulee kyetä tunnistamaan tällaiset tekopyhät ihmiset. Kulttuurimme rappeutumisen yksi syy on se, että olemme epäonnistuneet tällaisten ihmisten tunnistamisessa. Henkisyys ei ole jotain mistä vain puhutaan, vaan se täytyy elää todeksi.

Kysymys: Voiko itsekkäästä henkilöstä tulla omin avuin epäitsekäs? Pystymmekö itse muuttamaan omaa luonnettamme?

Amma: Totta kai tämä on mahdollista. Henkisyyden periaatteiden syvällinen ymmärrys auttaa vähentämään itsekkyyttä. Tehokkain tapa vähentää itsekkyyttä on tehdä tekoja odottamatta mitään vastalahjaksi. Meidän tulisi muistaa, että olemme vain Jumalan käsissä olevia työvälineitä. Meidän tulisi ymmärtää, että me emme tee tekoja, vaan Jumala on niiden todellinen tekijä. Jos asenteemme on vilpittömästi tällainen, ylpeytemme ja itsekkyytemme katoavat.

Mies saattaa huutaa yläkerrasta vaimolleen: "Tulen ihan kohta alakertaan", mutta viiden askeleen jälkeen hän saa sydänkohtauksen ja kuolee. Seuraava hetki ei ole käsissämme. Kun olemme todella ymmärtäneet tämän, kuinka voisimme olla itsekkäitä? Kun hengitämme ulos, emme voi mitenkään olla varmoja siitä, että hengitämme vielä sisäänpäin. Jumalan voima kantaa meidät hetkestä seuraavaan. Kun ymmärrämme tämän, meistä tulee automaattisesti nöyriä ja alamme palvella Jumalaa. Muistamme Jumalaa jokaisella askeleellamme. Tällainen asenne ei kuitenkaan yksin riitä, vaan meidän tulee myös nähdä vaivaa. Silloin Jumalan armo virtaa meihin ja onnistumme toimissamme.

Kysymys: Sanotaan, että kärsimykset ja vaikeudet auttavat meitä kasvamaan paremmiksi ihmisiksi. Miksi meidän tulisi sitten rukoilla Jumalaa poistamaan ongelmamme ja sairautemme?

Amma: Otat lääkettä silloin kun olet kipeä, eikö niin? Edes *Mahatmat* eivät kieltäydy sairastuessaan lääkkeistä. Kun he sairastuvat, he tekevät kaikkensa tullakseen jälleen terveiksi. Tämä osoittaa sen, miten tärkeää meidän on auttaa myös itse itseämme. Intialainen kulttuuri ei ole koskaan käskenyt jäämään aloilleen istumaan jättäen kaiken työn Jumalalle. Meidän tulisi yrittää ratkaista omat ongelmamme ja lievittää siten itse omaa kärsimystämme. Meidän tulisi kuitenkin tehdä jokainen tekomme sillä asenteella, että palvelemme Jumalaa. Emme saisi menettää nöyryyttämme, vaan meidän tulisi tietää, että Jumala on voima jokaisen tekomme takana. Tätä *Mahatmat* ja pyhät kirjoitukset yrittävät meille opettaa. Niiden, jotka tekevät henkisiä harjoituksia nämä periaatteet ymmärtäen ja jotka ovat luovuttaneet kaiken Jumalalle, ei tarvitse tehdä *pujia* tai rukoilla Jumalaa poistamaan heidän sairautensa, sillä he hyväksyvät niin ilot kuin surut Jumalan tahtona. Tavallisten ihmisten, jotka eivät ole vielä saavuttaneet tällaista antaumuksen astetta, on kuitenkin täysin sopivaa hakea lohdutusta rukoilemalla tai osallistumalla *pujaan*. Ne jotka rukoilevat ja osallistuvat *pujaan,* tulevat hekin lopulta saavuttamaan epäitsekkään antaumuksen asteen.

Jotkut ihmiset joutuvat kokemaan tiettyinä ajanjaksoina monia hyvin vaikeita asioita. He saattavat joutua käymään läpi kokonaisen vastoinkäymisten sarjan. Jotakuta saatetaan esimerkiksi syyttää rikoksesta, jota hän ei ole tehnyt. Hän saattaa jopa joutua vankilaan, vaikka on syytön. Eräs poika taas joutui onnettomuuteen ollessaan matkalla sairaalassa makaavan isänsä luokse.

Tällaisia kertomuksia kuulee usein. Suurin osa ihmisistä joutuu kokemaan tiettyinä elämänsä ajanjaksoina vaikeuksia. Kaikki tuona ajanjaksona aloitetut toimet tulevat epäonnistumaan. Esimerkiksi joissakin suvuissa kaikki naiset jäävät leskiksi nuorina. Meidän tulisi tutkia tällaisia tilanteita ja pyrkiä ymmärtämään niitä. Ainut selitys tällaisille tragedioille on se, että ne johtuvat edellisissä elämissä tehdyistä teoista, joiden vaikutukset ilmentyvät tiettyjen planeettaylitysten eli transiittien aikana. Tällaisina ajanjaksoina ihmisten olisi hyvä omistaa enemmän aikaa rukoilulle ja jumalanpalveluksille, sillä se voi tuoda heille paljon lohtua. Se myös antaa mielenlujuutta selvitä eteen tulleista esteistä.

Brahmasthanam temppeleissä[11] suoritetut pujat ovat rituaaleja, joita tehdään planeettojen negatiivisten vaikutusten poistamiseksi, mutta ne ovat myös yksi meditaation muoto. Tämän lisäksi näissä temppeleissä tarjotaan ihmisille mahdollisuus opiskella henkisiä periaatteita luentojen muodossa. Ihmisten usko ja antaumus kasvavat, kun he saavat apua ongelmiinsa temppeleissä suoritetuista rituaaleista.

Kysymys: Onko kuvien palvonta välttämätöntä? Miksi jotkut uskonnolliset tekstit vastustavat kuvien palvontaa?

Amma: Emme varsinaisesti palvo kuvaa, vaan palvomme kuvan kautta kaikkialla ja kaikessa olevaa Jumalaa. Kuva symboloi Jumalaa ja se auttaa keskittymään yhteen kohteeseen. Kun lapset ovat pieniä, heille näytetään kuvia ja kerrotaan: "Tämä on papukaija ja tämä on kakadu". Tämä on välttämätöntä lasten ollessa pieniä, mutta kun he kasvavat, he eivät enää tarvitse kuvia lintujen tunnistamiseen. Aivan samalla tavoin henkisen polun alkuvaiheessa tarvitaan joitakin apuvälineitä, jotka auttavat tavallisia ihmisiä keskittämään mielensä jumalalliseen tietoisuuteen. Kun

---

[11] Brahmasthanam-temppelit ovat ainutlaatuisia Amman perustamia temppeleitä. Amma on perustanut niitä ympäri Intiaa, mutta myös muihin maihin.

oppilas edistyy henkisissä harjoituksissaan, hänen mielensä pystyy keskittymään yhteen kohteeseen ilman apuvälineitäkin. Kuvaan keskittyminen on hyvä tapa harjaannuttaa mieltä pysymään yhdessä kohteessa. Olisi kuitenkin väärin sanoa, että Jumala ei ole läsnä tuossa kuvassa. Jumalan läsnäolo läpäisee kaiken elollisen ja elottoman. Jumala siis on myös kuvassa. Kuvan palvominen on keino opettaa ihmisiä näkemään Jumala kaikessa elollisessa ja elottomassa. Se on myös keino opettaa ihmisille maailmaa rakastavaa ja palvelevaa asennetta.

Kuvitellaanpa, että mies antaa rakastetulleen viiden paisan[12] arvoisen lahjan. Naiselle lahja on kuitenkin mittaamattoman arvokas, sillä hänelle tuo esine on hänen (miehensä rakkauden kyllästämä.)

Emme anna kenenkään sylkeä kotimaamme tai puolueemme lipun päälle, vaikka tuo kankaanpala olisi vain muutaman rupian arvoinen. Kun kankaanpalalle annetaan lipun arvo, se ei ole enää pelkkä kankaanpala, vaan se edustaa tiettyä valtiota tai aatetta. Kunnioitamme lippua, koska kunnioitamme niitä asioita, joita lippu edustaa.

Vastaavalla tavalla näemme Jumalan siinä kuvassa, jota palvomme. Kuva on kuin peili, joka heijastaa eteemme kuvan sisällämme olevasta jumalallisesta tietoisuudesta. Kuva auttaa meitä kääntymään sisäänpäin kohti Jumalan asuinsijaa.

Kuvienpalvontaa vastustavat uskonnot palvovat nekin kuvia tavalla tai toisella. Kun kristityt palvovat ristiinnaulitun Jeesuksen muotoa tai kun muslimit kääntyvät rukoilemaan kohti Mekassa sijaitsevaa Kaabaa, hekin palvovat kuvia.

Kuvan palvomisen haittapuoli on se, että palvoja saattaa kiintyä kuvaan tai muotoon ymmärtämättä sen edustamia asioita. Tällaista vaaraa ei kuitenkaan ole, mikäli palvoja on ymmärtänyt henkiset periaatteet luentoja kuuntelemalla tai kirjoituksia

---

[12] Intian valuutta on rupia. Yksi rupia on sata paisaa.

lukemalla. Tästä syystä temppeleiden tulisi tarjota kaikille mahdollisuuksia opiskella henkisiä asioita.

Kysymys: Ammalla on paljon ulkomaalaisia oppilaita. Länsimaalaiset vaikuttaisivat olevan yleisesti ottaen palveluhalukkaampia kuin intialaiset. Mistä tämä johtuu?

Amma: Länsimaissa on paljon eri asioita ajavia järjestöjä. Järjestöt ottavat vastuuta kärsineiden auttamisesta kriisitilanteissa ja onnettomuuksissa. Tavalliset kansalaiset lahjoittavat järjestöille varoja ja osallistuvat vapaaehtoistoimintaan. Ihmisten tekemät lahjoitukset kelpaavat monissa maissa verovähennyksiin. Tämä kannustaa ihmisiä lahjoittamaan rahaa hyväntekeväisyystoimintaan. Hyväntekeväisyysjärjestöillä on suuri vaikutus siihen, että ihmisten mieliin saadaan juurrutettua antamisen asenne. Kauan sitten *dana* [hyväntekeväisyys] ja *yajna* [yhteiseksi hyväksi annettu pyhä uhrilahja] olivat myös osa intialaisten elämää. Tällä hetkellä meillä ei kuitenkaan ole täällä Intiassa tarpeeksi hyväntekeväisyysjärjestöjä ja niiden ohjelmia, jotka opettaisivat ihmisille näitä arvoja.

Kysymys: Ovatko taivas ja helvetti oikeasti olemassa?

Amma: Taivas ja helvetti ovat olemassa jokaisessa meissä. Omat tekomme luovat joko taivaan tai helvetin. Jos joku henkilö tekee jotain pahaa, hän saa kärsiä tekonsa hedelmistä. Tätä helvetti on.

Kysymys: Millä keinoin voimme edistyä henkisellä polullamme?

Amma: Meidän täytyy ensin puhdistaa oma luonteemme. Jos maito kaadetaan likaiseen astiaan, se menee pilalle. Astia tulee puhdistaa ennen kuin sinne kaadetaan maitoa. Henkistä kohotusta kaipaavien tulisi ensin yrittää puhdistaa itsensä. Heidän tulisi puhdistaa mielensä negatiivisista ja tarpeettomista ajatuksista sekä pyrkiä vähentämään itsekkyyttään ja halujaan. Meidän täytyy nähdä vaivaa, jotta onnistuisimme tässä. Kaikkein eniten tarvitsemme kuitenkin Jumalan armoa. Ja jotta Jumalan armo virtaisi meihin, meidän täytyy olla nöyriä. Antaumus ja meditointi valmistavat meitä tähän. Meditointi auttaa meitä saavuttamaan mielenrauhan, mutta se tuo myös materiaalista vaurautta. Tie valaistumiseen on päällystetty henkisten periaatteiden ymmärtämisellä ja tähän maaperään juurtuneella meditoinnilla.

Seuraava katkelma on amerikkalaisen dokumenttielokuvatekijän Michael Tobiasin tekemästä Amman haastattelusta

Kysymys: Amma, mikä asia on ollut kaikkein ihmeellisintä elämässäsi?

Amma: Mikään Amman elämässä ei ole ollut erityisen ihmeellistä. Mitä ihasteltavaa ulkoisessa loistokkuudessa on? Mutta toisaalta, kun olemme oivaltaneet, että Jumala on kaikessa, jokaisesta asiasta ja jokaisesta elämämme hetkestä tulee ihmeellinen. Mikä voisi olla Jumalaa suurempi ihme?

Kysymys: Sanotaan, että rakkauden tulisi ilmetä teoissamme. Miten yksittäiset yksilöt voivat toteuttaa tätä käytännössä ja edistää väkivallattomuutta ja myötätuntoa?

Amma: Meidän tulee luopua siitä käsityksestä, että olemme yksittäisiä yksilöitä ja toimia tietoisina siitä, että olemme osa Universaalia Tietoisuutta. Vasta silloin pystymme todella toteuttamaan myötätuntoa ja väkivallattomuutta käytännössä. Mietit onko tämän saavuttaminen mahdollista. Vaikka emme kykenisi tavoittamaan tuota tilaa, meidän tulisi kuitenkin pitää sitä päämääränämme ja ponnistella parhaamme mukaan toisten auttamiseksi ja rakastamiseksi, eikö niin?

Kysymys: Mitä mieltä Amma on tämänhetkisistä ympäristöongelmista?

Amma: Luonnonsuojelu on mahdollista vasta kun ihmiset ovat todella ymmärtäneet olevansa osa luontoa. Nykyaikana valloilla oleva asennoituminen antaa ihmisille muka oikeuden riistää luontoa arviointikyvyttömästi. Jos jatkamme tällä tavoin, ihmiskunta tulee tuhoamaan itsensä. Entisajan ihmiset kukoistivat, sillä he elivät sopusoinnussa luonnon kanssa. *Puranat* kuvaavat maata lehmänä, josta lypsetty maito ravitsee meitä kaikella mitä tarvitsemme. Kun lehmää lypsetään, täytyy varmistua siitä, että vasikallekin jää tarpeeksi maitoa. Näiden menneiden aikojen ihmiset rakastivat ja suojelivat lehmää omana äitinään. Heillä oli tällainen samanlainen asenne koko luontoa kohtaan. Nykymaailma tarvitsee kipeästi sitä, että ryhtyisimme kunnioittamaan Luontoäitiä yhtä paljon kuin meidät synnyttänyttä äitiä. Kun ihmisten asenteet muuttuvat, ympäristön tila kohenee. Ympäristöongelmia ei ole mahdollista ratkaista, ellei ihmisten mielissä tapahdu suurta muutosta.

Kysymys: Mitä mieltä Amma on kalojen ja muiden eläinten suojelemisesta?

Amma: Ihmiskunta ja luonto ovat toisistaan riippuvaisia. Ihmiset, jotka asuvat viljelyyn kelpaamattomilla alueilla kuten rannikoilla tai jäätikköalueilla, ovat riippuvaisia kalastuksesta, sillä kala on heidän pääasiallinen ravinnonlähteensä. Ihmisten täytyy kaataa puita talojen rakentamiseen ja erilaisten esineiden tekemiseen. Tämä on välttämätöntä, mutta ihmisten tulisi ottaa luonnosta vain se, minkä todella tarvitsevat. Monet eläin- ja kasvilajit ovat joutuneet uhanalaisiksi ihmisten ylenmääräisen ahneuden vuoksi. Monet eliölajit ovat kuolleet sukupuuttoon, koska eivät kyenneet sopeutumaan luonnossa tapahtuviin muutoksiin. Luonto menettää tasapainonsa, kun ihmiset riistävät sitä. Jos jatkamme luonnon riistämistä, ihmiskunta tuhoutuu aivan vastaavalla tavalla kuin monet muut sukupuuttoon kuolleet lajit. Ihmiskunta on osa luontoa ja kaikkia maapallolla eläviä elollisia olentoja. Ihmiset voivat ottaa luonnosta sen, mitä tarvitsevat selviytyäkseen, mutta ihmisten tulee pitää huolta siitä, että luonnon rytmi ja harmonia eivät tuhoudu sen vuoksi. Kuvitellaanpa, että sinun pitää ottaa jakkipuusta lehti tehdäksesi lusikan, jolla syödä *kanjia* [Keralassa syötävä riisivelli]. Mutta sen sijaan että ottaisit vain yhden lehden, repisitkin koko oksan irti. Mitä tästä seuraisi? Kymmenen kerran jälkeen puussa ei ole enää oksan oksaa, mikä johtaa puun kuolemiseen. Muutaman lehden poimiminen on puolestaan puulle niin pieni menetys, että se kestää sen hyvin. Meidän pitäisi asennoitua aina näin ottaessamme luonnosta jotain itsellemme.

Jumala on luonut jokaisen luontokappaleen sellaiseksi, että siitä on hyötyä jollekin toiselle. Pieni kala tulee isomman kalan syömäksi ja tuon isomman kalan syö vielä suurempi kala. Siinä ei ole mitään väärää, jos ihmiset ottavat luonnosta vain sen verran, mitä tarvitsevat. Mutta jos ihmiset ottavat luonnosta enemmän kuin tarvitsevat, se on *himsaa* [väkivaltaa], ja se johtaa ihmiskunnan tuhoon.

Kysymys: Miten meidän tulisi suhtautua nykyajan yhteiskuntaongelmiin?

Amma: Nykyajan ongelmat ovat todella vakavia. On erittäin tärkeää, että niiden syyt tutkitaan ja korjataan. Muutoksen täytyy kuitenkin lähteä yksilöistä. Kun yksittäinen ihminen muuttuu paremmaksi, hänen koko perheensä hyötyy siitä, mikä puolestaan hyödyttää koko yhteiskuntaa. Meidän täytyy siis ensin itse pyrkiä tekemään hyviä tekoja. Kun muutumme itse parempaan suuntaan, se vaikuttaa lähellämme oleviin ihmisiin ja saa aikaan positiivisen muutoksen heissäkin. Toisia ei voi muuttaa heitä

neuvomalla tai torumalla, vaan meidän tulee toimia esimerk-
keinä. Meidän tulee olla ystävällisiä ja rakkaudellisia kaikkia
kohtaan. Epäitsekäs rakkaus on ainut asia, jonka avulla voimme
saada toisetkin muuttumaan. Muutosta ei välttämättä pysty
havaitsemaan heti, mutta emme silti saisi menettää toivoamme
ja luopua omista ponnisteluistamme. Ponnistelumme muuttavat
ainakin meitä itseämme.

Jos yrität suoristaa koiran kippuraista häntää vetämällä
sitä toistuvasti suoraksi, häntä ei suoristu pysyvästi, mutta
kätesi saa lihasharjoitusta ja voimistuu. Toisin sanoen, kun me
ponnistelemme saadaksemme muutoksen aikaan toisissa, muu-
tumme itse parempaan suuntaan. Toisissa kuitenkin tapahtuu
myös muutosta, vaikka emme näkisikään sitä suoraan. Ja
ainakin ponnistelumme estävät yhteiskuntaa rappeutumasta
yhä pahemmin. Tällaisten ponnistelujen vuoksi yhteiskun-
nassamme on ollut mahdollista säilyttää edes jonkintasoinen
sopusointu.

Vastavirtaan uiva ihminen ei ehkä etene senttiäkään, mutta
ponnisteluidensa vuoksi hän pysyy paikoillaan eikä virta pääse
tempaisemaan häntä matkaansa. Jos hän luovuttaa, hän hukkuu.
Meidän on tärkeää olla yhtä sinnikkäitä ponnisteluissamme.

Saatat pohtia: "Mitä järkeä yhden ihmisen on kamppailla
yksinään, kun maailma on hukkunut pimeyteen? Jokaisella meistä
on kynttilä – mielen kynttilä. Sytytä kynttilä uskon liekillä. Älä
murehdi sitä riittääkö pieni kynttiläsi valaisemaan pitkän polun
kokonaan. Ota yksi askel kerrallaan ja tulet huomaamaan, että
valoa riittää kirkastamaan jokaisen matkallasi ottaman askeleen.

Mies seisoi tien pientareella synkkyyteen vajonneena. Ohi-
kulkija näki miehen ja hymyili hänelle. Hymyllä oli suunnaton
vaikutus tähän apeaan mieheen, joka oli heittänyt lähes kaiken
toivonsa. Mies sai voimia pelkästä ajatuksesta, että joku välitti
sittenkin hänestä ainakin sen verran, että hymyili hänelle. Mies

muisti juuri tällä samalla hetkellä ystävän, jota hän ei ollut nähnyt aikoihin. Mies kirjoitti hänelle kirjeen. Miehen ystävä ilahtui saamastaan kirjeestä niin suuresti, että antoi kymmenen rupiaa näkemälleen köyhälle naiselle. Nainen laittoi rahat lottoarvontaan ja ihmeiden ihme – hän sai pääosuman! Voittorahat lunastettuaan nainen näki sairastuneen kerjäläisen makaavan katukivetyksellä. Nainen ajatteli "Saan kiittää Jumalaa tästä kohdalleni osuneesta jättipotista, joten nyt on minun vuoroni tehdä jotain tämän miesparan hyväksi." Nainen vei kerjäläisen sairaalaan ja maksoi hänen hoitokulunsa. Kun kerjäläinen pääsi pois sairaalasta, hän näki hylätyn koiranpennun, joka oli nälkiintynyt ja kylmissään. Mies kietoi koiranpennun ympärille paidan ja sytytti tien varteen pienen nuotion, jotta koira voisi lämmitellä. Kerjäläinen antoi osan ruoastaan koiralle, joka elpyi pian saatuaan osakseen rakkautta ja huolenpitoa. Koiranpentu lähti seuraamaan kerjäläistä. He pysähtyivät illalla erään talon luo ja kerjäläinen kysyi saisivatko he viettää yönsä siellä. Perhe antoi kerjäläiselle luvan nukkua koiranpennun kanssa heidän verannallaan. Kerjäläinen ja talon asukkaat heräsivät yöllä koiranpennun haukuntaan ja huomasivat, että talossa oli syttynyt tulipalo lastenhuoneen vieressä! He onnistuivat pelastamaan lapsen aivan viime hetkellä, minkä jälkeen he sammuttivat yhdessä tulipalon. Yksi hyvä asia johti seuraavaan ja lapsesta tuli vanhempana pyhimys. Lukemattomat ihmiset löysivät ilon ja rauhan hänen seurassaan.

Jos analysoimme tätä tarinaa, huomaamme että nämä kaikki hyvät asiat saivat alkunsa yhden ihmisen yhdestä hymystä. Tuo ihminen ei käyttänyt penniäkään rahaa – hän vain hymyili kadunvarrella näkemälleen ihmiselle. Tuo hymy vaikutti monien ihmisten elämään. Yksi hymy toi valoa monen elämään.

Pienikin teko toisten auttamiseksi voi saada aikaan suuren muutoksen yhteiskunnassa. Emme ehkä tiedosta sitä heti, mutta jokainen hyvä teko kantaa hedelmää. Näin ollen meidän tulisi tehdä jokainen tekomme siten, että se on hyödyksi muille. Hymy on suunnattoman arvokas, mutta se ei maksa meille mitään. Ikävä kyllä hyvin monet nauravat nykyaikana pilkatakseen muita. Tämä ei ole se, mitä tarvitsemme. Mutta toisaalta meidän tulisi kyetä nauramaan omille vioillemme ja puutteillemme. Kukaan meistä ei ole oma erillinen saarensa. Olemme kaikki yhteydessä toisiimme aivan kuin lenkit rautaketjussa. Vaikutamme teoillamme toisiin ihmisiin, olemmepa siitä tietoisia tai emme. Yksittäisessä ihmisyksilössä tapahtuva muutos heijastuu muihin ihmisiin.

On täysin tarkoituksetonta sanoa, että aion muuttua vasta sitten, kun muut ovat ensin muuttuneet paremmiksi. Jos me itse muutumme, vaikka muut eivät olisikaan siihen halukkaita, tulemme näkemään vastaavanlaisia muutoksia yhteiskunnan tasolla. Älä lannistu, vaikket näkisikään käsinkosketeltavaa tulosta. Muutos tapahtuu sisäisillä tasoilla. Tapahtuupa meissä minkälainen suotuisa muutos tahansa, se tuo varmasti muutosta myös yhteiskuntaan.

Kysymys: Amma, sinun hymysi tuntuu olevan ainutlaatuinen. Mistä tämä johtuu?

Amma: Amma ei hymyile tarkoituksella, vaan se tapahtuu luonnollisesti. Kun tunnet todellisen Itsesi, koet pelkkää autuutta. Ja hymy on luonnollinen tapa ilmaista tuota autuutta. Tarvitseeko kuunvalon selittää täysikuulla itseään?

Kysymys: Toisinaan silmissäsi kuitenkin näkyy kyyneleitä, etenkin silloin kun lohdutat ihmisiä. Vaikuttavatko ulkoiset tilanteet luonnolliseen autuuteesi?

Amma: Amma on kuin peili. Peili heijastaa kaiken eteensä osuvan. Kun Amman lapset itkevät, heidän surunsa heijastuu Ammassa ja kyyneleet virtaavat. Amma haluaa heidän kokevan mielenrauhaa. Amma saattaa näyttää surevalta, mutta hänen sisäinen Itsensä ei tunne surua.

Kuolematon keskustelu

Vuoden 1995 maaliskuussa Amma ja ashramin asukkaat olivat palaamassa Brahmasthanam-temppelin avajaisseremoniasta Delhistä. Paluumatka kestäisi viikon. Vaikka he matkustivat, Amma piti huolen siitä, että hänen lapsillaan oli mahdollisuus henkisiin harjoituksiin. Niinpä he pysähtyivät joka ilta hämärän laskeutuessa jonkin joen tai järven lähistölle. Peseytymisen jälkeen kaikki kokoontuivat aina Amman ympärille meditoimaan ja laulamaan *bhajaneita* [henkisiä lauluja].

Kolmannen matkapäivän iltana he eivät kuitenkaan löytäneet jokea eivätkä lampea, vaikka kuinka etsivät tien molemmilta puolin. Amma huomasi lastensa olevan harmissaan siitä, etteivät ehkä pääsisi uimaan, joten hän sanoi: "Lapseni, uinti ei jää väliin tänä iltana! Niin ei tule käymään! Jossain tässä lähistöllä on vettä." Sitten Amma käski linja-autoa pysähtymään. Kun paikallisilta ihmisiltä tiedusteltiin peseytymispaikkaa, he sanoivat, ettei lähistöllä ollut jokea eikä järveä ja että vesi oli noilla seuduilla harvinainen näky. Tämän kuullessaan Amma lohdutti lapsiaan sanoen: "Ei, ei – Amman mieli sanoo, että tässä lähellä on vettä. Menkää uudestaan kysymään neuvoa paikallisilta!" Brahmacharit menivät kysymään neuvoa uudestaan ja yhtäkkiä joku paikallisista muistikin: "Ah, aivan! Onhan tässä lähellä lähde! Eräässä paikassa louhittiin kiveä, jolloin kuoppa täyttyi vedestä ja nyt siinä paikalla on pieni lampi."

Amma lähti kävelemään koko seurueensa kanssa paikallisten ohjeistamaan suuntaan. Pian he saapuivat kahden kirkasvetisen lammen luo ja niinpä kaikki saivat uida Amman kanssa sydämensä kyllyydestä. Tämän jälkeen kaikki kerääntyivät Amman ympärille meditoimaan, minkä jälkeen he yhtyivät laulamaan Amman kanssa *bhajaneita*. Amma vaipui hurmioituneeseen mielentilaan. Hän kohotti kätensä taivasta kohti ja huusi ääneen:

"Tulkaa nopeasti lapset! Tulkaa juosten!" Kaikki istuivat pienen hetken ajan aivan hiljaa autuuteen uppoutuneina. Sitten eräs ranskalainen Daniel-niminen mies rikkoi hiljaisuuden sanoen: "Amma, tunnemme suunnatonta iloa saadessamme uida kanssasi. Tuntuu aivan siltä kuin olisimme päässeet Himalajalle ja saaneet kylpeä Gangesissa (joki, jota pidetään Intiassa pyhänä). Kun Amman ohjelma Rishikeshissä peruttiin, olimme todella pettyneitä, sillä menetimme samalla mahdollisuuden kylpeä Gangesissa. Nyt tuo pettymyksen tunne on kuitenkin poissa."

Amma: Rakkaat lapseni, temppelit ja pyhät vesistöt auttavat tavallisia ihmisiä heidän henkisellä polullaan kunnes he löytävät *satgurun*. *Satgurulle* antautuneen oppilaan ei tarvitse vaeltaa etsimässä pyhiä jokia. Kaikki pyhät joet laskevat täydelliseen *mahatmaan*. Täydestä sydämestä mestarille antautuminen vastaa kaikissa pyhissä vesistöissä kylpemistä. Sanotaan, että gurun asuinpaikka on Benares[13] ja gurun jalkojen pesemiseen käytetty vesi on Ganges. Vesi, joka koskettaa *mahatman* jalkoja, on totisesti Gangesin vettä. *Pada pujassa*[14] käytetty vesi on ladattu *mahatman* energialla. Jos oppilas juo *pada pujassa* käytettyä vettä, hänen ei tarvitse mennä Benaresiin eikä minnekään muuallekaan. Ei ole olemassa vettä, joka puhdistaisi paremmin kuin *pada pujassa* käytetty vesi, sillä se on todellinen Ganges.

Kysymys: Amma, miten näiden pyhien jokien vedestä tuli niin pyhää ja puhdasta vettä?

Amma: Kaikki joet saavat alkunsa vuorilta. Vesi on samanlaista kaikissa joissa, joten mikä tekee Gangesin vedestä erilaisen? Miksi ihmiset eivät sairastu Gangesissa kylpiessään?[15]

---

[13] Benares (nyk. suom. Varanasi) on yksi Intian pyhimmistä kaupungeista
[14] Pada puja on seremonia, jossa gurun jalat pestään.
[15] Amma viittaa tässä siihen, että Gangesin vesi on nykyään saastunutta, sillä sinne virtaa viemärivesiä, miljoonat ihmiset kylpevät siinä ja sinne upotetaan

74

Monet *mahatmat* ovat kylpeneet Gangesin ja Narmadan kaltaisissa joissa ja monet askeetikot ovat meditoineet niiden rannoilla. Näiden pyhien jokien vedestä tuli tällä tavoin siunattua. Joesta tulee pyhä, kun *mahatma* kylpee siinä. Heidän puhdas värähtelynsä siirtyy veteen. Mahatman kanssa kylpeminen on kuin maistiainen Brahmanin autuudesta. Missä tahansa kylvetkään *mahatman* seurassa on se kuin Gangesissa kylpemistä. Usko on kuitenkin kaiken perusta. Rakkaus ja usko voivat tehdä mistä tahansa vedestä pyhän. Tunnetko tarinan Pakkanarista? Muuan brahmiini päätti lähteä käymään Benaresissa. Hän kutsui Pakkanarin mukaansa, sillä siellä voisi kylpeä Gangesissa ja saada darshanin Benaresin Vishwanathilta. Pakkanar ei kuitenkaan voinut lähteä hänen mukaansa, joten hän sanoi: "Kun kerran olet menossa sinne, voisitko kastaa sauvani pyhässä Gangesissa ja tuoda sen takaisin minulle. Se merkitsisi minulle hyvin paljon." Brahmiini suostui pyyntöön ja vei sen mukanaan Benaresiin, mutta kun hän oli kylpemässä Gangesissa, voimakas virtaus vei sauvan mennessään. Kun brahmiini palasi matkaltaan, hän kertoi Pakkanarille hukanneensa Pakkanarin sauvan tällä tavoin. Pakkanar sanoi brahmiinille: "Älä ole murheissasi! Minä saan kyllä sauvani takaisin." Sitten hän sukelsi kotinsa lähellä olevaan lampeen ja ilmestyi pintaan tuo sama sauva kädessään. Hän sanoi brahmiinille: "Jos sinulla on uskoa, mikä tahansa vesi voi muuttua Gangesiksi. Jos taas sinulla ei ole uskoa, niin silloin Gangesissa ja Jamunassa virtaava vesi on vain tavallista vettä."

Kysymys: Eli silloin kun Amma on kanssamme, kaikki pyhät vedet ovat ulottuvillamme. Ja silti jotkut lähtivät Rishikeshiin ja Haridwariin.[16]

---

ruumiita.

[16] Kun Amma peruutti Himalajan ohjelmansa, muutamat pettyneet länsimaalaiset oppilaat lähtivät omin päin Rishikeshiin ja Haridwariin [kaksi Himalajan alakukkuloilla sijaitsevaa pyhää paikkaa].

Amma: Heidän antaumuksensa on rajallista. Kun joku on löytänyt *mahatman*, hänellä tulisi olla viatonta lapsen uskoa ja antaumusta. Jos joku lähtee *mahatman* luota pois etsimään pyhiä jokia ja pyhiä paikkoja, se tarkoittaa sitä, että hänen uskonsa ei ole vielä vakaata. *Satgurulta* saa kaiken, kenenkään ei tarvitse lähteä minnekään etsimään mitään.

Oletteko kuulleet tämän tarinan Ganeshasta? Ganesha ja Muruga näkivät äitinsä Devi Parvatin (Jumalallinen Äiti) pitelevän kädessään kaunista hedelmää. He molemmat pyysivät hedelmää itselleen. Jumalallinen Äiti lupasi hedelmän sille, joka kiertäisi ensimmäisenä koko maailman ympäri. Muruga valjasti riikinkukkonsa ja lähti heti matkaan. Ganesha ei kuitenkaan lähtenyt minnekään, sillä hän tiesi, että koko maailmankaikkeus on olemassa hänen jumalallisissa vanhemmissaan. Hän vain käveli vanhempiensa ympäri ja pyysi tämän jälkeen hedelmää äidiltään. Jumalatar ojensi sen hänelle tyytyväisenä. Se lapsista, joka tiesi, että koko luomakunta on Shivassa ja Parvatissa, maailmankaikkeuden Isässä ja Äidissä, sai kuolemattomuuden hedelmän. Ja aivan vastaavalla tavalla hän, joka turvautuu *satguruun*, saa kaiken. *Satgurun* pyhät jalat sisältävät kaikki jumaluudet ja kaikki maailmat. Jos olet saavuttanut uskon henkiseen mestariin, älä anna uskosi horjua. Uskosi tulee olla vankkumatonta ja loputonta.

Amman lähellä ei ole aina helppoa. Saatat kokea kipua ja vastoinkäymisiä. Ja kun kohdallesi on osunut muutama vastoin-käyminen, saatat haluta lähteä esimerkiksi Benaresiin, Haridwa-riin tai Himalajalle tekemään henkisiä harjoituksiasi. Rakkaat lapset, te ette ole tietoisia siitä, miten *mahatma* työstää teitä. Te ette ymmärrä ja joudutte siksi pois tolaltanne. Amma työstää teitä hyvin syvältä sisältä päin. Amma tekee kirurgisia leikkauksia ilman ulkoisia viiltohaavoja. Amma tekee toimenpiteitä, joilla hän saa aikaan voimakkaita muutoksia. Amma poistaa *vasanasi* hienovaraisella tavalla, etkä kykene näkemään tätä. Voi olla, että

Amman täytyy poistaa sinusta monia asioita. Amma poistaa visvaa märkivistä sisäisistä haavoistasi ja joskus tämä sattuu. Amman täytyy irrottaa teistä monia asioita. Tätä voidaan verrata pöydän alla liikuteltavaan magneettiin. Näet vain pöydän päällä olevat rautakappaleet - et magneettia. Kun magneettia liikutetaan pöydän alla, rautakappaleet liikkuvat pöydällä ja järjestäytyvät tietyllä tavalla, mutta et ymmärrä miksi ja miten tämä tapahtuu. Et ymmärrä ja koska prosessi aiheuttaa kipua, saatat haluta lähteä pakoon.

Vasanat kuolevat hyvin nopeasti satgurun läheisyydessä. Kun kaikki vasanat ovat kuolleet, Itseoivallus tapahtuu.

Rakkaat lapset, jos te teette henkisiä harjoituksia itseksenne omin päin, ette ehkä saa poistettua edes sadan elämän aikana kerättyä *prarabdhaa*. Mutta jos taas oleilette *satgurun* lähellä ja teette henkiset harjoituksenne, saatatte päästä eroon tuhannen elämän *prarabdhasta*.

Henkisten harjoitusten tekeminen *satgurun* läheisyydessä on kuin kaivaisi kaivoa joen lähellä – löydät varmasti vettä. Henkisten harjoitusten tekeminen omin päin, ilman mestarin opastusta on kuin yrittäisi kaivaa kaivoa kallioon.

Oppilas, joka on antautunut täysin mestarilleen, ei lähde pois mestarinsa luota. Sellainen ajatus ei edes juolahda hänen mieleensä. Vaikka Jumala ilmestyisi hänen eteensä, oppilas pysyy mieluummin gurunsa rinnalla kuin lähtee Jumalan matkaan. Oppilas valitsee ennemmin gurunsa kuin Jumalan.

Olipa kerran suuri tietäjä, jolla oli monia oppilaita. Eräänä päivänä hän kutsui heidät kaikki koolle ja ilmoitti heille: "Edellisissä elämissä tekemieni tekojen vuoksi kehoni sairastuu kohta lepraan ja sokeudun. Menen Benaresiin ja jään sinne. Suostuisiko joku teistä lähtemään mukaani palvelemaan minua näinä edessä olevina kärsimysten päivinäni?"

Oppilaat katselivat toisiaan hyvin järkyttyneinä, mutta kukaan ei sanonut mitään. Sitten kaikkein nuorin oppilas nousi seisomaan ja sanoi: "Kunnioitettu mestari, minä lähden mukaasi!" Mestari vastasi: "Poikani, olet liian nuori etkä vielä ymmärrä mitä palveleminen tarkoittaa." Nuorukainen sanoi tähän: "Kunnioitettu mestari, minä haluan ehdottomasti lähteä mukaasi!" Mestari yritti saada oppilasta muuttamaan mielensä, mutta nuorukainen ei antanut periksi, sillä hänen halunsa palvella mestariaan oli syvä. Ja niinpä mestari matkusti lopulta nuoren oppilaansa kanssa Benaresiin.

Pian sen jälkeen kun he olivat saapuneet perille, mestari sairastui kammottavaan tautiin ja menetti näkönsä. Oppilas palveli mestariaan uskollisesti päivästä toiseen. Hän ei jättänyt mestariaan koskaan yksin, paitsi silloin, kun hänen oli pakko lähteä kerjäämään ruokaa tai pesemään mestarinsa vaatteita. Hänen kaikki aikansa meni mestarin palvelemiseen ja hän pyrki täyttämään mestarinsa kaikki pienimmätkin tarpeet.

Vaikka nuorukainen oli täysin omistautunut mestarilleen ja hänen uskollisuutensa oli horjumatonta, mestari torui häntä usein ja syytti oppilasta virheistä, joita hän ei ollut tehnyt. Mestari torui häntä esimerkiksi siitä, ettei vaatteita oltu pesty hyvin tai että ruoka oli pilaantunutta. Toisinaan taas mestari oli hyvin rakastava ja pahoitteli sitä, että oppilas joutui näkemään niin paljon vaivaa hänen vuokseen.

Eräänä päivänä Shiva ilmestyi oppilaalle ja sanoi: "Olen erittäin tyytyväinen siihen, miten uskollinen ja omistautunut olet mestarillesi. Saat esittää yhden toivomuksen, jonka täytän." Oppilas ei halunnut toivoa mitään kysymättä ensin lupaa mestariltaan. Niinpä hän juoksi mestarinsa luo, kumarsi hänen edessään ja sanoi: "Kunnioitettu guruni, saanko pyytää Shivaa poistamaan sairautesi?"

Mestari vastasi vihaisesti: "Et sinä ole mikään oppilaani, vaan viholliseni! Toivotko minun kärsivän pahemmin syntymällä uuteen kehoon? Etkö sinä halua minun kuluttavan *prarabdhaani* loppuun ja vapautuvan tässä elämässä?"

Oppilas palasi surullisena Shivan luo ja sanoi: "Anna anteeksi Herra, mutta mestarini ei anna minun toivoa sinulta sitä ainutta asiaa, jota haluan. En halua toivoa itselleni mitään."

Vuodet vierivät ja oppilas, joka oli antaumuksen ruumiillistuma, palveli edelleen mestariaan yhtä suurella rakkaudella hänelle täysin omistautuen. Eräänä päivänä, kun oppilas oli matkalla kerjäämään ruokaa, Vishnu ilmestyi hänen eteensä ja sanoi: "Lapseni, olen erittäin tyytyväinen siihen, miten suurella antaumuksella ja omistautuneisuudella palvelet mestariasi. Toteutan minkä tahansa yhden toiveesi. Et pyytänyt Shivalta mitään. Älä tuota minulle samaa pettymystä!"

Oppilas kysyi Vishnulta: "Kuinka voit olla tyytyväinen minuun, sillä en ole palvellut sinua enkä ole edes muistanut sinua päivittäin?"

Vishnu hymyili hänelle ja sanoi: "Gurun ja Jumalan välillä ei ole eroa – Jumala ja guru ovat yksi. Olen tyytyväinen siihen, miten suurella antaumuksella olet palvellut mestariasi."

Jälleen oppilas kysyi mestariltaan saisiko hän esittää toivomuksen, mutta mestari sanoi hänelle: "Jos haluat jotain itsellesi, niin senkun pyydät. Mutta älä pyydä minulle mitään."

Oppilas palasi Vishnun luo ja sanoi: "Oi Herra, anna minulle tietoa ja viisautta, jotta ymmärtäisin paremmin, mitä mestarini tarvitsee ja että pystyisin palvelemaan häntä paremmin. Olen niin tietämätön, että epäonnistun useimmiten enkä ymmärrä lainkaan, mikä häntä miellyttää. Herra, anna minulle viisautta, että voisin palvella mestariani kunnolla. Vishnu oli tyytyväinen ja sanoi: "Näin olkoon."

Kun oppilas palasi mestarinsa luo, hän kertoi minkä toivomuksen oli esittänyt Vishnulle. Oppilas kuvaili hänelle hyvin tarkkaan kaiken, mitä oli tapahtunut.

Yhtäkkiä kaikki spitaalisuuden oireet katosivat mestarin kehosta ja hänen näkökykynsä palautui. Hän hymyili ällistyneelle oppilaalleen ja kaappasi oppilaan syleilyynsä.

Spitaalisuus ja sokeus olivat naamio, jonka *mahatma* oli ottanut itselleen, jotta hän voisi koetella oppilaansa antaumusta.

Mestari oli vakiintunut korkeimman tietoisuuden tilaan, joten hänellä ei ollut oikeasti jäljellä yhtään prarabdhaa työstettävänään.

Mestari siunasi oppilaansa korkeimmalla tiedolla ja sanoi: "Olen erittäin tyytyväinen antaumukseesi. Mikään ei voi satuttaa eikä vahingoittaa oppilasta, joka palvelee mestariaan yhtä omistautuneesti ja yhtä suurella antaumuksella kuin sinä. Olkoon jokainen henkinen oppilas ja kaikki heidän oppilaansa kaikkina tulevina aikoina siunattuja vuoksesi."

Lapset, te olette kuin sylivauvoja. Te leikitte ja nauratte Äidin kanssa nauttien hänen seurastaan, mutta ette ymmärrä mitä Äiti tekee tai kuka hän on. Te näette vain ulkoisen Äidin. Hyvin harva teistä on kiinnostunut korkeimmasta tietoisuudesta sen takana, ettekä te kiirehdi tuntemaan sisimmässä olevaa Itseä.

Kun vauva itkee, äiti laittaa sille tutin suuhun ja vauva alkaa imeä sitä. Lapsi on tyytyväinen saadessaan imeä tuttia, vaikka hän tarvitsisi oikeasti maitoa. Ulkoinen maailma on kuin tutti. Te olette tyytyväisiä nauruun ja leikkiin ja viihdytätte itseänne aistimaailman kohteilla. Äiti tulee leikkivien lastensa luo ja laittaa heille ruokaa suuhun. Mutta te olette niin kiinni leikeissänne, että ette osaa arvostaa ruokaa, jota Äiti teille antaa. Te ette edisty polullanne, mikäli vaeltelette temppeleistä ja pyhistä paikoista toiseen.

Lapset, teidän tulisi antaa viattomuuden hengen kasvaa itsessänne. Viattomuus ja sydämen puhtaus pelastavat teidät. Kaikki on mahdollista, mikäli teillä on lapsen usko ja luottamus.

Kysymys: Mutta meillä ei ole tuollaista viattomuutta, vai onko Amma? Me olemme kadottaneet lapsen sydämen, eikö niin?

Amma: Ei, te ette ole menettäneet viattomuuttanne. Kun leikitte lasten kanssa, muututte samassa silmänräpäyksessä lasten kaltaisiksi, eikö niin? Te olette samalla tasolla heidän kanssaan. Ja kun syötätte pientä lasta, te avaatte samalla oman suunne syötettäväksi, aivan kuten lapset. Kun leikimme lasten kanssa, unohdamme kaiken muun ja tulemme lasten kaltaisiksi. Me riemuitsemme yhdessä lasten kanssa. Me unohdamme itsekkyytemme, sillä olemme yhtä lasten viattomien sydänten kanssa.

Useimmiten pää on kuitenkin sydämen tiellä. Meidän tulee luopua rationaalisesta mielestä ja sukeltaa syvälle sydämeen. Syleilkää sydäntä lapset! Jos sokerin sekaan sotketaan hiekanjyviä ja astia jätetään pöydälle muurahaisten saataville, ne kipittävät syömään pelkästään sokeria. Muurahaiset saavat nauttia sokerin makeudesta. Mutta ihminen, joka toimii älystä käsin, ei kykene tähän. Ihminen vain sorkkii kaikkea mahdollista älyllään. Jotta saisimme nauttia makeudesta, meidän tulee avata sydämemme.

Kysymys: Amma, me annamme mielemme kuljettaa meitä huomaamatta sinne, minne se haluaa meidät viedä. Mitä voimme tehdä tälle asialle?

Amma: Lapset, te olette tottuneet luottamaan mieleenne. Mieli on kuitenkin kuin oksalta toiselle hyppivä apina – se poukkoilee ajatuksesta toiseen viimeiseen hetkeensä asti. Mieli on läsnä aina aivan loppuun asti. Jos teet mielestä ystäväsi, sitä voidaan verrata ystävystymiseen typeryksen kanssa: se aiheuttaa sinulle aina ongelmia etkä saa siltä rauhaa koskaan. Jos vietämme kaiken

aikamme typerysten seurassa, muutumme itsekin typerykseksi.
On typerää luottaa mieleensä ja seurata sitä. Älä jää mielesi van-
giksi. Muista aina päämääräsi: Itseoivallus. Älä anna minkään
vastaan tulevan harhauttaa sinua polultasi.

Raahaat mukanasi kaikkia *samskaroitasi*, joten sinun tulee
edetä pikku hiljaa askel kerrallaan. Prosessi on hidas ja se edel-
lyttää sinulta uskoa ja luottamusta. On tärkeää, ettet samaistu
ajatuksiisi etkä anna mielesi viedä sinua mukanaan.

Kysymys: Amma, pahoja ajatuksia nousee mieleeni, vaikka kuin-
ka yritän olla ajattelematta niitä.

Amma: Älä ole peloissasi. Älä anna tuollaisille ajatuksille min-
käänlaista painoarvoa, vaikka niitä herää mielessäsi. Kuvitel-
laanpa, että olemme pyhiinvaellusmatkalla linja-autolla. Katsot
ikkunasta ohikiitäviä maisemia ja jotkut niistä ovat kauniita,
toiset eivät. Näetpä ikkunasta miten mielenkiintoisen kohteen
tahansa, unohdat sen heti saman tien, kun linja-auto on ajanut
sen ohi. Linja-autoa ei pysäytetä joka kerta, kun näet ikkunasta
jotain kaunista. Arvostat kauneutta, mutta linja-auto jatkaa mat-
kaansa eteenpäin pysähtymättä, jotta se saavuttaisi määränpäänsä.
Jos pysähtelemme jatkuvasti, emme pääse perille. Meidän tulee
keskittyä päämääräämme. Anna mielessäsi heräävien ajatusten
ja *vasanoiden* lipua ohitsesi aivan kuin bussin ikkunasta nähdyt
maisemat. Älä jää niiden vangiksi, silloin ne eivät pysty vaikut-
tamaan sinuun yhtä voimakkaasti.

Mielellä on kaksi puolta. Toinen puoli pitää katseensa tiukasti
päämäärässä Itseoivallusta kaivaten, mutta toinen puoli katselee
vain ulkoista maailmaa. Näiden mielen eri puolien välillä riehuu
sota. Kunhan et samaistu mielessäsi herääviin ajatuksiin etkä anna
niille liian suurta painoarvoa, ongelmaa ei ole.

82

Mieli on kuin tien varteen pystytetty peili, joka heijastaa kaiken, mitä sen ohitse kulkee. Mielemme lähtee seuraamaan vastaavalla tavalla kaikkea sitä, mitä näemme tai kuulemme.

Meiltä kuitenkin puuttuu yksi peilin ominaispiirre: vaikka peili heijastaa kaiken täysin selkeästi, mikään kuvista ei vaikuta peiliin, vaan kaikki kohteet katoavat heti, kun ne eivät enää ole sen edessä. Peili ei samaistu tai takerru yhteenkään kuvaan. Mielemme tulisi olla samankaltainen. Päästä irti kaikesta mitä näet, kuulet tai ajattelet – aivan kuin ne kaikki olisivat vain maisemia matkan varrella. Älä takerru mihinkään. Sinun tulee tietää, että ajatukset, jotka tulevat ja menevät, ovat osa mieltä, mutta ne eivät vaikuta Itseen. Ole niiden pelkkä tarkkailija.

Mikäli haluat nauttia vuolaana virtaavan joen kauneudesta – et pelkästään vedestä, vaan myös kaloista ja kaikista muista joessa elävistä olennoista eli toisin sanoen kaikesta, mikä kuuluu joen luontoelämään – on parasta istua joen varrella ja tarkkailla sitä. Jos hyppäät veteen, virta saattaa viedä sinut mennessään ja saatat hukkua, etkä pysty kokemaan joen kauneutta. Elä elämäsi samalla tavoin, ole tarkkailija, äläkä takerru mihinkään mielen virrassa vaeltavaan kohteeseen. Opettele olemaan samaistumatta mielen virtaan.

Meidän tulisi hallita mieltämme ja meillä tulisi olla valta pysäyttää se aivan samalla tavoin kuin voimme hallita auton nopeutta jarruttamalla ja pysäyttämällä sen tarpeen vaatiessa kokonaan.

Ihmiset luottavat mieleensä, mutta eivät henkiseen mestariinsa. Mielensä varassa eläminen on aivan kuin heittäytyisi kokonaan jonkun typeryksen armoille. Mieli on typerys. Se nauttii siitä, että se saa heijastaa kaikkien näkemiensä asioiden pinnan ymmärtämättä syvemmällä olevaa totuutta.

Satsang – suuren sielun läheisyydessä oleminen, henkisten kirjojen lukeminen ja henkisten luentojen kuunteleminen – on hyvin tärkeää. Tällainen toiminta kehittää arvostelukykyäsi ja antaa rauhan. On välttämätöntä, että näet itsekin vaivaa. Polku on täynnä ansoja. Meidän täytyy pysytellä jatkuvasti valppaina, aivan kuin ylittäisimme siltaa, jolla kukaan ei ole kulkenut pitkään aikaan. Silta on peittynyt käyttämättömänä liukkaalla mudalla ja saatamme liukastua hetkenä minä hyvänsä. Tästä syystä meidän täytyy ottaa jokainen askeleemme erityisen tarkkaavaisena. Jos liukastumme ja kaadumme, meidän täytyy nousta takaisin ylös. Kaadumme, jotta oppisimme nousemaan ylös. Voitto ja tappio kuuluvat elämän luonteeseen. Ota siis tästä lähtien jokainen askeleesi entistä tarkkaavaisempana. Vaikeaan tai negatiiviseen tilanteeseen ei kannata jäädä aloilleen seisoskelemaan tekemättä asialle mitään. Tiedä, että liukastumisen riski on olemassa aivan loppumetreille ja vapautumisen kynnykselle asti.

Kun mielessämme herää haluja, vihaa ja kateutta, meidän tulee käyttää arvostelukykyämme. Kulje valppaana lapseni, sillä saatat kompastua minä hetkenä hyvänsä.

Kysymys: Jos kompastumme, autatko sinä Amma meitä nousemaan ylös?

Amma: Tiedä, että Amma on aina kanssasi. Usko ja luota. Rakkaat lapset, teidän ei tarvitse pelätä, mutta teidän tulee olla sinnikkäitä ja nähdä itsekin hieman vaivaa. Jos kutsut Ammaa viattomasti ja luottaen, Amma on aina valmis auttamaan sinua. Jos kaadut, nouse ylös. Tee kompastuskivestä ponnahduslauta.

Kysymys: Tuntevatko Itsen oivaltaneet *mahatmat* mieltymystä tai vastenmielisyyttä joitakin asioita kohtaan?

Amma: Eivät tunne, sillä siinä tilassa kaikki on yhtä; mitään asioita ei aseteta paremmuusjärjestykseen. On vain tarkkaileva todistaja. *Mahatma* on mielensä herra ja hän voi aina sanoa ei. Jos *mahatma* haluaa leikkiä jotain leikkiä, hän käyttää siihen mieltään, mutta hän hallitsee mielensä täysin ja voi pysäyttää sen milloin tahansa. *Mahatman* mieli muistuttaa kalliin auton jarruja: auto pysähtyy välittömästi kun painat jarruja, eikä auto joudu sivuluisuun, vaikka nopeus olisi ollut todella kova.

Tavalliset ihmiset ovat mielensä vallassa; he liikkuvat vain siihen suuntaan, minne mieli heitä ohjaa. *Mahatma* puolestaan pitää mieltään tiukassa otteessa. Mielellä ei ole valtaa *mahatmaan*. *Mahatma* vain yksinkertaisesti tarkkailee kaikkea todistajana. Amma puhuu nyt aidoista *mahatmoista*, eikä niistä, jotka julistavat kuuluvalla äänellä olevansa vapaita kaikista siteistä, mutta hautovat silti vielä sisällään haluja ja vihaa.

Krishna - joogan valtias
ja dharman suojelija

Kysymys: Krishnan persoona läpäisee koko Intian kulttuurihistorian, mutta monia hänen tekojaan on vaikea ymmärtää. Jotkut niistä vaikuttavat jopa epäoikeudenmukaisilta. Mitä Amma sanoo tähän?

Amma: Kukaan Sri Krishnaa, Korkeimman ilmentymää, aidosti ymmärtävä ei epäile hänen tekojaan. Hänen elämänsä näyttää esimerkkiä tuleville sukupolville aivan kuten se on näyttänyt aiemmillekin sukupolville. Hänen kunniakkuutensa on kiistämätöntä. Hänen elämäntarinansa tuottaa iloa ja inspiroi kaikkien eri elämänalojen ihmisiä.

Jos ravintolassa tarjoillaan vain yhdentyyppistä ruokaa, se vetää puoleensa vain sellaisia ihmisiä, jotka pitävät juuri siitä ruoasta. Jos taas ravintola tarjoaa monien eri ruokakulttuurien annoksia, se vetää puoleensa monenlaista väkeä, sillä jokaiselle on tarjolla jotain. Krishnan opetukset sopivat kaikille. Hän ei tullut maailmaan vain yhden tietyn yhteiskuntaluokan vuoksi. Hän näytti polun henkiseen kasvuun kaikille – jopa prostituoiduille, rikollisille ja murhaajille.

Krishna kannustaa meitä seuraamaan *dharmaamme.* Hän ei kutsu meitä toimimaan epäoikeudenmukaisesti tai pysymään *adharmisissa* tavoissamme. Hän rohkaisee meitä elämään todellisen *dharmamme* mukaisesti, pysymään siinä vakaasti ja edistymään siten elämässämme kohti lopullista päämääräämme.

Krishna ei pyydä meitä tuhlaamaan aikaamme murehtimalla ja hautomalla menneitä virheitä. Se ei ole hänen näyttämänsä tie, vaan hän opettaa meitä korjaamaan virheemme ja jatkamaan eteenpäin. Ei ole sellaista syntiä, jota katumuksen kyyneleet eivät voisi pestä puhtaaksi. Mutta kun olemme oppineet ymmärtämään mikä on oikein, meidän tulee luopua huonoista tavoistamme. Meidän tulee kehittää mielenlujuutta, jotta pysyisimme oikealla polulla. Krishna näytti meille kuinka tämä tehdään ja Hän opetti sen kullekin henkilölle juuri hänelle sopivalla tavalla. hän opetti meille kuinka kohota ylöspäin siltä tasolta, millä ikinä olemmekaan. Tie joka sopii yhdelle, ei välttämättä sovi toiselle. Krishnan opetuksissa ei siis ollut puutteita tai vikoja, vaan niistä voidaan havaita, että Krishna tunnisti henkilöiden väliset erot heidän *samskaroissaan*.

Korkeimman ilmentymä, Sri Krishna tuli kohottamaan kaikkia. Ihmiset kyseenalaistavat hänen tekonsa, sillä he eivät todellisuudessa halua edes yrittää ymmärtää häntä. Kun tarkastelemme maisemaa maanpinnalta käsin, saatamme nähdä kukkuloita ja laaksoja, peltoja ja metsiä. Mutta jos katsomme maisemaa hyvin korkealta ylhäältä päin, näemme kaiken yhtenä suurena viheriönä. Kun tarkastelemme Krishnan tekoja oikeasta perspektiivistä käsin, näemme hyvin selvästi sen, että hänen jokaisen tekonsa tarkoitus oli kohottaa ihmisiä henkisesti. Mutta jos taas tarkastelemme hänen tekojaan epäilysten sumentamin silmin, kaikki näyttäytyy meille väärin. Tällä tavoin maailmaa tarkastelevat eivät näe kenessäkään mitään hyvää. Tämä ei ole Jumalan syy, vaan se johtuu näiden henkilöiden sisäisistä *samskaroista*. Krishna osoitti, että tällaistenkin ihmisten kohottaminen on mahdollista. Intia on päässyt rappeutumaan näin pahoin siksi, että ihmiset eivät ole kyenneet omaksumaan Krishnan opetuksia oikealla tavalla.

Muuan lapsi sai syntymäpäivälahjan, joka oli paketoitu värikkääseen lahjapaperiin. Lapsi lumoutui täysin lahjapaperista, eikä halunnut avata pakettia, joten hän ei löytänyt sitä arvokasta lahjaa, jonka paketti kätki sisäänsä. Monille ihmisille käy samalla tavoin Krishnan suhteen. Jotkut haltioituvat hänen tekemistään ihmeistä kun taas toiset näkevät hänen teoissaan pelkkiä virheitä ja kritisoivat niitä. Kumpikaan näistä ryhmistä ei oivalla ydintä. He eivät tavoita Krishnan todellista olemusta. Nämä molemmat ryhmät heittävät varsinaisen hedelmän menemään ja sotivat kuorien vuoksi. He eivät ole valmiita ymmärtämään sitä viestiä, joka Krishnan elämään kätkeytyy. Sen sijaan, että keskitymme joko ylistämään tai kritisoimaan *mahatmoja,* meidän tulisi omaksua heidän siunatun elämänsä kertoma viesti. Tällöin voimme itsekin elää rauhaisaa, autuuden täyttämää elämää ja näyttää esimerkkiä muulle maailmalle.

Kysymys: Mutta eikö Krishna poikennut monta kertaa totuuden polulta Mahabharatan sodan aikana?

Amma: Emme kykene ymmärtämään emmekä omaksumaan Krishnan tekojen merkitystä pienellä mielellämme. Hänen kaikki tekonsa ja liikkeensä olivat juurtuneet syvälle *dharmaan.* *Mahatman* tekoja on mahdotonta ymmärtää tavanomaisesta näkökulmastamme. Vain syvällisen pohdiskelun ja sydämen puhtauden kautta saatamme saada välähdyksen *mahatman* tekojen tarkoituksesta.

Mahatmalla ei ole egoa. Hän on kuin lintu – liikennesäännöt eivät kosketa taivaalla lentäviä lintuja. Mutta ihmisten, joilla on vielä ego, tulee noudattaa sääntöjä. Krishna toimi aina olosuhteisiin nähden oikealla tavalla. Hänellä oli vain yksi tavoite: palauttaa *dharma.* Hän ymmärsi kunkin yksilön tilanteen, mutta kun hän oli tekemisissä kokonaisen yhteisön kanssa, oli yhteisö hänelle tärkeämpi. Tarkastele Bhagavad Gitan Sri Krishnaa. Eihän hän, joka opetti korkeinta Itseä, osallistunut sotaan itsensä vuoksi.

Kysymys: Tuhannet ihmiset menettivät henkensä sodassa, joten eikö Krishna lietsonut väkivaltaa, kun hän kehotti Arjunaa taistelemaan?

Amma: Krishna ei halunnut sotaa; hänen tiensä oli korkein mahdollinen suvaitsevaisuus. Mutta jos voimakkaan persoonan suvaitseminen johtaa siihen, että tuo henkilö satuttaa toisia ihmisiä ja mässäilee väkivallalla, niin silloin suvaitsevaisuus muuttuu voimankäytöksi. Jos suvaitsevaisuutemme tekee toisen ihmisen vielä itsekkäämmäksi, niin silloin meidän on syytä lakata suvaitsemasta hänen toimiaan. Meidän tulee kuitenkin varoa vihan ja katkeruuden tunteiden hautomista. Meidän ei tule vastustaa tuota ihmistä, vaan hänen tekemiään pahoja tekoja. Krishna ei tuntenut vihaa Duryodhanaa kohtaan. Hän vain halusi, että Duryodhana lakkaa tekemästä pahoja tekoja. Tämä oli tarpeen koko kuningaskunnan ja sen ihmisten hyvinvoinnin kannalta. Koska mitään muuta keinoa ei enää ollut, antoi korkein Itse, Sri Krishna suostumuksensa sodalle. Krishna olisi halutessaan pystynyt tuhoamaan koko maailman, mutta hän vannoi, ettei kohota aseen asetta tässä sodassa, vaan osallistuisi siihen ainoastaan vaunujen ajurina. Tämä todistaa sen, ettei hän halunnut sotia, eikö niin?

Jos Duryodhana olisi tarjonnut Pandavoille edes yhden talon, jossa he olisivat saaneet asua, Krishna olisi suostutellut Pandavat tyytymään siihen. Mutta Kauravat kieltäytyivät osoittamasta myötätuntoa edes tämän verran.[17] Kauravat, ja etenkin Duryodhana, pakottivat heidät sotaan.

Kun valtio on sellaisen hallitsijan käsissä, joka on epäoikeudenmukaisuuden ruumiillistuma, saattaa koko maailma olla vaarassa tuhoutua. Sellaiset ihmiset tulisi suistaa vallasta niin nopeasti kuin vain suinkin on mahdollista ja niillä keinoin, joita se vaatii. Tämä on myötätuntoa yhteiskuntaa kohtaan. Kun kaadat myrkyllisen puun, saattavat jotkut sen lähistöllä kasvavat

---

[17] Puolet kuningaskunnasta kuului Pandaville. Kun Pandavat palasivat 12 vuoden karkotuksen jälkeen, he olettivat saavansa oman puoliskonsa kuningaskunnasta takaisin, mutta heidän serkkunsa Duryodhana ei suostunut antamaan sitä.

pienemmät kasvit tuhoutua. Kun istutat hedelmäpuun, saatat joutua kitkemään pieniä kasveja pois saadaksesi tilaa hedelmäpuun taimelle. Mutta ajattele sitä, miten paljon hyötyä hedelmäpuusta tulee olemaan koko yhteisölle! Kun puu on kasvanut niin isoksi, että se kantaa hedelmää, pienemmät kasvit kukoistavat sen varjossa suojassa auringonpaahteelta. Vaikka pienten kasvien tuhoutuminen hedelmäpuuta istutettaessa onkin harmillinen asia, se on kuitenkin hyväksyttävissä oleva menetys, kun asiaa tarkastellaan tässä valossa. Se ei ole varsinaista väkivaltaa.

Jos Duryodhanan olisi annettu elää, hän olisi hyökännyt muihinkin kuningaskuntiin ja tappanut enemmän ihmisiä kuin mitä Mahabharatan sodassa kuoli. Hänen tekonsa olisivat aiheuttaneet ihmiskunnalle vielä pahempaa harmia tulevaisuudessa. On paljon parempi suojella *dharmaa*, vaikka se maksaisi muutaman ihmishengen, kuin antaa *adharmisten* ihmisten hallita loputtoman kauan sillä hinnalla, että vielä useampi ihmishenki menetetään ja *dharma* rappeutuu täysin. Näin Krishna toimi – Hän suojeli *dharmaa*. Sota oli viimeinen mahdollinen jäljellä oleva keino *dharman* säilyttämiseksi. Se, mitä Krishna teki, oli täysin soveliasta. Jos Krishna olisi toiminut näin omaa etua tavoitellessaan, häntä voitaisiin kritisoida, mutta yksikään hänen tekemistään teoista ei ollut itsekäs. Hän ei toiminut itsensä tai perheensä vuoksi, vaan kaikkien Hänen tekojensa taustalla oleva motiivi oli *dharman* suojeleminen ja ylläpitäminen sekä se, että ihmiset voisivat elää iloisina ja tyytyväisinä.

Kysymys: Oliko se oikein, että Krishna kehotti Arjunaa sotimaan?

Amma: Krishna opetti kuinka elää elämäänsä ymmärtäen mitä *dharma* ja *adharma* ovat. Hän opetti, että jopa sota on hyväksyttävissä, mikäli muuta keinoa *dharman* puolustamiseksi ei ole. Hän ei toiminut impulsiivisesti hetken mielijohteesta, vaan osoitti, että aseisiin tulee tarttua vain silloin, jos vihollinen kieltäytyy valitsemasta *dharman* polkua, vaikka hänelle olisi tarjottu lukematon määrä tilaisuuksia korjata virheensä.

Jokaisella yksilöllä on oma *dharmansa* ja hänen tulisi olla halukas elämään sen mukaisesti. Mikäli näin ei ole, se vaikuttaa negatiivisesti sekä tuohon yksilöön että koko yhteisöön. *Mahatma* ei halua vahingoittaa ketään eikä hänellä ole erityisiä siteitä keneenkään. Suurten sielujen ainut toive on, että *dharma* vallitsisi yhteiskunnassa. He tekevät töitä tuon tavoitteen saavuttamiseksi vallitsevien olosuhteiden edellyttämillä tavoin.

Jos talo palaa, neuvoisitko ihmisiä istumaan aloillaan meditoimassa? Et neuvoisi, vaan käskisit heidät kantamaan vettä, jotta he saisivat sammutettua tulipalon niin nopeasti kuin vain suinkin on mahdollista. Etkä epäröisi repiä puun oksia tai muita kasveja irti saadaksesi palon sammumaan, sillä se on oikea tapa toimia tuossa tilanteessa. Näin Krishnakin toimi. Rohkea ihminen, joka on tarkan harkinnan seurauksena ymmärtänyt kuinka tulee toimia, ei koskaan käänny pois ja juokse pakoon, sillä silloin hän toimisi vastoin *dharmaa*.

Mahatmalle koko yhteiskunnan hyvinvointi on tärkeämpi asia kuin jonkun yksittäisen henkilön kokemat ilot ja surut. Jos Duryodhana ja hänen tukijansa olisivat saaneet hallita, yhteiskunnasta olisi tullut pahuuden kyllästämä. Krishna tiesi, että noiden yksilöiden tuhoaminen olisi ainut keino pitää *dharmaa* yllä. Tästä syystä hän kehotti Arjunaa taistelemaan heitä vastaan. Paljon suurempi paha olisi ollut katsella sivusta pahuuden riehumista tekemättä asialle mitään. Duryodhana oli itse syypää sotaan. Sri Krishna esitti hänelle monia keinoja sodan välttämiseksi, mutta mikään ehdotuksista ei kelvannut Duryodhanalle.

Kauravat olivat saaneet haltuunsa kaiken omistamansa kierolla tavalla. He olivat huijanneet Pandavia noppapelissä ja vieneet heiltä kaiken, mitä he omistivat. Pandavat puolestaan pysyivät vakaasti totuuden periaatteessa, eivätkä hylänneet sitä koskaan.

Krishna yritti neuvotella heidän puolestaan, mutta Kauravat eivät taipuneet. Krishna selitti Kauraville, että Pandavat eivät halunneet kuningaskuntaa kokonaan, vaan puolet siitä riittäisi heille. Mutta Kauravat eivät suostuneet tähän. Sitten Krishna ehdotti, että he antaisivat jokaiselle viidelle Pandavalle oman talon, jossa asua. Kauravat vastasivat, ettei tämäkään käynyt heille. Entä antaisivatko he edes yhden ainoan talon, jossa kaikkien Pandavien perheet voisivat asua? Krishna olisi ollut valmis tyytymään jopa tähän.

Krishna hyväksyi sodan väistämättömyyden vasta siinä vaiheessa, kun ylimieliset Kauravat julistivat, etteivät antaisi Pandaville edes neulalla kynnettävän kokoista maapalaa. Mitkä olisivatkaan olleet seuraukset koko yhteiskunnan tasolla, jos näitä *adharmisia* ihmisiä olisi vain siedetty? Etenkin kun he eivät olleet keitä tahansa, vaan valtakunnan hallitsijoita! Jos kuningaskunta olisi jäänyt tuollaisten hallitsijoiden käsiin, olisi siitä seurannut täysi tuho. Hyvyys ja *dharma* olisivat kadonneet kuningaskunnasta, mikä olisi johtanut koko kuningaskunnan ja siellä asuvien ihmisten rappioon. *Mahatman dharma* on eliminoida *adharma*, palauttaa *dharma* ja suojella ihmisiä. Krishna käytti Arjunaa välineenään tämän päämäärän saavuttamiseksi.

Hallitsijoiden tulisi nähdä alaisensa läheisinä sukulaisinaan, mutta Kauravat pitivät maillaan asuvia ihmisiä vihollisinaan. Voiko kuningaskunta odottaa mitään hyvää sellaisilta hallitsijoilta, jotka kohtelevat jopa omia serkkujaan epäoikeudenmukaisesti?

Krishna oli äärettömän anteeksiantavainen. Hän meni Kauravien luo neuvoakseen heidät takaisin *dharman* polulle, mutta kun Hän saapui kuninkaalliseen hoviin, he yrittivät häpäistä Hänet. Jos tällaisten ihmisten annetaan kulkea vapaalla jalalla, on se suuri vääryys yhteiskuntaa ja *dharmaa* kohtaan.

Krishna yritti kaikkia neljää perinteistä keinoa eli sovittelua, armeliaisuutta, nuhtelua ja rangaistusta. Hän turvautui sotaan vasta viimeisenä keinona, kun kaikki muut keinot *adharman* (epäoikeudenmukaisuuden) eliminoimiseksi olivat epäonnistuneet. Olipa kerran henkinen mestari, jolla oli armeijassa työskentelevä oppilas. Maa joutui sotaan toisen valtion kanssa. Mestarin oppilas ei ollut koskaan taistellut oikeassa sodassa. Oppilas oli kuullut monia kammottavia sotatarinoita, joten hän joutui kauhun valtaan jo pelkästään kuullessaan sanan "sota". Oppilas karkasi armeijasta ja pakeni mestarinsa luo. Hän sanoi mestarilleen, ettei halunnut enää työskennellä armeijassa, vaan halusi ryhtyä *sanjaasiksi*. Jos armeijassa ei olisi riittävää määrää sotilaita puolustamaan maata vihollisjoukkojen lähestyessä, olisi sen tulevaisuus uhattuna. Mestari tiesi, että hänen oppilaansa halusi ryhtyä munkiksi pelosta eikä aidosta halusta luopua maallisesta elämästä, joten hän valoi oppilaaseensa rohkeutta ja lähetti tämän takaisin sotatantereelle. Mestari ei tehnyt tätä siksi, että hän olisi ollut kiinnostunut sodasta. Hän teki sen siksi, että juuri tuona ajankohtana hänen oppilaansa velvollisuutena oli taistella sodassa, sillä hän oli ammatiltaan sotilas. Pelkuruus ja karkuruus eivät ole koskaan oikein. Eikä rohkeuden puutteen vuoksi munkin valan vannova henkilö voi saavuttaa Itseoivallusta. Mestari opetti oppilaalleen mikä hänen *dharmansa* on. Mestari myös antoi oppilaalleen voimia toimia *dharmansa* mukaisesti.

Olisiko se oikein, jos taistelukentällä olevaa sotilasta käskettäisiin jättämään sotiminen sikseen ja ryhtymään munkiksi, koska se on polku Itseoivallukseen? Sotilaiden velvollisuuteen kuuluu suojella maansa turvallisuutta. Jos he pakenevat velvollisuuttaan, he pettävät sekä itsensä että kotimaansa. Kun kotimaan turvallisuus on vaakalaudalla, sotilaan *dharmaan* ei kuulu paeta maailmaa ryhtymällä munkiksi, vaan hänen dharmansa on taistella vihollista vastaan. Jos sotilas päättää tällaisena hetkenä luopua maailmasta munkiksi ryhtymällä, hän ei onnistu saavuttamaan päämääräänsä, sillä luonto ei salli sitä.

Suuret henkiset mestarit syntyvät maailmaan tehdäkseen ihmiset tietoisiksi *dharmasta* ja johtaakseen maailman oikealle polulle. Jos sotilaat eivät suorita velvollisuuttaan, heidän kotimaansa joutuu vaaraan ja kaikki sen kansalaiset joutuvat kärsimään. Jotta näin ei kävisi, mestari ei voi antaa sotilaalle tällaisessa tilanteessa mitään muuta ohjetta kuin että hänen tulee täyttää velvollisuutensa. Tämä ei kuitenkaan tarkoita sitä, että mestarit kannustaisivat tappamiseen ja väkivaltaan. He vain kannustavat ihmisiä kulkemaan kuhunkin ajanjaksoon liittyvää *dharman* polkua. Tästä syystä *mahatman* tekoja tai sanoja arvioitaessa tulee ottaa huomioon kaikki sillä hetkellä vallinneet olosuhteet.

Arjunan tilanne ei poikennut äskeisen tarinan sotilaan tilanteesta. Arjunakin oli ilmaissut halunsa luopua maailmasta, mutta tämä toive nousi kiintymyksestä, jota hän tunsi taistelukentän vastakkaisella puolella oleviin sukulaisiinsa. Arjunan *dharmaan* ei kuitenkaan kuulunut tuolla hetkellä luopua maailmasta, vaan sotia sota. Hänen halunsa luopua maailmasta ei kummunnut hyvästä arvostelukyvystä ja ikuisuuden ymmärtämisestä, vaan kiintymyksestä. Krishna tiesi tämän ja siksi hän kehotti Arjunaa taistelemaan.

Krishna ei käskenyt Arjunaa menemään sotaan sotimisen ilosta, vaan hän kannusti Arjunaa noudattamaan *dharmaansa*. Jos Krishna olisi halunnut sotaa, Hän olisi voinut suostutella Pandavat sotaan jo paljon aiemmin, sillä odotteluun ei ollut syytä. Jos joku poikkeaa *dharmansa* polulta pelosta, kiintymyksestä tai mistä tahansa muusta syystä, on sillä vahingollisia seurauksia yhteiskuntaan ja koko valtioon. *Mahatmat* tietävät tämän, ja siitä syystä he neuvovat ihmisiä vallitsevien olosuhteiden mukaiselle *dharman* polulle.

He, jotka tuntevat Itsen, ovat aina myötätuntoisia. He toivovat rauhan ja harmonian kukoistavan yhteiskunnassa ja että se välttyisi epäharmonialta ja sodilta. Tämä voidaan saavuttaa vain *dharman* vallitessa. Tämä on se esimerkki, jonka korkein tietoisuus Sri Krishnan muodossa meille näytti.

Kysymys: Sanotaan, että Krishnan silmissä kaikki olivat samanarvoisia, mutta eikö hän ollutkin erityisen kiintynyt Pandaviin?

Amma: Yksikään Krishnan teoista ei kummunnut kiintymyksen siteistä. Kiintyykö henkilö, jolla ei ole siteitä edes omiin sukulaisiinsa eikä lapsiinsa, muihin ihmisiin? Vaikka Sri Krishnan pojat ja sukulaiset taistelivat keskenään ja tuhoutuivat ylimielisyytensä vuoksi, Krishna ei menettänyt tasapainoaan. Hänen kasvoillaan ei värähtänyt ilmekään. Sellaiset henkilöt, joilla on vielä kiintymyksen siteitä, eivät pysty valaisemaan maailmalle polkua *dharmaan.* Kiintymyksen sumentama mieli ei pysty erottamaan oikeaa väärästä.

Kun Duryodhana ja Arjuna tulivat molemmat Krishnan luo ennen taistelua, Krishna ei asettanut heistä kumpaakaan etusijalle. Molemmat saivat häneltä sen, mitä pyysivät. Kun Duryodhana pyysi Sri Krishnalta hänen armeijaansa, Krishna suostui pyyntöön epäröimättä hetkeäkään. Arjuna ei pyytänyt Krishnalta mitään muuta kuin itsensä Krishnan. Arjuna ei horjunut päätöksessään, vaikka Krishna selitti, ettei hän tarttuisi sodassa aseisiin. Krishna ei siis ollut taistelussa Pandavien puolella siksi, että olisi ollut kiintynyt Pandaviin, vaan hän oli heidän puolellaan Arjunan antaumuksen ja omistautuneisuuden vuoksi.

Jotkut saattavat torjua heille ojennetun vesilasillisen. Janon piinaamat ihmiset puolestaan juovat sen hanakasti, pyytävät lisää ja saavat pyytämänsä. Voidaanko väittää, että tämä johtuu vesilasin ojentajan kiintymyksestä janoisiin? Duryodhana ei halunnut Krishnaa, vaan hän halusi Krishnan armeijan. Arjuna puolestaan ei kaivannut Krishnan aseita, vaan hän halusi vain Krishnan Itsensä. Krishna antoi kummallekin sen, mitä he halusivat.

Krishna piti lupauksensa ja hänestä tuli Arjunan sotavaunujen ajuri. Kun Arjuna turvautui sotatantereella Krishnaan hänen oppilaanaan, Krishna paljasti Arjunalle hänen *dharmansa* Bhagavad Gitan sanoin. Kun tekojen taustalla oleva motiivi on vapaa kiintymyksen siteistä, tieto Itsestä näyttää tien. Krishna paljasti sekä Arjunalle että Duryodhanalle kosmisen muotonsa. Duryodhana vähätteli sitä taikatemppuna, mutta Arjuna uskoi ja antautui Krishnan jalkoihin. Pandavat ansaitsivat voittonsa Arjunan uskon ja nöyryyden vuoksi.

Pandavat pystyivät antamaan anteeksi Kauraville heidän törkeän epäoikeudenmukaisuutensa vain Krishnan läsnäolon vuoksi. Jos Krishna ei olisi ollut läsnä, Pandavat olisivat tuhonneet Duryodhanan jo kauan sitten. *Dharman* polku ei ole äkkipikaisuuden ja ylimielisyyden viitoittama, vaan suvaitsevaisuuden ja nöyryyden. Tämän Krishna opetti maailmalle Panadavien esimerkin avulla.

Kysymys: Onko oikein turvautua väkivaltaan dharman ylläpitämiseksi?

Amma: Kun tekoa tuomitaan väkivaltaiseksi tai väkivallattomaksi, ei tule tarkastella pelkkää tekoa. Teon taustalla oleva asenne on tärkein.

Nainen palkkasi tytön siivoamaan taloaan ja antoi hänelle niin raskaan työtaakan, ettei tytön ollut mahdollista selvitä siitä. Tyttö ei suoriutunut työtaakasta, vaikka yritti parhaansa. Tyttö purskahti itkuun työnantajan moittiessa häntä. Tytöllä ei ollut ketään joka olisi voinut lohduttaa häntä. Sama nainen antoi omalle tyttärelleen piiskaa siksi, että lapsi oli tuhlannut aikansa leikkimiseen ja jättänyt kotiläksyt tekemättä. Molemmat tytöt itkivät – sekä naisen oma lapsi että piika. Piiskaamista ei voida kutsua väkivallaksi, sillä nainen rankaisi lastaan tarkoittaen hyvää ja toivoen vaikuttavansa suotuisalla tavalla tyttärensä tulevaisuuteen. Tämä ei ole väkivaltaa, vaan osoitus rakkaudesta tytärtä kohtaan. Vaikka hän ei lyönytkään työntekijäänsä, hänen käyttäytymisensä piikaa kohtaan oli julmaa. Se oli itse asiassa väkivaltaa. Käyttäytyisikö kunnon äiti lastaan kohtaan tällä tavalla? Kuolemansairas potilas kuolee leikkauspöydälle, mutta kaikki ylistävät lääkäriä hänen yrityksestään pelastaa potilaan henki. Samaan aikaan toisaalla varas käyttää ryöstössä samanlaista kirurgin veistä ja puukottaa sillä kuoliaaksi vartijan, joka yrittää estää varkauden. Lääkärin teko oli väkivallaton [*ahimsa*], kun taas varkaan teko oli väkivaltainen [*himsa*].

Kanan teurastaminen on väkivaltainen teko, mikäli tarjottavalla aterialla on jo muutenkin tarpeeksi ruokaa ja kana tapetaan vain sen vuoksi, että syöjät saisivat ateriasta lisänautintoa. Väkivaltaa on myös se, mikäli poimimme kukan, jota emme tarvitse. Teon taustalla oleva asenne ratkaisee sen, onko teko väkivallaton vai väkivaltainen. Väkivaltaa ovat kaikki sellaiset teot, joissa vahingoitetaan elollista olentoa itsekkäistä syistä eli oman mielihyvän tai mukavuuden lisäämiseksi. Mutta jos ihmisyksilöille joudutaan tuottamaan kipua yhteiskunnan hyväksi, se ei ole väkivaltaa. Tästä syystä Mahabharatan sotaa kutsutaan *Dharman* Sodaksi.

Kysymys: Sri Krishna tappoi setänsä Kamsan. Oliko tämä muka oikeutettu teko?

Amma: Pyhiä kirjoituksia, kuten esimerkiksi *Puranoita*, ei pidä ottaa kirjaimellisen pintapuolisesti. Lukijan tulisi mennä pintaa syvemmälle ja pyrkiä ymmärtämään tarinoihin kätketty merkitys. Tarinoiden käyttäminen on aivan kuin opettaisi sokeaa lasta lukemaan pistekirjoitusta. Tarinat tarjoavat vain apuvälineen henkisten perusperiaatteiden ymmärtämiseen. *Atma tattva* [Itsen perusperiaatteet] on punottu jokaiseen tarinaan. Tarinoista saa täyden hyödyn vasta silloin, kun havaitsee niiden syvälliset periaatteet.

Sri Krishnan tavoitteena oli auttaa jokaista henkilöä saavuttamaan ikuinen autuus eli Itseoivallus. Tuo tila voidaan saavuttaa vain *dharman* polkua kulkemalla. Jotkut erottelukyvyttömät ihmiset karsastavat jo pelkkää sanaa "*dharma*". Kamsa oli yksi tällaisista ihmisistä. Hänellä ei ollut mielen kypsyyttä ottaa vastaan kenenkään neuvoja, vaikka niitä tarjottiin hänelle. *Dharman* polun hylänneet eivät pysty koskaan saamaan tietoa Itsestä. Krishna tuli maailmaan auttaakseen sekä hyveellisiä että syntisiä. Hänen elämäntehtävänään oli johtaa synnintekijätkin Jumalan luo. Hän teki kaikkensa, jotta saisi iskostettua käsityksen *dharmasta* myös väärällä polulla oleville. Nämä olivat kuitenkin aivan kuin huumautuneita ja luulivat kehoaan omaksi itsekseen, eivätkä he suostuneet syleilemään *Dharmaa*. Krishnalle jäi vain yksi keino jäljelle: tuhota kehot, jotka olivat inspiroineet heitä kaikkiin heidän pahoihin tekoihinsa ulkoisiin kohteisiin kiinnittyneiden aistien johdosta. Tästä syystä Hän antoi sen tapahtua. Se oli ainut keino saada heidät vakuuttuneiksi kehon katoavaisuudesta ja Itsen ikuisuudesta. Vasta tämän kokemuksen avulla he kykenivät ymmärtämään olevansa aistien ulottumattomissa olevan ikuisen autuuden perillisiä.

Toisinaan äidit heittävät pois lastensa vaatteet, jotka ovat niin likaisia, etteivät ne tule puhtaiksi pesemälläkään. Äidit riisuvat nämä vaatteet lastensa yltä vain siksi, että saisivat puettua heille uudet vaatteet. Sanotko tällaista tekoa epäoikeudenmukaiseksi? Kun *adharminen* ihminen uhkaa useiden muiden ihmisten henkeä ja koko yhteiskuntaa, eivätkä muut keinot tepsi, niin silloin saatetaan joutua turvautumaan siihen keinoon, että tuo henkilö vapautetaan kehostaan. Kun tuo sielu ottaa itselleen uuden kehon, se saattaa oivaltaa *dharman* suuruuden ja edetä oikealle polulle kohti lopullista päämääräänsä. Kun banaanipuuhun iskee sellainen kasvisairaus, jota ei ole mahdollista hoitaa, se leikataan maan tasalle. Tämä estää uusia versoja saamasta tartuntaa. Versoista kasvaa näin terveitä banaanipuita, jotka antavat hyvän sadon. Krishna tiesi, että Kamsa ei lähtisi *dharman* polulle siinä elämässä. Hänen mielensä ja kehonsa velloivat *adharmassa*. Tuon kehon oli mentävä ja hänen oli otettava uusi keho. Kun Kamsa kuoli Krishnan käsivarsille, hänen silmänsä jäivät tuijottamaan Krishnaa ja hänen mielensä oli keskittynyt Krishnaan. Tästä syystä kaikki hänen syntinsä pestiin pois. Ja itse asiassa, Kamsan syvin sisäinen toive oli kuolla Krishnan käsivarsille ja Krishna toteutti tämän toiveen. Ulkoisesti näytti siltä, että Sri Krishna tappoi Kamsan, mutta se mitä oikeasti tapahtui, ei ole yhtä ilmeistä. Krishna nosti Kamsan sielun pois hänen kehostaan ja loi oikeat olosuhteet sille, että Kamsa saavuttaisi korkeimman Itsen. Krishna tuhosi Kamsan egon ja kohotti hänen sielunsa korkeimpaan tilaan.

Kuvitellaanpa, että piirrät seinälle leijonia ja leopardeja. Jos pyyhit piirustukset pois, eläimiä ei enää ole – on vain puhdas seinä. Seinä oli perusta eläinten muodoille. Halutessasi voit piirtää samalle seinälle peuroja tai jäniksiä. Kuolivatko leijonat ja leopardit todella? Syntyivätkö peurat ja jänikset? Todellisuudessa muutama seinällä oleva viiva muuttui, jolloin myös muodot ja nimet muuttuivat. Niiden taustalla oleva seinä pysyy kuitenkin aina samanlaisena ja muuttumattomana. Vastaavasti Krishna tuhosi vain Kamsan egoistisen luonteen. Krishna ei tuhonnut hänen sisällään piilevää todellista itseä. Meidän tulee ymmärtää tämä.

Kysymys: Eivätkö jotkut Krishnan teoista olleet jumalalliselle inkarnaatiolle sopimattomia, kuten esimerkiksi *gopien* vaatteiden varastaminen ja *rasa-lila*?

Amma: Vaatteiden varastamisesta Krishnaa kritisoivat ovat tietämättömiä. Sri Krishna oli vain kuuden tai seitsemän vuoden ikäinen silloin kun hän teki sen. Hänen tavoitteenaan oli tehdä kaikki iloisiksi. Hän halusi murtaa ylpeyden ja häpeän asettamat keinotekoiset rajoitukset ja herättää jokaisen sielun korkeimpaan totuuteen. Äitinsä sylissä oleva alaston lapsi ei ajattele vaatteitaan. Jokaisen meistä tulisi omaksua asenne, että olemme Jumalan herttaisia vauvoja. Meidän tulisi kasvattaa itsessämme sellaista viattomuutta Jumalaa kohtaan, jota kehotietoisuus ei ole tahrannut. Jumalaa ei voi saavuttaa, ellei luovu ylpeyden ja häpeän tunteista. Itsen tasolle ei ole mahdollista kohota luopumatta kehotietoisuudesta.

Entisaikaan Keralassa asuvat naiset eivät peittäneet rintojaan. Ihmiset eivät pitäneet tätä lainkaan outona asiana. Mutta miten nykyihmiset tähän reagoisivat? Vastaavasti länsimaalaisten kesäpukeutuminen herättää vastustusta intialaisissa. Länsimaalaiset ovat kuitenkin tottuneet pukeutumaan niin, joten he eivät näe siinä mitään väärää. Jos sellaiset intialaiset, joita tämä pukeutumistapa häiritsee, asuisivat jonkun aikaa länsimaissa, he muuttaisivat asennettaan. Jotkut heistä saattaisivat jopa omaksua samanlaisen pukeutumistavan.

Ylpeyden ja häpeän tunteet ovat mielen luomuksia. Pääsemme Jumalan jalkojen juureen vain, jos murramme tällaiset mieltä sitovat kahleet.

Amma ei tarkoita, että kaikkien tulisi kulkea alasti! Amma tarkoittaa vain sitä, että mikään ei saisi olla esteenä Jumalan muistamiselle. Meidän tulee vapautua kaikista niistä siteistä, jotka pitävät mielemme erossa Jumalasta.

Rasa-lila ei tapahtunut tavallisten aistien tasolla niin kuin ihmiset sen yleensä tulkitsevat. *Rasa-lilan* aikana *gopit* saivat kokea yksilöllisen sielun sulautumisen korkeimpaan tietoisuuteen.

101

Krishna ilmestyi heistä jokaiselle heidän jumalallisen rakkautensa vuoksi. Krishna siunasi jokaisen *gopin* näyllä Itsestä. Aistien tasolla oleva mieli ei pysty edes kuvittelemaan *rasa-lilaa*. Vasta kun mieli ja aistit on vapautettu kaikista aistikohteisiin liittyvistä siteistä, voit toivoa kokevasi edes murto-osan siitä jumalallisesta autuudesta, josta *gopit* nauttivat rasa-lilan aikana. Jokaisen *gopin* suhde Krishnaan oli sellainen, että he ajattelivat olevansa rakkaimpansa rakastajia [*madhura bhava*]. Kristillisyydessäkin on olemassa samanlainen suhtautumistapa: nunnat kokevat olevansa Jeesuksen morsiamia. Tahraako tämä Kristuksen jollain tapaa? Tämä suhde kuvastaa yksittäisen sielun ja korkeimman Itsen välistä suhdetta eikä siitä ole mahdollista löytää moitittavaa muutoin kuin maallisin silmin tarkasteltuna.

Krishna ei hukannut yhtäkään tilaisuutta johtaa erilaisia ihmisiä ikuiseen autuuteen. Hän käytti kaikkia mahdollisia tilanteita avukseen yrittäessään kirkastaa Itsen liekkiä jokaisessa. Hän pyrki vuodattamaan rakkautensa polttoainetta kaikkien sydämiin, jotta Itsen valo voisi palaa heidän sydämissään kirkkaasti. Herra on vastuussa luomakunnastaan ja Hän on se yksi ja ainoa, joka pystyy vapauttamaan sielun luomakunnasta. Vapautuminen on mahdollista saavuttaa vain kehotietoisuudesta luopumalla. Tämä oli Hänen tavoitteensa Krishnan inkarnaationa.

Kysymys: *Gitassa* Krishna sanoo, että tapahtuipa mitä tahansa, meidän ei tulisi koskaan hylätä *dharmaamme*. Jos asia on näin, kuinka kukaan voisi vaihtaa ammattiaan sellaiseen työhön, jossa tienaa enemmän?

Amma: Tuohon aikaan monet ihmiset uskoivat, että he voisivat saavuttaa vapautumisen vain, jos luopuvat kaikesta *karmasta* [työstä] ja vetäytyvät metsään elämään *sanjaasin* tavoin. Tästä syystä Krishna julisti, että ihmisten ei ole pakko luopua kaikesta, vaan että heidän tulisi suorittaa kaikki *dharmansa* mukaiset maalliset velvollisuudet. Krishna teki hyvin selväksi sen, että meidän ei tulisi paeta velvollisuuksiamme, vaan että saavutamme vapautumisen, mikäli teemme jokaisen tehtävämme oikealla asenteella.

Dharman käsitteeseen liittyy vielä yksi muukin ulottuvuus. Kuvanveistäjien perheeseen syntyvästä lapsesta tulee helposti hyvä kuvanveistäjä, sillä olosuhteet ovat siihen suotuisat. On hyvin todennäköistä, että perheeseen syntyneellä lapsella on samanlaisia lahjoja kuvanveistämiseen. Isän tai äidin lahjakkuus siirtyy lapseen aivan kuin perintönä. Tällainen lapsi saattaa oppia kymmenessä päivässä sen, mikä vie muilta lapsilta vuoden. Mikäli perittyä lahjakkuutta harjoitetaan säännöllisesti, edistymisen mahdollisuus on hyvin suuri. Jos henkilö tulee perheestä, jossa tuota taitoa ei ole, hänen on opeteltava kaikki nollasta.

Entisaikaan ihmiset saivat ammatillisen koulutuksen pääasiassa omassa kodissaan. Entisajan ihmiset eivät työskennelleet toimistoissa tai tehtaissa. Jokainen perheenjäsen osallistui perinteisen työn tekemiseen. Ihmiset ryhtyivät harjoittamaan perheensä ammattia saatuaan koulutuksen gurukulassa. Ammatinvalinta ratkaisi sen, mihin neljästä eri kastista[18] ihminen kuului eikä, se minkälainen hänen perhetaustansa oli. Kukaan lapsista ei syntynyt mihinkään tiettyyn kastiin tai uskontoon, vaan kaikki olivat Jumalan lapsia. Vasta kun ihmiset varttuivat vanhemmiksi, heidät jaettiin eri kasteihin ammattiensa mukaan. Tuohon aikaan *kshatriya*perheeseen [sotilas] syntyneellä lapsella oli oikeus ryhtyä *brahmiiniksi* [papiksi tai vediseksi opettajaksi] ja *brahmiini*perheen lapsesta saattoi tulla *kshatriya*. Puutöitä tekeviä ihmisiä kutsuttiin puusepiksi. Vaikka puuseppä olisikin syntynyt ja kasvanut *brahmiini*perheessä, hänet tunnettiin silti puuseppänä.

---

[18] Neljä pääkastia: brahmiinit [papit ja Vediset opettajat], kshatriyat [sotilaat], vaishyat [kauppiaat] ja sudrat [työläiset]

Sanatana Dharman sääntöjen rappeutuminen sai aikaan sen, että syntyperästä tuli ainoa peruste kastille. Entisaikaan ihmiset eivät tehneet töitä pelkästään elantonsa saamiseksi. Jokaisen päämääränä oli Itseoivallus ja kunkin tekemä työ oli keino sen saavuttamiseksi. Ihmiset saivat maistaa työnsä mestarillisessa hallinnassa kokemuksen Jumalasta. Yhteiskunta menettää sosiaalisen järjestyksen luoman harmonian, mikäli kaikki työskentelevät vain siksi, että saisivat taloudellista hyötyä. Tällöin itsekkyys ja ahneus hallitsevat yhteiskuntaa. Entisaikaan ei ollut tapana maksaa tiettyä, etukäteen määriteltyä palkkaa työntekijöille. Työntekijät saivat sen verran palkkaa, mitä he tarvitsivat, ja he tyytyivät siihen mitä saivat. Työnantajan ja työntekijöiden välillä vallitsi rakkauden ilmapiiri. He kunnioittivat toinen toisiaan. Sekä palkkaa maksavat että palkkaa saavat olivat molemmat täysin tyytyväisiä. Tämä tapa hävisi, kun ihmisistä tuli itsekkäämpiä. Työnantajien asenne muuttui muotoon "Enemmän työtä, vähemmän palkkaa" ja työntekijät puolestaan alkoivat ajatella "Vähemmän työtä, enemmän palkkaa".

Sanotaan, että kun vierailet temppelissä, sinun ei tulisi laskea antamasi lahjoituksen määrää, vaan sinun tulisi antaa kädentäydeltä. Nykyaikana ihmiset laittavat pienet kolikot syrjään, jotta voisivat uhrata temppelissä kokonaisen nyrkillisen rahaa menettämättä silti enempää kuin muutaman rupian.

Suurin osa nykyihmisistä haluaa lapsistaan insinöörejä tai lääkäreitä, jotta he saisivat yhteiskunnassa arvostetun aseman ja tienaisivat paljon rahaa. Harva vanhemmista kiinnittää huomiota lapsensa todellisiin kykyihin. Mikäli kilpailu oppilaitoksissa on tervettä, se auttaa lapsia edistymään ja tuo esiin heidän lahjakkuutensa. Mutta ikävä kyllä nykyaikainen kilpailuhenki aiheuttaa oppilaissa jännitystä. He menettävät mielenvahvuutensa, sillä eivät kykene saavuttamaan tavoitteitaan ja joutuvat elämään koko loppuelämänsä epätoivon vallassa. Epätoivo ajaa monet heistä itsemurhaan. Tällaista ei tulisi sallia tapahtuvan! Opiskelun ja työpaikan saamisen varmistamisen päämääränä tulisi olla henkinen edistyminen ja maailman palveleminen. Tämä päämäärä motivoi meitä edistymään kaikilla elämän osa-alueilla. Ja vaikka epäonnistuisimme, se saa meidät yrittämään uudelleen, eikä vaipumaan epätoivoon tuhlaten koko elämämme.

Kun valitsemme jonkun tietyn alan päätyöksemme, meidän tulisi pyrkiä kehittymään sillä alalla niin hyviksi kuin vain mahdollista. Meidän tulisi pysyä sillä alalla ja löytää menestystä elämässä. Elämän tarkoituksena ei ole tulla miljonääriksi, vaan nauttia ikuisesta autuudesta. Perheellisellä [avioelämää elävällä ihmisellä] on omat velvollisuutensa perhettään kohtaan. Kun otamme vastaan palkkaa tekemästämme työstä, tavoitteemme tulisi olla ansaita sen verran mitä tarvitsemme.

Entisaikaan ihmiset työskentelivät paljon, pitivät tarvitsemansa osan palkastaan itsellään ja perheellään ja antoivat loput köyhille. Nykyaikana toimitusjohtajan työ on yksi yhteiskunnan halutuimmista ammateista. Kaupankäynti on välttämätöntä valtion taloudelliseksi edistymiseksi, mutta henkilökohtaisen voiton tavoitteleminen ei saisi olla liiketalouden ainut päämäärä, vaan tulisi ottaa huomioon koko maan edistyminen. Ympärillämme on kuitenkin paljon kauppiaita ja teollisuuspohattoja, joilla on enemmän kuin tarpeeksi omaisuutta itsensä ja tuhansien tulevien sukupolvien elättämiseen. Samaan aikaan heidän ympärillään on lukematon määrä köyhiä, jotka joutuvat kamppailemaan saamatta kasaan tarpeeksi rahaa edes yhteen ateriaan. Hyvin harva ajattelee tätä asiaa. Suurin osa ihmisistä tavoittelee itselleen niin paljon voittoa kuin vain mahdollista, vaikka se tapahtuisi muiden kustannuksella.

Jos vaihdat työpaikkaa ja valitset toisen ammatin, se tarkoittaa sitä, ettet ollut tyytyväinen edelliseen työpaikkaasi. Et kuitenkaan välttämättä löydä uudestakaan toimestasi tyydytystä, sillä tyytyväisyys on mielentila, eikä se riipu ulkoisista olosuhteista eikä tilanteista. Jos ihmiset vaihtavat ammattia vain siksi, että haluavat saada ylen määrin voittoa, se osoittaa miten ahneita he ovat. Mikäli tällaiset ihmiset eivät muuta asennettaan, heistä ei tule koskaan tyytyväisiä. Mielensä hallitseville ihmisille jokainen tilanne on suotuisa. He nauttivat kaikenlaisen työn tekemisestä. Meidän tulisi kasvattaa itsessämme tämänkaltaista asennetta teemmepä mitä työtä tahansa.

Jos lopetamme jonkun työn ja aloitamme uuden, saatamme olla hetken aikaa tyytyväisiä, mutta tunne ei välttämättä kestä kauan. Lumeen kangistunut jäinen käärme saattaa vaikuttaa vaarattomalta, mutta heti kun se saa hieman lämpöä, se osoittaa sinulle todellisen luonteensa: se sihisee ja hyökkää kimppuusi. Vastaavasti mieli näyttää todellisen luonteensa heti kun olosuhteet ovat sopivat, jolloin menetät mielenrauhasi. Mieltä ei hallita antamalla sille kaikki mitä se haluaa. Meidän tulisi hallita mielemme ja kääntää se kohti todellista päämääräämme. Tästä syystä Krishna neuvoi Arjunaa suorittamaan velvollisuutensa ja menestymään sen avulla elämässä. Saat tehdä työtä josta pidät, vain asenteesi pitää muuttua. Ja kun asenne on oikea, silloin jopa sotatantereella taisteleminen muuttuu pyhäksi uhrilahjaksi [yajna], niin kuin Krishna opetti. Hän ei rohkaissut jättämään työtä itsekkäistä syistä eikä hän neuvonut avaamaan kolmatta silmää sulkien samalla kaksi muuta silmää. Hänen antamansa esimerkki opettaa meitä näkemään kolmannella silmällämme pitäen myös toiset kaksi silmää avoimina. Toisin sanoen Krishna opettaa meitä kohtaamaan elämän näkemällä kaiken taustalla olevan ykseyden.

Kysymys: Krishna tarttui taistelussa aseisiin, vaikka oli vannonut, ettei tekisi niin. Eikö tämä ollut väärin?

Amma: Sri Krishna sanoi jokaisen sanansa ja teki jokaisen tekonsa muiden eikä itsensä vuoksi. Vastakkain taistelevat Arjuna ja

Bhishma olivat molemmat Krishnan seuraajia, joten kuinka hän olisi voinut käyttää aseitaan? Hän kieltäytyi taistelemasta. Kun Bhishma lähetti tuhansien nuolten sateen Krishnan suuntaan, hän vain hymyili. Kun terävät nuolet lävistivät Krishnan kehon ja aiheuttivat siihen verta vuotavia haavoja, hän vain hymyili. Krishna otti nuolet vastaan aivan kuin ne olisivat olleet palvonnassa uhrattuja kukan terälehtiä. Krishnan seuraaja Bhishma oli urhea sotilas ja hän puhui aina totta. Hän oli vannonut pakottavansa Krishnan tarttumaan aseisiin. Koska Bishma ei onnistunut horjuttamaan Krishnaa päätöksessään, hän kohdisti nuolet Krishnan takana seisovaan Arjunaan. Arjuna oli haavoittuvainen, sillä hän ei pystynyt puolustautumaan nuolisadetta vastaan. Arjunan sotavaunu alkoi hajota ja hän oli suuressa vaarassa. Krishna ei hukannut sekuntiakaan, vaan hyppäsi vaunuista pois ja juoksi Bhishmaa kohti pitäen kädessään *sudarshana chakraa* [jumalallinen kiekko]. Yhdellä iskulla Krishna täytti Bhishman sanat, vaikka se tarkoitti sitä, että Krishna joutui rikkomaan oman lupauksensa. Krishna teki tämän teon suojellakseen Arjunaa ja samalla hän palveli molempia seuraajiaan. Arjuna oli Krishnan seuraaja, joten Krishna oli vastuussa hänen hengestään. Bhishmakin oli Krishnan seuraaja, joten Krishnan velvollisuuteen kuului suojella hänen kunniaansa tekemällä hänen sanansa todeksi. Näiden syiden vuoksi Krishna oli valmis uhraamaan maineensa totuudellisuuden ruumiillistumana. Tämä osoittaa Hänen verrattoman suuren myötätuntonsa.

Uskollista seuraajaa kohti virtaava Jumalan armo ei riipu *dharmasta* eikä *adharmasta* eivätkä syyn ja seurauksen lait säätele sitä. Mitkään säännöt eivät rajoita Jumalan armoa. Tästä syystä pyhimykset ylistävät Jumalaa kausaalittoman [spontaanin, vailla syytä olevan] rakkauden valtamerenä.

Kysymys: Ovatko Rama ja Krishna merkityksellisiä tieteellisenä aikakautenamme?

Amma: Kaikki ylistävät innokkaasti tieteen saavutuksia. On totta, että tieteelliset edistysaskeleet ovat auttaneet ihmiskuntaa kehittymään. Tiede on auttanut ihmisiä saamaan elämäänsä erilaisia aineellisia mukavuuksia ja hyvinvointia. Paikasta toiseen matkustaminen on huomattavasti helpompaa kuin ennen. Matka, johon ennen kului useita päiviä, taittuu nyt muutamassa minuutissa. Matkanteossa säästynyt aika voidaan käyttää johonkin muuhun. Yksi tietokonetta käyttävä ihminen voi suorittaa sellaisia tehtäviä, joihin tarvittiin aikaisemmin sata ihmistä. On siis totta, että ihmiskunta on edistynyt aineellisella tasolla, mutta samalla ihmisten mielet ovat heikentyneet. Kuinka moni teknologian saavutuksista nauttiva ihminen nukkuu yönsä levollisesti? Amma on tavannut lukemattomia sellaisia ihmisiä, jotka elävät ilmastoidussa huoneistossa, mutta eivät silti kykene nukkumaan ilman unilääkkeitä. Tämä todistaa sen, että tieteen saavutukset eivät voi yksinään antaa mielenrauhaa – eikö niin? Monet miljonäärit päätyvät itsemurhaan. Puuttuuko heiltä jotain aineellisella tasolla tarkasteltuna? Jos heillä olisi mielenrauhaa, he eivät taatusti tekisi itsemurhaa. Näinä aikoina monilla ihmisillä on kaikki tarvitsemansa aineelliset hyödykkeet. Heillä ei kuitenkaan ole sitä, mitä he todella tarvitsevat: onnea ja rauhaa.

Entisaikaan ihmisillä ei ollut vaikeuksia nukkua, vaikka heillä ei ollutkaan ilmastoinnin kaltaisia ylellisyyksiä. Nykyaikana tuulettimiin ja ilmastointiin tottuneet ihmiset eivät osaa nukkua ilman näitä mukavuuksia. Jos sähköt katkeavat eivätkä nämä laitteet toimi, he eivät nuku lainkaan. Ilmastoiduissa huoneistoissa raitista ilmaa vailla elävien ihmisten solut vaurioituvat pikkuhiljaa. Se myös tuhoaa heidän kehojensa luonnolliset voimat. Joidenkin ihmisten on pakko juoda aamuisin teetä tai he saavat päänsäryn. Ihmiset ovat luoneet itselleen monia pahoja tapoja. Mieli on syypää tähän. Ihmisten kehot ja mielet olivat muinoin vahvoja, sillä ihmiset elivät tasapainossa luonnon kanssa.

Mutta nykyajan mielet ja kehot ovat heikkoja. Ihmiset elivät kauan aikaa sitten täydellisessä harmoniassa luonnon kanssa. Sään vaihtelut tai mitkään muutkaan muutokset luonnossa eivät häirinneet ihmisiä. Nykyajan ihmiset ovat eristäneet itsensä luonnollisesta elinympäristöstään. He elävät erillisissä ja itsekeskeisissä keinomaailmoissaan. He eivät ymmärrä, että heidän jatkuva väliaikaisten nautintojen tavoittelunsa hukuttaa heidät loppumattomaan suruun.

Esi-isämme olivat paljon tyytyväisempiä ja kokivat paljon enemmän iloa elinaikanaan. He elivät paljon terveempinä ja elivät pidempään kuin nykyihmiset. Suunnattoman suuret kivirakennelmat, kuten temppelien tornit, ovat todiste muinaisten ihmisten fyysisestä voimasta. Jaksavatko nykyihmiset nostaa edes yhtä noista kivistä? Noina menneinä aikoina ei ollut monia koneita, mutta ihmiset osasivat elää tasapainossa luonnon kanssa. Tieteen piti kohottaa ihmisten aineellista hyvinvointia, mutta se on muuttumassa ihmiskunnan surmanloukuksi. Itsekkäät ihmiset käyttävät usein teknologiaa muiden ihmisten hyväksikäyttämiseen. Rauha ja rakkaus eivät vallitse maailmassa, vaan kilpailuhakuisuus ja väkivalta. Jotta tieteen saavutukset hyödyttäisivät kaikkia, ihmisten tulee oppia rakastamaan ja olemaan myötätuntoisia. Ihmisten täytyy oppia kasvattamaan jaloja ominaisuuksia.

Nykyaikana jokainen tieteellinen löytö ruokkii ihmisten ylimielisyyttä. "Kuka sinä olet olevinasi kiistelemään kanssamme? Katso näitä maamme saavutuksia!" Tällainen on jokaisen hallitsijan asenne nykyään. Konfliktien määrä kasvaa päivä päivältä niin yksilöiden kuin valtioidenkin välillä. Ihmiset vaikuttavat olevan yhä innokkaampia hylkäämään rakkauden kotisataman ja purjehtimaan kohti ylimielisyyden myrskyjä.

Amma ei nyt arvostele eikä vähättele tieteen saavutuksia, vaan sanoo, että sisällämme pulppuava rakkauden lähde ei saisi kuivua niiden vuoksi. Olemme kehittyneet huimasti ulkoisella tasolla, mutta sisäinen maailmamme kuihtuu olemattomiin. Entisaikoina ihmiset saivat sellaisen koulutuksen, että he pystyivät pitämään mielensä hallinnassaan kaikissa olosuhteissa. He eivät kulkeneet elämänpolkuaan mitättömien pikkuasioiden heikentäminä. Jos putoat veteen, et selviä hengissä, ellet osaa uida. Muut opit eivät sinua auta. Ja olipa sinulla miten paljon tahansa aineellisia mukavuuksia, et pysty nauttimaan mielenrauhasta, ellet ole kouluttanut mieltäsi.

Ihmisistä tulee hyvin heikkoja, elleivät he löydä lepopaikkaa sisältään, sillä tulevaisuuden maailmassa on yhä vähemmän sellaisia henkilöitä, jotka rakastavat heitä epäitsekkäästi. Urheita ovat he, jotka löytävät rauhan oman mielensä sisältä kaikissa mahdollisissa olosuhteissa, eivätkä he, joiden onnellisuus riippuu toisista ihmisistä tai aineellisista hyödykkeistä. Tätä Sri Rama, Sri Krishna ja muut jumalalliset inkarnaatiot meille opettavat.

Rama oli prinssinä vanhempiensa, opettajiensa ja koko kuningaskunnan lempilapsi. Hän eli loisteliaan yltäkylläisyyden keskellä, kunnes eräänä aamuna hän joutui yllättäen jättämään palatsinsa ja lähtemään maanpakoon metsään. Hänet pakotettiin jättämään kaikki palatsin mukavuudet taakseen. Metsässä ei ollut tarjolla maukkaita aterioita eikä silkkisiä lakanoita. Siellä ei myöskään ollut palvelijoita viilentämässä häntä viuhkoillaan. Rama koki kaikesta tästä huolimatta metsässä samanlaista mielenrauhaa kuin palatsissa eläessään. Hänen mielensä oli täydellisessä harmoniassa luonnon kanssa. Raman mielessä metsä ja palatsi olivat yhtä. Ramalla ei ollut vaikeuksia sopeutua muuttuneisiin ulkoisiin olosuhteisiin, sillä hänen mielensä oli täysin hänen hallinnassaan. Rama oli *atmarama* [Hän joka nauttii Itsestä], joten hän löysi autuuden Itsestään.

Tämä sama ominaisuus on havaittavissa Pandavien elämässä. He elivät Krishnan ohjeiden mukaisesti. Kaikkein vaikeimmatkaan koettelemukset eivät kyenneet murtamaan heidän keskellään vallitsevaa rakkautta ja yhtenäisyyttä.

Nykyaikana puolestaan kolme saman katon alla elävää perheenjäsentä elävät kukin kuin omalla planeetallaan. Perheenjäsenten välillä ei ole aitoa sidettä eikä sydämien yhteyttä – niin itsekkäitä ihmisistä on tullut. Jos ihmisten mielet eivät ole tarpeeksi vahvoja kestämään tällaisia olosuhteita, mielenterveysongelmat ja itsemurhat tulevat lisääntymään.

Kerran oli aika, jolloin ihmiset sitoutuivat toisiinsa rakkauden säikeillä. Nykyajan ihmiset puolestaan liimautuvat toisiinsa itsekkyyden hauraalla liimalla. Tuo liitos saattaa murtua hetkenä minä hyvänsä, jolloin ihmisille ei jää mitään mikä liittäisi heidät yhteen.

Olemme vajonneet kulttuuriin, joka kannustaa epäpuhtaisiin ajatuksiin ja tunteisiin. Ihmisten ainut huolenaihe on, kuinka tyydyttää aistinsa. Aistien tyydyttäminen on kaikkien heidän ponnisteluidensa päämäärä. Ja jotta he voisivat saavuttaa päämääränsä, he tarvitsevat paljon rahaa. Ja jotta he saisivat paljon rahaa, he turvautuvat usein korruptioon, mikä johtaa rikosten ja väkivallan lisääntymiseen. Tässä hetkellisten aistinautintojen tavoittelun maailmassa ei ole juurikaan sijaa äidillisille ominaisuuksille eikä sielujen yhteyden tunteelle. Tästä syystä rauhattomuus leviää yhteiskunnassamme, mikä puolestaan vaarantaa jokaisen valtion ja tuhoaa luonnon tasapainon.

Tällaisena aikana Krishnan opetukset ovat merkityksellisempiä kuin koskaan. Ja mitä voimme oppia tutkimalla hänen opetuksiaan? Opimme, että aistinautinnot ja itsekkäiden halujen tyydyttäminen eivät tee meistä onnellisia, vaan että aito ja ikuinen autuus löytyy vain sisältämme, meistä itsestä. Krishna opettaa tämän asian meille yhä uudestaan. Krishna ei kuitenkaan kiellä aistinautintoja, vaan hän muistuttaa, että elämällämme on toinen tarkoitus ja päämäärä.

Ylilyöntejä tulee välttää. Meidän tulisi syödä vain sen verran, että nälkämme lähtee. Terveydenhoidon asiantuntijoiden mukaan meidän tulisi täyttää mahalaukustamme korkeintaan puolet ruoalla ja neljäsosa vedellä. Loput mahalaukusta tulisi jättää tyhjäksi. Näitä ohjeita noudattamalla olemme terveempiä. Hengen tiede puolestaan kertoo kuinka mielenterveyttä hoidetaan. Tarkoitus ei ole kieltäytyä kaikista aistinautinnoista, vaan että emme alistuisi aistiemme tai mielemme luomien tapojen orjaksi. Meidän tulisi sen sijaan hallita mielemme ja aistimme. Nautintojen ohella on tärkeää harjoittaa jonkinasteista kieltäymystä. Suklaa on makeaa, mutta ylenmääräinen suklaansyönti saa voimaan pahoin. Meidän tulee harjoittaa pidättäytymistä, vaikka haluaisimme ylihemmotella itseämme. Kaikella on rajansa ja nuo rajat on asetettu meidän parhaaksemme. Mitä tapahtuisikaan, jos kaikki ajaisivat autoa juuri niin kuin itse haluavat – väittäen että liikennesäännöt rajoittavat heidän vapauttaan! Liikennesäännöt on luotu kaikkien tielläliikkujien turvaksi. Vastaavasti tiettyjen henkisten sääntöjen noudattaminen on tarpeen, mikäli haluaa nauttia kestävästä onnellisuuden ja tyytyväisyyden tunteesta.

Kun tilannetta tarkastellaan monesta eri näkökulmasta, voidaan havaita, että henkisten periaatteiden soveltaminen arkielämään on ainut keino muuttaa nykymaailma perin pohjin. Ihmisten älykkyys on lisääntynyt, mutta samalla sydämet kuivuvat tyhjiin. Krishnan elämä on meille esimerkki, jota seuraamalla pääsemme pois tilasta, jossa olemme. Se rauhoittaa karrelle palavat mielemme ja sydämemme. Se myös korjaa katkenneet rakkauden säikeet.

Krishna syleilee elämän molempia puolia, niin hengellistä kuin aineellista. Hän ei vaadi meitä hylkäämään toista toisen vuoksi. Kun puun on aika kantaa hedelmää, kukan terälehdet tippuvat itsestään. Ja kun tietoisuutemme päämäärästä kasvaa, emme enää takerru maallisiin nautintoihin, vaan ne jäävät pois luonnollisella tavalla. Nautinnoista luopuminen ei ole läheskään niin tärkeää kuin se, että osaa asennoitua niitä kohtaan oikein. Yhteiskunnassa vallitsee harmonia vasta kun elämän hengelliset ja aineelliset puolet ovat tasapainossa aivan kuin lentävän linnun kaksi siipeä. Krishna antoi erilaista elämää eläville ihmisille omat ohjeensa – niin *sanjaaseille, brahmiineille,* perheellisille, sotilaille, kuninkaille kuin myös hyvin maallisille ihmisille. Hän opetti maailmalle, että kaikki voivat saavuttaa Itseoivalluksen taustastaan ja elinolosuhteistaan riippumatta. Tästä syystä Häntä kutsutaan *purnavatar*aksi eli Jumalan täydelliseksi inkarnaatioksi. Hän ei tullut maailmaan auttamaan vain *sanjaaseja.* Hänen elämänsä oli esimerkki siitä, kuinka elää elämäänsä järkkymättä maailman rovion keskellä – aivan kuin pitäisi suklaan palaa kielellään erittämättä sylkeä.

Elämän velvollisuuksia ja vaikeuksia on helppo paeta vetäytymällä metsään meditoimaan silmät suljettuina. Metsässä on vähän vastustajia aiheuttamassa vaikeuksia. Krishna ei opeta meitä pakenemaan tätä kärsimysten maailmaa. Hän näytti, kuinka menestyä vastoinkäymisten keskellä. Krishna ei neuvo meitä jättämään perheenjäseniämme saavuttaaksemme Itseoivalluksen. Hän opettaa, että meidän tulisi olla vapaita kaikista siteistä säilyttäen rakastavan suhteen perheeseen ja täyttäen velvollisuutemme perheessä.

Henkinen tiede auttaa meitä kohtaamaan kaikki elämässä vastaan tulevat tilanteet hymyillen. Todellinen *joogi* kykenee säilyttämään mielenrauhansa kaikkien kriisien keskellä. Niiden, jotka haluavat saavuttaa tämän tilan, tarvitsee vain seurata Krishnan elämällään osoittamaa esimerkkiä.

Lyhdyn liekki palaa vakaasti lasien sisällä, tuulelta suojassa. Siinä ole mitään väärää, mutta todellisen henkisen oppilaan tulisi olla avotulen kaltainen – roihuta kirkkaana kuin aurinko myrskynkin keskellä. Meidän tulee ottaa Krishna esikuvaksemme, mikäli haluamme saavuttaa tuon tilan. Hän on näyttänyt meille, kuinka mielen molemmat puolet – hengellinen ja aineellinen – harmonisoidaan ja edetään kohti täydellisyyttä.

Krishnan lupaama vapautus ei ole jotain sellaista, mikä saadaan vasta kuoleman jälkeen, vaan se on saavutettavissa tässä maailmassa ja tässä kehossa. Krishna joutui kohtaamaan elämänsä aikana vaikeuksien aaltoja toinen toisensa jälkeen, eikä hänen ilmeensä ollut silti surun varjostama. Hän kohtasi jokaisen vaikeuden hymy huulillaan.

Korkeimmalle tietoisuudelle, Sri Krishnalle elämä oli alusta loppuun kuin kiehtova ilon laulu. Jopa surun täysin musertamat ihmiset kokivat autuutta hänen seurassaan. Pimeydelle ei ole sijaa auringossa, eikä surulle Krishnan lähellä. Hän oli autuuden ruumiillistuma. Hänen seurassaan kaikki iloitsivat unohtaen kaiken muun. Hänen läsnäolossaan kaikki saivat maistaa Itsen autuutta. Eikö yhä edelleenkin pelkkä Krishnan ajatteleminen täytä meidät autuudella?

Ihmiset löytävät vikoja Krishnan jumalallisesta leikistä, sillä heidän mielensä on takertunut aisteihin. Kun yritämme mitata Krishnan loistokkuutta vähäpätöisen mielemme avulla, on se aivan kuin kaivossa elävä sammakko yrittäisi mitata valtamerta.

Jos luovumme epäilyksistä ja kriittisestä suhtautumistavasta ja tarkastelemme sen sijaan Krishnan elämää avoimuudella ja rakkaudella, huomaamme, että yhtäkään seikkaa Hänen elämästään ei tule sivuuttaa, vaan niitä kaikkia tulee syleillä. Hänen elämänsä on alusta loppuun makeaa mannaa. Vasta kun sisäinen jumalallisen rakkauden silmämme aukeaa, pystymme nauttimaan täydellisestä menestymisestä ja rauhasta tässä elämässä ja aina sen jälkeen.

Naiset ja yhteiskunta

Kysymys: Minkälainen asema ja rooli naisella tulisi olla nyky-maailmassa?

Amma: Naisilla tulisi olla samanlainen asema ja yhtä tärkeä rooli yhteiskunnan pyörittämisessä kuin miehillä. Jos naisten asemaa poljetaan, yhteiskunta menettää tasapainonsa. Miehillä ja naisilla on samanarvoiset paikkansa Jumalan luomakunnassa. Aivan kuin kehon molemmat puoliskot ovat toinen toisilleen korvaamattomia, ovat myös miehet ja naiset yhtä tärkeitä. Toinen puolisko ei voi väittää olevansa toista tärkeämpi. Sanotaan, että nainen on miehen vasen kylki. Tällöin on sanomattakin selvää, että mies on naisen oikea kylki. Ero miesten ja naisten välillä on pääasiassa kehon tasolla.

Naisilla on oma ainutlaatuinen paikkansa yhteiskunnassa, aivan kuten miehilläkin. Jokaisen yksilön tulisi ymmärtää oma roolinsa ja toimia sen mukaisesti. Kun naiset yrittävät ottaa miesten roolin tai kun miehet yrittävät kontrolloida naisten roolia väkipakolla, aiheuttaa se tyytymättömyyttä ja rauhattomuutta yksilöissä ja siten myös koko yhteiskunnassa.

Oikea ja vasen ovat yhtä tärkeitä. Matkustajat pääsevät pää-määräänsä vain silloin, kun molempien puolien pyörät pyörivät samaan suuntaan. Vastaavasti perhe-elämän päämäärä – sulau-tuminen Itseen – voidaan saavuttaa vain silloin, kun vaimo ja aviomies elävät harmonisesti keskenään.

Intian muinaisessa kulttuurissa naisilla oli hyvin korkea ja arvostettu asema. Intia antoi maailmalle oivalluksen *matrudevo bhava*sta [äiti (naiset) nähdään jumalallisena]. Kulttuurimme opettaa miehiä näkemään kaikki naiset äitinään. Jokainen mies viettää yhdeksän kuukautta äitinsä kohdussa ennen syntymäänsä.

Tästä syystä jokainen järkevä mies kunnioittaa äitiään. Kaikkia naisia tulisi kohdella samalla kunnioituksella. Nainen on perheen peruskivi. Naisella on isompi rooli perhe-elämän rauhan, harmonian ja hyvinvoinnin ylläpitämisessä, sillä nainen on erityisen lahjakas rakkaudessa, anteeksiantamisessa ja nöyryydessä. Nämä naisen ominaisuudet pitävät perhettä kasassa. Maskuliinisuus puolestaan edustaa tahdonvoimaa. Tahdonvoima ei kuitenkaan yksinään riitä ylläpitämään harmonista suhdetta perheenjäsenten välillä. Perheessä syntyy sisäisiä konflikteja silloin, kun nainen yrittää omaksua miehen maskuliinisen roolin tai kun mies yrittää pakottaa egonsa voimalla naista johonkin.

Intia on kieltäymyksen eikä ylenmääräisten aistinautintojen maa. Esi-isämme etsivät ja löysivät ikuisen autuuden lähteen. He eivät pudonneet tähän nykymaailman ansaan, jossa elämä ja terveys heitetään hukkaan ohikiitävien hetkellisten nautintojen tavoittelemisen tähden. Yksilön teot, ominaisuudet ja *dharma* määrittelivät hänen asemansa yhteiskunnassa. Jokaisen lopullinen päämäärä oli Itseoivallus. Ihmiset olivat täysin tietoisia tuosta päämäärästä ja siihen johtavasta tiestä. Tämä sai aikaan tyytyväisyyttä. Ne jotka eivät olleet tyytyväisiä, yrittivät kaapata toisilta heidän asemansa. Konfliktit syntyvät sisäisestä tyytymättömyyden tunteesta. Intian sosiaalinen järjestys pystyi johtamaan jokaisen onneen ja Itseoivallukseen. Miesten ja naisten tasa-arvoisesta asemasta yhteiskunnassa ei tarvinnut kiistellä noina aikoina.

Takarivi ei ole naisen todellinen paikka yhteiskunnassa. Naisen paikka on olla tasa-arvoisena miehensä rinnalla eturivissä. Tärkein kysymys kuuluu: onko naiselle annettu tämä asema nykymaailmassa?

Kysymys: Eikö Manu[19] sano, että isän tulee suojella tytärtään tämän lapsuuden ajan, aviomiehen vaimoaan hänen nuoruutensa ajan ja poikien äitiään vanhuudessa. Ja eikö hän myös sano, että nainen ei kykene itsenäisyyteen?

Amma: Tämän lausuman todellinen sanoma ei ole se, että naiselta tulisi kieltää vapaus, vaan että nainen ansaitsee tulla suojelluksi. Manu sanoo, että miesten velvollisuuteen kuuluu suojella naisia kaikissa olosuhteissa. Tämä osoittaa sen, että tuohon aikaan naisilla oli korkea asema yhteiskunnassa. Kenenkään ei pitäisi joutua antamaan naiselle vapautta, sillä nainen on saanut synty-mäoikeutenaan yhtä suuren vapauden kuin mies. Manu sanoo, että miesten tulee taata naisten turvallisuus. Yhteiskunta, joka kieltää naisilta vapauden, on matkalla kohti tuhoutumistaan.

Kun Amma kuulee ihmisten arvostelevan tätä Manun lausumaa, Ammalle tulee mieleen poliisisaattue, joka turvaa ministereitä heidän matkoillaan. Eikö ministeri ole vapaa silloin kun häntä suojellaan? Ministerit nauttivat täydestä vapaudesta ja voivat matkustaa minne tahansa. Poliisien velvollisuutena on turvata heidän vapaa liikkumisensa. Vastaavalla tavalla meidän kulttuurimme, joka antoi naisille täyden vapauden, teki naisten suojelemisesta miesten velvollisuuden. Intian yhteiskunta antoi naiselle tämän korkea-arvoisen ja kunnioitetun aseman, sillä naiset ovat perhettä ja koko yhteiskuntaa luotsaavia majakoita.

Kysymys: Mitä mieltä Amma on miesten ja naisten tasa-arvo-keskustelusta?

Amma: Meidän tulisi keskustella ennemminkin naisten ja miesten yhtenäisyydestä kuin tasa-arvosta. Miesten ja naisten on vaikea saavuttaa tasa-arvoa kehon tasolla. Mentaaliselta tasolta tarkas-teltuna naisissa on jonkun verran maskuliinisuutta ja miehissä

---

[19] Katso kirjan lopussa olevasta sanastosta.

feminiinisyyttä. Naisten ei pitäisi matkia miehiä täysin sokeasti. Jos naiset esimerkiksi matkivat miehiä lankeamalla uhkapelaamisen, juopottelun ja tupakoimisen ansaan, he kaivavat naiseuden hautaa. Naisten tulisi jäljittelemisen sijaan pyrkiä kasvattamaan maskuliinisia ominaisuuksia itsessään. Miesten puolestaan tulisi kasvattaa äidillisiä ominaisuuksiaan. Tämä on täydellistymistä. Näiden vastavoimien sisäisen kasvattamisen avulla sekä miehet että naiset pääsevät kohti kokonaisuutta ja täydellisyyttä.

Materialistisissa kulttuureissa naisten ja miesten välisen suhteen katsotaan rajoittuvan lähinnä fyysiselle tasolle, mutta Intian kulttuuri opettaa, että miehen ja naisen välillä vallitsee myös hengen tasolla oleva side.

Se vapaus, jota monet vaativat naimisissa oleville naisille, on itse asiassa vain vapautta perhe-elämän velvollisuuksista. Rajoittamaton, kaikkia vastuita vailla oleva vapaus ruokkii materialistista nautinnonhaluisuutta. Miten rauha ja harmonia voidaan saavuttaa perheessä, jossa puolisoiden välillä vallitsee kilpailuhenki? Jos nainen ja mies kulkevat polkua eteenpäin yhteisymmärryksessä, rakastaen ja joustaen toistensa tarpeiden vuoksi, heidän välilleen ei synny tasa-arvoa, vaan yhtenäinen liitto – Shivan ja Shaktin liitto. Tuo liitto on ilon maailma. Mies ja nainen unohtavat eroavaisuutensa ja ovat yhtä paikaten toinen toisensa puutteita. Rakkauden avulla he pystyvät kohoamaan suuttumuksen yläpuolelle. Ja kärsivällisyyden avulla he hyväksyvät toistensa heikkoudet. Molemmilla heillä on aitoa vapautta. Ihmiset tarvitsevat tällaista maskuliinisten ja feminiinisten ominaisuuksien sekoittumista. Feminiininen voima täydentää miestä ja maskuliininen voima naista. Parisuhteessa molemmat tarvitsevat toiselta tukea, rohkaisua ja inspiraatiota. Kumppanit eivät ole toisilleen taakaksi, vaan he tukevat ja suojelevat toisiaan. Tällaisen ihanteellisen parisuhteen syntymiseen tarvitaan henkisyyden ymmärtämistä.

Henkisyys auttaa kumppaneita unohtamaan ulkoiset konfliktit ja oivaltamaan sisäisen liittonsa, Itsen todellisen olemuksen.

Kysymys: Monet ovat sitä mieltä, että intialaisilta naisilta kiellettiin sosiaalinen tasa-arvo. Intialaiset naiset tuomittiin kotiarestiin, eikö niin?

Amma: Intian historia poikkeaa muiden maiden historiasta monella tavalla. Intian sivilisaatio on vanhempi kuin mikään muu sivilisaatio. Naisilla oli kerran kunnia-asema yhteiskunnassamme. Jopa vedisissä rituaaleissa miehillä ja naisilla oli yhtäläinen oikeus suorittaa seremonia. Ja jos mies suoritti seremonian, hänen vaimollaan oli samanarvoinen asema. Monet vediset mantrat ovat peräisin naisilta. Sellaisilla naisilla kuten Maitrey ja Gangi oli korkea-arvoinen asema oppineitten joukossa. Tuohon aikaan Intiassa oli jopa naissotureita. Mikäli tutkimme neuvoja, joita sellaiset naiset kuten Sumitra, Tara ja Mandodari ovat antaneet *Ramayana*ssa, havaitsemme että *Dharmaan* liittyvissä asioissa naiset ovat olleet ratkaiseva voima. Kuinka voidaan väittää, että tällainen sivilisaatio kielsi naisilta vapauden?

On totta, että muiden maiden kulttuurit ovat vaikuttaneet Intian kulttuuriin aika ajoin. Tämä on havaittavissa Intian historiaa tutkittaessa. Intia pakotettiin vieraan vallan alle sadoiksi vuosiksi. Intiaa hallinneet ulkomaalaiset pitivät naisia pelkkänä nautinnon kohteena. Naiset joutuivat pysyttelemään kotonaan, jotta eivät olisi joutuneet noiden miesten kynsiin. Pikkuhiljaa nämä rappion ainekset luikertelivat osaksi omaa kulttuuriamme. Tämä aiheutti suurta tuhoa sille mahtavalle sivilisaatiolle, joka kukoisti aikoinaan Intiassa.

Intian kulttuuri oli perinteisesti syleillyt pidättäytymisen suomaa iloa ja kuolemattomuutta, kun taas nämä vieraan vallan hallitsijat pitivät aistinautintoja ja itsensä hemmottelemista elämän päämääränä. Ajattelutavat olivat siis hyvin erilaiset, joten miten harmonia olisi voinut vallita näin erilaisten ihmisryhmien välillä? Intian koulujärjestelmäkin muuttui länsimaalaisten saavuttua Intiaan. *Gurukula*-koulujärjestelmä katosi. Koulutuksen päämääränä ei ollut enää omillaan toimeen tulevat ihmiset, vaan toisista riippuvaiset ihmiset. Kouluissa ei enää opetettu sellaisia Dharman oppeja kuten "Matrudevo bhava, pitru devo –bhava, acharya devo bhava" [Kohtele äitiäsi Jumalana, kohtele isääsi Jumalana, kohtele opettajaasi Jumalana]. Itsekkyys ja kilpailuhenki korvasivat totuuden ja kieltäymyksen. Naiset, jotka alun perin vetäytyivät kotiensa kammioihin turvaan vieraan vallan miehiltä, pakotettiin nyt pysymään siellä. Heidät pakotti sinne uusi miessukupolvi, jonka hallitsevin ominaisuus oli itsekkyys. Nämä uudet sukupolvet vääristelivät eettisiä sääntöjä ja pyhien kirjoitusten sääntöjä, jotta ne palvelisivat paremmin heidän itsekkäitä tarkoitusperiään. Nyky-yhteiskuntamme saa edelleen kärsiä sen seurauksista. Intialaisten naisten tukahduttava kokemus johtuu siis vieraiden kulttuurien vaikutuksesta. Kärsimyksen tuottaminen naisille ei ole osa Intian kulttuuria, vaan se juontaa juurensa toisesta, rakshasa kulttuurista [demonisesta kulttuurista]. Meidän tulisi muistaa, että Sitan kyyneleet tuhosivat Lankan tuhkaksi[20].

Kysymys: Kun Amma sanoo, että täydellisyys saavutetaan maskuliinisen ja feminiinisyyden yhdistyessä, tarkoittaako hän, että täydellisyyttä ei voi saavuttaa *brahmacharyan* [selibaatin] avulla?

---

[20] Tässä viitataan Valmiki-nimisen pyhimyksen kirjoittamaan eeppiseen kertomukseen *Ramayanaan*. Sita oli jumalallisen inkarnaation Raman vaimo. Heidät lähetettiin maanpakoon metsään, minkä jälkeen Ravana-niminen demoni sieppasi Sitan ja vei Hänet Lankaan. Rama lähetti apurinsa etsimään Sitaa. Raman uskollinen seuraaja, apinajumala Hanuman löysi Sitan Lankasta. Hanuman poltti osan kaupungista tuhkaksi nähtyään Sitan. Kertomuksen lopussa Rama tappaa Ravanan ja Sita pelastuu.

Amma: Amma ei tarkoita miehen ja naisen yhdistymistä fyysisellä tasolla. Ihmisessä hallitsevampana olevat feminiiniset tai maskuliiniset ominaispiirteet määrittelevät sen, onko hän mies vai nainen. Miehissä ja naisissa on molempia ominaisuuksia. Jos naisessa on paljon maskuliinisia piirteitä, hänen sanotaan olevan kuin mies, vaikka hän on nainen. Vastaavasti miehen, jonka feminiiniset piirteet ovat hallitsevampia, sanotaan olevan kuin nainen. Näitä väittämiä ei perusteta fyysiseen kehoon.

Nainen ei tiedosta sisällään uinuvia maskuliinisia ominaisuuksia, joten hän etsii niitä ulkoa päin eli miehestä. Mies taas jättää sisällään piilevät anteeksiannon, myötätunnon ja kiintymyksen ominaisuudet vaille huomiota, sillä kuvittelee näiden ominaisuuksien löytyvän vain naisista. Sekä miesten että naisten tulisi herättää sisällään uinuvat täydentävät voimat ja kyvyt. Täydellisyys on maskuliinisten ja feminiinisten ominaisuuksien liitto meissä itsessämme. Tätä *ardhanarisvara*-kuva symboloi. Pystymme kokemaan rajatonta autuutta vain tämän sisäisen liiton kautta.

Brahmacharyan päämääränä on oivaltaa sisällämme olevat maskuliiniset ja feminiiniset ominaisuudet ja ymmärtää, että todellinen Itse kohoaa tällaisen kaksijakoisuuden yläpuolelle. Tämän kokeminen on mahdotonta ilman säännöllisiä henkisiä harjoituksia. Nykyajan ihmisillä ei kuitenkaan ole kärsivällisyyttä harjoitusten tekemiseen. He pitävät ulkoisessa maailmassa näkemiään asioita todellisina ja tavoittelevat aistinautintoja tuhoutuen niiden vuoksi.

Kysymys: Mitä mieltä Amma on siitä, että naiset tavoittelevat korkeaa koulutusta?

Amma: Naisten tulisi kouluttautua yhtä korkealle kuin miehet ja pyrkiä löytämään töitä itselleen. Hyvä koulutus on sosiaalisen oikeuden ja jalon kulttuurin lähde.

Nainen pystyy neuvomaan, rohkaisemaan ja inspiroimaan elämänkumppaniaan aitona *sahadharminina* [vaimona, joka ottaa jokaisen askeleensa dharman polulla miehensä rinnalla] vain jos hän saavuttaa koulutuksen avulla riippumattomuuden. Taloudellinen riippuvaisuus on syy siihen, miksi naiset joutuvat kärsimään nykyaikana perheessä ja yhteiskunnassa. Nämä taloudelliset kahleet murtuisivat, mikäli naiset löytäisivät itselleen varman työpaikan, joka takaisi heidän toimeentulonsa. Ihmisillä on täysin materialistinen maailmankuva. Tämä johtuu nykykulttuuristamme ja siitä, että Ihmiset ovat tietämättömiä henkisten asioiden suhteen. Ihmisten mielestä maalliset asiat kuten taloudellinen vauraus ovat tärkeämpiä kuin maskuliinisuuden ja feminiinisyyden yhdistyminen. Tämä asennemuutos näkyy avioerojen määrän kasvuna. Naisten tulisi luoda perusta taloudelliselle riippumattomuudelle, sillä kouluttautumaton ja taloudellisesti miehestään riippuvainen nainen ei pysty elättämään itseään, vaikka olosuhteet myöhemmin sitä vaatisivat.

Perhesiteet eivät ole kovin kestäviä länsimaissa. Aviomiehet jättävät vaimojaan toisten naisten vuoksi, ja on vain ajan kysymys milloin tämä lakkaa olemasta paheksuttavaa täällä Intiassa. Naiset joutuvat tällöin paitsi pitämään huolta itsestään mutta myös kasvattamaan ja elättämään lapsensa. Naiset joutuvat kärsimään hyvin paljon, mikäli eivät ole löytäneet vakaata toimeentulon lähdettä jo hyvissä ajoin ennen tätä. Tämä ei ole mahdollista ilman hyvää koulutusta.

Kysymys: Naiset eivät tavoitelleet entisaikaan korkeita tutkintoja.

Amma: Olosuhteet ovat nyt täysin toisenlaiset. Ihmisten elämä oli tuolloin paljon yksinkertaisempaa eikä molempien, sekä miehen että naisen, ollut tarpeen hankkia perheelle rahaa. Ja sitä paitsi, tuon ajan koulutuksen tavoitteena ei ollut pelkkä rahan ansaitseminen, vaan tavoitteena oli auttaa ihmisiä saavuttamaan korkein tietoisuudentila todellisen Itsen oivaltamisen kautta. Naiset saivat tämän tiedon lapsuudessaan. Morsiamesta tuli perheenpää ja häntä pidettiin miehensä ja koko perheensä vaurauden ja hyvinvoinnin lähteenä. Mies kävi töissä ansaitsemassa perheelle sen tarvitsemat varat. Naisesta ei tuntunut siltä, että mies riisti häneltä vapauden ja piti häntä orjanaan. Eikä miehestä tuntunut siltä, että hänen vaimonsa oli perheen hallitsija. Rakkaus yhdisti heitä ja piti heitä yhdessä – ei itsekkyys. Perheen pyörittäminen, aviomiehen ja vanhempien palveleminen sekä lapsista huolehtiminen olivat tuon ajan naisten mielestä heidän velvollisuutensa, heidän *dharmansa*. Aviomies puolestaan oli sitä mieltä, että hän sai ilonsa vaimonsa hyvinvoinnin turvaamisesta. Tällaisissa perheissä ei ollut konflikteja, vaan perhe-elämä oli rauhaisaa. Saamme rauhan elämällä jalojen periaatteiden mukaan. Raha, arvostus ja asema eivät tuo rauhaa. Tuohon aikaan naisista ei tuntunut siltä, että heidän pitäisi opiskella korkea oppiarvo tai käydä töissä tuodakseen perheellensä enemmän rahaa.

Kysymys: Miten vanhemmat pystyvät antamaan lapsilleen heidän tarvitsemaansa huomiota, jos he molemmat käyvät töissä?

Amma: Vanhemmat löytävät kyllä aikaa lapsilleen, mikäli he ymmärtävät miten tärkeää se on. Vaikka töissä olisi miten kiire tahansa, ihmiset pystyvät olemaan poissa töistä silloin kun sairastavat, eikö niin?

Naisten täytyy olla hyvin varovaisia raskauden alkuvaiheessa. Raskaana olevan naisen pitäisi välttää kaikkia sellaisia tilanteita, jotka voivat aiheuttaa jännitystä, sillä raskauden aikana koettu stressi saattaa aiheuttaa terveysongelmia lapselle, jota hän kantaa kohdussaan. Tästä syystä raskaana olevien naisten pitäisi yrittää olla iloisia, tehdä henkisiä harjoituksia, vierailla ashrameissa ja etsiä henkisten mestareiden ohjausta.

Äitien täytyy ymmärtää, miten tärkeää rintaruokinta on. Rintamaito on rakkauden maitoa; se on muodostunut rakkaudesta, jota äiti tuntee lastaan kohtaan. Se myös sisältää monia tärkeitä ravintoaineita sellaisessa muodossa, jota vauvan ruoansulatusjärjestelmä kykenee sulattamaan helposti. Se on vauvan terveyden ja muistikyvyn vahvistumisen kannalta ihanteellista ruokaa. Mikään ei ole rintamaidon veroista ruokaa.

Vanhempien tulisi aloittaa arvokasvatus laulujen ja satujen muodossa heti kun lapsi on niin vanha, että kykenee muistamaan asioita. Ennen vanhaan samassa taloudessa asui yleensä perheen lisäksi isovanhemmat ja muita sukulaisia. Nykyaikana ihmiset pitävät vanhenevia vanhempiaan taakkana. Lapset muuttavat kotoa pois niin pian kuin mahdollista ja perustavat oman erillisen taloutensa. Näin heidän lapsensa eivät saa kasvaa monipuolisten perhesuhteiden rikastuttamassa hedelmällisessä maaperässä. Lapset eivät pääse kuulemaan niitä lukemattomia pikkutarinoita, joita isovanhemmilla olisi kerrottavana. Lapsista tulee kitukasvuisia - aivan kuin ruukkuun istutetut taimet, jotka eivät pääse kasvamaan täyteen mittaansa, sillä niiden juuret eivät ulotu syvälle. Vastuu lapsista on nykyaikanakin hyvä antaa isovanhemmille. He pystyvät hoitamaan lapsia paljon suuremmalla rakkaudella ja hellyydellä kuin kodinhoitajat tai päiväkodin lastenhoitajat. Sen lisäksi lastenlasten läsnäolo antaa iloa isovanhemmille.

Lapsi saa äitinsä sylissä ensimmäiset oppinsa oikean ja väärän erottamisesta. Lapsen persoonallisuus muovautuu viisivuotiaaksi asti niiden vaikutteiden mukaan, joita hän pääsee imemään itseensä. Tämän ajanjakson aikana lapset viettävät yleensä suurimman osan ajastaan vanhempiensa seurassa. Nykyaikana päiväkodeista on kuitenkin tullut hyvin suosittuja, joten lapset jäävät paitsi isosta määrästä epäitsekästä äidinrakkautta ja hellyyttä. Päiväkodeissa hoitajat ovat palkkaa saavia työntekijöitä. Monilla heistä on kotona omia lapsia rakastettavanaan ja hoivattavanaan. Äideillä ei ole samaa emotionaalista sidettä toisten lapsiin kuin mitä heillä on omiin lapsiinsa. Näin ollen juuri tuona aikana kun lapsen persoonallisuuden pitäisi muovautua, heidän mielensä sulkeutuu. Kuinka voidaan olettaa, että nämä samat lapset aikuisina kantaisivat vastuuta ikääntyneistä vanhemmistaan, kun kerran vanhemmat jättivät heidät vieraiden hoitoon juuri silloin, kun he tarvitsivat kaikkein kipeimmin oman äitinsä rakkauden suomaa lämpöä? Olisi yllättävää, jos nämä lapset eivät vähintään ajattelisi laittavansa vanhempiaan vanhainkotiin.

Äiti ohjaa ja opastaa lastaan. Äiti ei ainoastaan anna synnyttämälleen ja hoivaamalleen lapselle rakkautta ja hellyyttä, vaan äidin vastuulla on myös auttaa lasta kehittämään itsessään jaloja ominaisuuksia. Äidille se on kymmenen kertaa helpompaa kuin isälle. Sanotaan, että kun mies on hyvä, siitä hyötyy yksi ihminen. Mutta kun nainen on hyvä, koko perhe hyötyy.

Eläimelliset piirteet ovat lempeää sydäntä hallitsevampi ominaisuus niissä lapsissa, jotka eivät saaneet kasvaessaan tarpeeksi rakkautta. Tätä ei voida välttää, mikäli vanhemmilla ei ole mitään henkisiä arvoja. Vanhempien tulisi kyetä erottamaan elintärkeät asiat vähäpätöisistä. Vanhempien tulisi saada tyydytystä yksinkertaisesta elämäntavasta. Vanhempien pitäisi viettää mahdollisimman paljon aikaa lastensa kanssa, vaikka se tarkoittaisi sitä, että heidän täytyy olla pois töistä. Lapsen aito rakastaminen ei tarkoita sitä, että lapsi täytyy viedä mahdollisimman usein huvipuistoon, vaan että varaa tarpeeksi aikaa lapselle opettaakseen hänelle oikeita perusarvoja. Lapsi pystyy pysymään vahvana ja selviytymään epäsuotuisista olosuhteista vain silloin, jos hyvät perusarvot ovat juurtuneet häneen.

Lasten täytyy päästä nauttimaan äitinsä rakkaudesta ja hellyydestä vähintään viisivuotiaaksi. Viisivuotiaasta viisitoistavuotiaaksi lapset tarvitsevat rakkauden lisäksi kuria. Rauha ja harmonia voivat vallita yhteiskunnassa vain jos kaikki vanhemmat näkevät vaivaa istuttaakseen lapsiinsa yleviä arvoja. Kunkin yksittäisen ihmisen rehellisyys luo pohjan jalolle kulttuurille ja kansakunnalle. Nykypäivän lapsista tulisi kehittyä kypsiä aikuisia. Mitä tänään kylvää, sitä huomenna niittää.

Kysymys: Voivatko vanhemmat lähettää lapsensa opiskelemaan *gurukulaan* aivan kuten entisaikoina?

Amma: Materialismi on syrjäyttänyt entisaikojen hengellisen kulttuurin. Nykyajan nautintoja etsivä kulutuskulttuuri on juurtunut niin syvään, ettei menneeseen ole paluuta. Se on kaksi kertaa vahvempi kuin perinteinen kulttuurimme. Se on juurtunut niin syvälle, että on turha edes haaveilla sen poiskitkemisestä, ja että pystyisimme palaamaan vanhoihin elintapoihin. Sellaiset yritykset johtaisivat vain pettymyksiin. Nykyajan maailmassa täytyy keskittyä siihen, miten pääsemme tästä eteenpäin välttäen samalla perinteisten arvojemme täydellisen romuttumisen.

Elinkustannukset ovat kohonneet huimasti ja perheen on hyvin vaikea tulla toimeen, mikäli molemmat vanhemmat eivät käy töissä. Koulutus on monien vanhempien suurin huolenaihe. Hyvän koulutuksen saaminen saattaa olla mahdotonta, ellei turvaudu yksityiskouluihin, joiden lukukausimaksut ovat huimia. Pitääkseen yllä hyvää mainettaan, yksityiskoulut opettavat lapsia systemaattisesti. Oppilaan menestystä mitataan yksinomaan loppukokeiden hyvinä arvosanoina, millä ei ole juuri mitään tekemistä aidon tiedon, viisauden ja hyvän käytöksen kanssa. Nykyajan koulujärjestelmä aiheuttaa lapsille suuria paineita. Uudella autolla ei saa ajaa liian kovaa, vaan se pitää ajaa ensin sisään, jotta moottorista saataisiin täysi teho irti. Jos näin ei toimita, moottori saattaa viottua. Samoin lapsen mielen altistaminen suurille paineille voi vahingoittaa lapsen terveyttä ja hidastaa hänen kehitystään.

Nykyaikana lasten harteille asetetaan koulutuksen nimissä suurempia taakkoja kuin mitä heidän pitäisi tuossa herkässä iässä kantaa. Lapset pakotetaan luokkahuoneiden pimeyteen kuin linnut häkkeihin sellaisena elämänjaksona, jolloin heidän kuuluisi nauraa ja leikkiä ystäviensä kanssa. Vanhemmat hermoilevat ja valittavat, jos lapsi ei saa huippuarvosanoja esikoulussa ja siitä eteenpäin. Lapsi joutuu kärsimään seuraukset, eivät vanhemmat. Jos kysyt lapsilta miksi he opiskelevat, suurin osa heistä vastaa: "Jotta minusta tulisi lääkäri tai insinööri." Heidän vanhempansa ovat pakottaneet heidät kohti tuota päämäärää ensimmäisestä luokasta lähtien. Hyvin harvat vanhemmat rohkaisevat lapsiaan tutkimaan elämän aitoa päämäärää ja elämään tuon päämäärän mukaisesti.

Ajatellaanpa koulutuksen tavoitetta. On totta, että nykyajan koulujärjestelmän avulla on mahdollista suorittaa tutkinto, saada turvattu työpaikka ja ansaita rahaa. Mutta onko mielenrauha saavutettavissa pelkästään näiden avulla? Nykyajan koulutuksen ainut tavoite on saada rahaa ja valtaa. Lapset, älkää kuitenkaan unohtako, että mielen puhdistaminen on rauhan ja onnellisen elämän perusta. Henkisten periaatteiden ymmärtäminen on ainut keino puhdistautua korkeimmalle tasolle asti. Mikäli emme auta lapsiamme puhdistautumaan ja kasvattamaan jaloja ominaisuuksia samalla kun he käyvät koulua, kasvatamme Ravana-lapsia [demoneita] emmekä Rama-lapsia [jumalia].

Jos kävelet kymmenen kertaa heinikon läpi samasta kohdasta, siihen muodostuu polku. Kalliolle ei muodostu polkua milloinkaan kävelitpä samasta kohdasta miten monta kertaa tahansa. Vastaavasti nuorena opitut hyvät arvot tekevät syvän vaikutuksen. Kun lapsi kasvaa, opitut arvot ohjaavat häntä.

Savesta voi muovata mitä tahansa muotoja ennen kuin se laitetaan uuniin. Kun se on poltettu keramiikaksi, muotoa ei voi enää muuttaa. Meidän tulisi opettaa lapsillemme yleviä arvoja ennen kuin heidän mielensä altistuu maallisuuden kuumuudelle. Vanhempien mahdollisuudet vaikuttaa lastensa ominaisuuksiin ovat ikävä kyllä yhä rajallisemmat ympäröivien olosuhteiden vuoksi. Tästä syystä Amma haluaa korostaa tätä seikkaa.

Kysymys: Miksi perhesiteet ovat nykyaikana yhä heikompia?

Amma: Ahneus ja aistinautintojen himo lisääntyvät ja saavat yhä enemmän valtaa materialistisen kulttuurimme vuoksi. Se moraalinen vaikutus, joka naisilla kerran oli miehiin, on menetetty. Ihmisistä on tullut ajan mittaan itsekkäitä maallisten halujensa tavoittelussa. Vaimoista alkoi vähitellen tuntua siltä, että he joutuivat aviomiestensä alistamiksi. Vanhempien piti auttaa lapsiaan kehittymään hyväluonteisiksi, mutta he kylvivät sen sijaan lapsiinsa itsekkyyden ja kilpailuvietin myrkyllisiä siemeniä. Näemme nykyaikana näiden negatiivisten ominaisuuksien hurjimpia ilmenemismuotoja. Ne ovat itäneet, kasvaneet ja levittäneet oksansa laajalle alalle. Emme tarvitse niin kutsuttua tasa-arvoa vapautuaksemme näistä negatiivisista ominaisuuksista, vaan tarvitsemme perheessä vallitsevaa yhteisymmärrystä miehen ja naisen eri rooleista. Raha ei yksin kykene tuomaan meille rauhaa. Kukaan ei ole pystynyt ostamaan itselleen puhdasta luonnetta tai sisäistä vahvuutta. Kuinka sellaiset vanhemmat, jotka eivät osaa olla tyytyväisiä, voisivat juurruttaa lapsiinsa yhteisymmärryksen ja anteeksiannon arvoja? Vanhempien kyvyttömyys muovata lapsiaan saa aikaan sen, että tuhoavat voimat kasvavat yhteiskunnassamme suuremmiksi sukupolvi sukupolvelta. Mikäli haluamme muuttaa tämän kehityskulun, vanhempien täytyy elää henkisten arvojen mukaan.

Lapsi voi saada rakkautta yhteiskunnalta monella eri tavalla. Ympärillä saattaa olla monia aikuisia, jotka kohtelevat lasta rakastavasti. Mikään ei kuitenkaan vedä vertoja äidin rakkaudelle. Auto kulkee bensalla, mutta se tarvitsee akun käynnistyäkseen.

Vanhempien rakkaus on lapselle kuin akku. Vanhemmilta lapsena saatu rakkaus antaa hänelle myöhemmin voimia hallita mieltään kaikissa olosuhteissa.

Maailmasta löydetyn rakkauden taustalla piilee aina itsekkyyttä. Lehmää rakastetaan siksi, että siitä saadaan maitoa. Sitä ei siis rakasteta aidosti. Antoipa lehmä miten paljon maitoa tahansa elinaikanaan, se viedään teurastamolle heti, kun se menee umpeen eikä tuota enää maitoa. Jos vaimo tai aviomies ei taivu kumppanin vaatimuksiin, otetaan avioero. Mutta äidin lastaan kohtaan tuntema rakkaus ei ole juurtunut itsekkyyteen.

Sen lisäksi, että opiskelemme ja menemme töihin, meidän tulisi hankkia tietoa henkisistä periaatteista. Näiden periaatteiden ymmärtäminen auttaa meitä ottamaan jokaisen askeleemme oikeaan suuntaan perhe-elämään siirtyessämme. Rakkaat lapset, tämä on ainut keino löytää rauhaa. Jopa runsaan aterian jälkeen tarvitsemme mielenrauhaa nukkuaksemme hyvin.

Jos talo rakennetaan mutaiseen maastoon eikä perustuksia tehdä kunnolla, se saattaa romahtaa jopa pienen tuulenpuuskan vuoksi. Ja jos perhe-elämä perustuu pelkkään materialismiin, perhesuhteet hajoavat heti kun perhe kohtaa pienen vastoinkäymisen. Jos taas perhe on perustettu henkisyyden kalliolle, se kestää kaikki myrskyt. Näin suurta hyötyä on siitä, että perhe-elämä perustuu todellisiin periaatteisiin. Vanhempien pitäisi selittää lapsilleen henkisiä periaatteita ja toimia hyvänä esimerkkinä heille.

Mielisairauksien määrät ovat kasvussa länsimaissa niiden rikkauksista huolimatta. Pystymme kulkemaan elämänpolkuamme menettämättä mielenrauhaa ja tasapainoa vain jos ymmärrämme mikä on ikuista ja mikä väliaikaista. Muutoin Intiaan tunkeutuva materialismi tulee aiheuttamaan täälläkin mielisairautta. Amma kertoo esimerkin. Olipa kerran kolmihenkinen perhe: isä, äiti ja poika. Isä oli korkea virkamies ja äiti sosiaalityöntekijä. Heidän lukiossa opiskeleva poikansa oli krikettifani. Perheellä oli vain yksi auto. Eräänä iltana perheen isän täytyi lähteä kokoukseen. Juuri kun hän oli käynnistämäisillään autoa, hänen vaimonsa tuli ulos. Vaimo oli saanut kutsun häihin ja hän halusi auton päästäkseen sinne. Miehen ja vaimon välille puhkesi riita, jolloin perheen poika marssi auton luo ja sanoi tarvitsevansa auton päästäkseen krikettiotteluun. He kaikki kolme riitelivät keskenään kovaäänisesti ja lopulta huusivat toisilleen. Lopulta kello oli jo niin paljon, ettei kukaan heistä enää ehtinyt sinne minne halusi. He olivat käyttäneet aikansa riitelemiseen. Jos he olisivat yrittäneet mukautua toistensa toiveisiin, heidän ei olisi tarvinnut riidellä. He olisivat voineet jakaa auton ja mennä kaikki samalla kyydillä. Mies olisi voinut viedä vaimon häihin, pojan krikettiotteluun ja ajaa sen jälkeen kokoukseen. Mutta egojensa vuoksi kukaan heistä ei päässyt minnekään. Heidän välillään ei vallinnut harmonia, vaan viha ja katkeruus.

Rakkaat lapset, pohtikaapa hetki omaa elämäänne. Ettekö hukkaakin paljon aikaa juuri tällä tavoin – riidellen tyhjänpäiväisistä asioista? Meidän täytyy ymmärtää tämän tarinan opetus. Jos perheessä viljellään nöyryyden, anteeksiannon ja toisten tarpeisiin mukautumisen asennetta, perhesiteet vahvistuvat päivä päivältä. Aidossa perheessä mies ja vaimo hyväksyvät toinen toisensa. Tämä laajentaa heidän maailmaansa. Kun tällaiseen perheeseen syntyy lapsia, heidän yhteinen maailmansa kasvaa yhä edelleen. Rajojen ei kuitenkaan pitäisi tulla vastaan vielä tässäkään kohdin, vaan heidän maailmansa tulisi laajeta niin suureksi, että se syleilee kaikkia olentoja - niin tiedostavia kuin tiedostamattomia. Tämä on perhe-elämän korkein päämäärä. Mies ja nainen löytävät täydellisyytensä tällä tavoin. Kaikenkattavan rakkauden maailma on ikuisen onnen maailma. Se on elämää ilman menneisyyttä koskevia kiistoja ja huomisen huolia.

Yksikään perheenjäsen ei elä vain itseään varten, vaan kaikki elävät asenteella "olen sinua varten". Jumala ilmestyy sellaisen perheen pyhäkköön, jossa rakkauden valo loistaa kirkkaana. Jumala antaa armonsa virrata siellä.

Amma keskustelee länsimaalaisten kanssa

Ryhmä Amman saksalaisia seuraajia oli tullut ashramiin saamaan Amman darshanin. Suurin osa heistä oli tehnyt henkisiä harjoituksia useita vuosia. Seuraava keskustelu käytiin heidän ja Amman välillä.

Kysymys: Kuinka pitkä aika ruokailun ja meditaation väliin täytyy jättää?

Amma: Rakkaat lapset, älkää meditoiko heti kun olette syöneet, vaan odottakaa aterian jälkeen vähintään kaksi tuntia. Jos syötte hyvin kevyen aterian, voitte meditoida jo puolen tunnin kuluttua. Meditoimaan istuttaessa mieli siirtyy siihen osaan kehoa, johon keskitytään. Kun meditoija keskittyy sydämeen tai kulmakarvojen välissä olevaan alueeseen, iso osa hänen energiastaan virtaa keskittymisen kohteena olevaan alueeseen, jolloin ruoansulatukselle ei jää voimaa toimia kunnolla. Tästä saattaa seurata ruoansulatusongelmia, jotka voivat johtaa epämiellyttäviin tuntemuksiin kuten päänsärkyyn ja oksenteluun. Tästä syystä aloita meditaatiosi vasta sen jälkeen kun ruoansulatuksesi on ehtinyt toimia kunnolla.

Kysymys: Miten mantraa pitäisi toistaa?

Amma: Kun toistatte mantraanne, keskittykää joko rakastamaanne Jumaluuteen[21] tai mantran äänteeseen. On hyvä visualisoida mantran jokainen kirjain (tavu) mielessä niin tarkasti kuin

---

[21] Kun Amma viittaa rakastamaamme Jumaluuden muotoon, Hän tarkoittaa sitä jumalallista aspektia, joka edustaa meille Jumalaa; kuten esimerkiksi Jumalallinen Äiti, Krishna tai Kristus.

mahdollista. Voit keskittää mielesi siihen ääneen, joka mantran toistamisesta syntyy. Mantran toistaminen auttaa hallitsemaan ajatuksia ja sitä käytetään siihen tarkoitukseen. Mantra on airo, jolla melomme kohti Korkeinta tietoisuutta.

Nykyajan mieli on kiinnittynyt lukuisiin kohteisiin. Mantran toistaminen auttaa vapauttamaan mielen hajanaisuudesta ja keskittymään Jumalaan. Amma on huomannut monien olevan huolissaan siitä, etteivät he pysty visualisoimaan rakastamaansa Jumaluutta mantraa toistaessaan. Jos et pysty näkemään Jumaluutta, riittää että muistat Hänen nimensä ja jatkat mantran toistamista. Keskity joko kirjaimiin tai äänteeseen. Jos pystyt meditoidessasi keskittämään mielesi muotoon, se riittää, eikä sinun tarvitse toistaa silloin mantraa. Sinun pitäisi kuitenkin toistaa mantraa mielessäsi lakkaamatta aina muulloin: kun työskentelet, istut, matkustat tai teet mitä tahansa muuta. Tällä tavoin mieli lepää aina Jumalassa hienovaraisella tavalla. Älä murehdi, jos et saavuta täyttä keskittymistä. Pystyt keskittymään ainakin mantran äänteeseen.

Joka kerta kun toistat mantran, voit kuvitella uhraavasi kukkia rakastamasi Jumaluuden jalkojen juureen. Pidä silmäsi suljettuina, poimi kukka sydämestäsi, vie se rakastamasi Jumaluuden jalkojen juureen ja aseta se siihen. Jos tämä ei ole sinulle mahdollista, keskity mantran äänteeseen tai visualisoi mantran kirjaimet. Valitsitpa minkä tahansa näistä menetelmistä, älä anna mielesi harhailla, vaan keskitä se rakastamaasi Jumaluuteen.

Kysymys: Onko meditaation aikana tarpeen toistaa mantraa?

Amma: Ei, se ei ole tarpeen, mikäli pystyt keskittämään mielesi muotoon.

Kysymys: Miten mieli keskitetään meditaation aikana rakastetun Jumalallisuuden muotoon?

Amma: Visualisoi rakastamasi Jumaluuden muoto yhä uudestaan päästä varpaisiin ja varpaista päähän. Voit kuvitella, että kävelet tai juoksentelet jumaluuden ympärillä tai että leikit hänen kanssaan. Voit myös kuvitella, että Jumala karkaa kauemmaksi sinusta ja että sinä juokset Hänen perässään yrittäen saada Hänet kiinni. Voit kuvitella, että istut Jumalan sylissä ja annat Hänelle suukon tai että kampaat Hänen hiuksiaan, tai että Hän kampaa hiuksiasi ja silittää päätäsi. Kaikkien näiden mielikuvaharjoitusten tarkoituksena on auttaa mieltä kiinnittymään rakastamaasi Jumaluuteen.

Kun visualisoit jumalallisen muodon, rukoile esimerkiksi seuraavalla tavalla: "Oi Äiti, johdata minua!", "Oi Isä, johdata minua!" tai "Rakkauden Valtameri, johdata minua!"

Ajattele miten kauas mieli voi matkustaa sekunnissa! Näiden visualisointien tarkoituksena on estää mieltä vaeltamasta muualle. Et ehkä löydä tällaista *Vedantasta*, mutta nämä askelmat voivat kuljettaa sinut lähemmäksi sitä, mihin vedantafilosofiassa viitataan oman kokemuksen tasolla.

Kysymys: Kuinka pystymme toistamaan mantraa tai muistamaan rakastamamme Jumaluuden muotoa työskennellessämme? Eikö mantran toistaminen unohdu?

Amma: Kuvittele, että veljesi makaa sairaalassa kriittisessä tilassa. Pystytkö ajattelemaan häntä jatkuvasti samalla kun työskentelet? Ajattelet häntä lakkaamatta teetpä mitä tahansa: "Onko hän tullut tajuihinsa? Pystyykö hän puhumaan? Onko hänen vointinsa jo parempi? Milloin hän pääsee pois sairaalasta?" Veljesi on aina mielessäsi, mutta pystyt silti työskentelemään. Jumalan muistaminen ja mantran toistaminen ei ole vaikeaa, jos ajattelemme Jumalan olevan kaikkein läheisin perheenjäsenemme.

Kysymys: Saavuttavatko kaikki täällä ashramissa asuvat *brahmacharit* ja *brahmacharinit itseoivalluksen?*

Amma: Ashramissa asuvat lapset ovat tulleet tänne kahdesta eri syystä. Osa asukkaista on päättänyt muuttaa ashramiin siksi, että he ovat saavuttaneet sellaisen kiintymättömyyden asteen, että pystyvät luopumaan maailmasta ja kaikista siihen liittyvistä asioista. Osa asukkaista taas vain jäljittelee tätä ensimmäistä ryhmää ja muuttaa ashramiin alkuinnostuksensa vuoksi. Hekin pystyvät omaksumaan henkisyyden *samskaran* ja edistymään, mikäli näkevät vaivaa. Monet paheellista elämää viettäneet ovat päässeet oikealle polulle *satsang*in [pyhien seura] avulla, eikö niin? Valmiki asui metsässä. Hän ryösti ja murhasi ihmisiä. *Satsangin* ja sinnikkäiden ponnisteluidensa avulla hänestä tuli suuri pyhimys ja Intian ensimmäinen runoilija. Satsangilla oli suuri vaikutus myös Prahladaan, josta tuli yksi antaumuksellisimmista henkilöistä, vaikka hän oli syntynyt *asura*-sukuun [demonisukuun][22].

Vaikka osa ihmisistä muuttaa tänne vain alkuinnostuksensa vuoksi, hekin voivat muuttua suuresti, mikäli pyrkivät aidosti ymmärtämään henkisiä opetuksia, omaksumaan ne ja elämään niiden mukaan. Kädentaitoja voi oppia olemalla tekemisissä kädentaidon mestarin kanssa, eikö niin? Et kuitenkaan opi mitään, ellet ole tarpeeksi lähellä mestaria tarkkaillaksesi häntä. Henkiselläkin polulla on mahdollista kartuttaa taitoja matkan

---

[22] Kun demonikuningas Hiranyakashipun vaimo oli raskaana, *devat* eli taivaalliset olennot hyökkäsivät *asurien* eli demonien kimppuun. Hiranyakashipu harjoitti tuohon aikaan ankaraa askeesia. *Devat* halusivat tuhota Kayadhun kohdussa olevan lapsen, sillä he pelkäsivät sen olevan heille uhka. Devendra yritti kidnapata Kayadhun, mutta Narada-niminen pyhimys puuttui tähän ja esti sieppauksen. Narada tiesi, että pian syntyvästä lapsesta olisi tuleva hänen oppilaansa, ja että hänestä tulisi kuuluisa ja suuri Vishnun palvoja. Tästä syystä Narada puuttui sieppaukseen ja vei Kayadhun erakkomajaansa. Narada kertoi Kayadhulle joka päivä Vishnusta kertovia tarinoita. Kohdussa oleva lapsi imi hartaasti itseensä kaiken Vishnuun liittyvän tiedon. Silloinkin kun Kayadhu vaipui uupumuksesta uneen, kohdussa oleva lapsi osoitti kuuntelevansa pyhimyksen kertomuksia! Prahlada altistui siis jo kohdussaan Jumalan inkarnaatiota koskeville kertomuksille. Hän myös asui suurimman osan lapsuudestaan Naradan ashramissa.

varrella ja oppilaan on mahdollista edetä muuttamalla asumaan ashramiin ja osallistumalla ashramin elämään. Jos henkilö ei muutu, vaikka hän olisikin ollut pitkään tekemisissä mestarin kanssa, meidän tulee hyväksyä tämä, sillä se on seurausta hänen edellisistä elämistään peräisin olevasta karmasta. Ketään ei tarvitse syyttää tästä.

Olipa kerran muuan sanjaasi, joka istui joka päivä eräässä kylässä sijaitsevan bodhipuun alla meditoimassa ja toistamassa mantraa. Kylän asukkaat toivat sanjaasille päivittäin hedelmiä ja leivoksia ja tarjosivat hänelle palveluksiaan. Eräs nuori mies tarkkaili tätä päivä toisensa jälkeen, kunnes hän tuli siihen lopputulokseen, että kaikki hänen ongelmansa katoaisivat, jos hän ryhtyisi samanlaiseksi munkiksi. Niinpä hän matkusti viereiseen kylään, pukeutui okranväriseen sanjaasikaapuun, istui puun alle ja ryhtyi meditoimaan ja toistamaan mantraa. Pikku hiljaa hänen luokseen alkoi virrata kylän ihmisiä osoittamaan kunnioitustaan. Mies sai paljon hedelmiä ja muita herkkuja. Häntä tapaamaan tulleiden kyläläisten joukossa oli useita hyvin kauniita naisia. Muutaman päivän kuluttua miestä ei näkynyt enää missään – hän oli häipynyt vieden yhden naisista mukanaan.

Ne jotka tulevat tänne vain näyttelemään jotain roolia, eivät pysty pitämään sitä yllä. Vain he, joiden usko ja antaumus on aitoa ja perinpohjaista, tulevat saavuttamaan korkeimman tilan. Kaikki muut häipyvät ennemmin tai myöhemmin omille teilleen. Mutta miksi miettiä ja murehtia sitä? Tämä on taistelukenttä. Jos onnistut täällä, pystyt valloittamaan koko maailman ja hallitsemaan koko maailmankaikkeutta.

Kysymys: Jos kerran Jumala on kaiken alkulähde, niin eikö hän silloin ole myös kaikkien nykyajan sairauksien lähde?

Amma: Jumala on kaiken alkulähde. Hän on myös kertonut meille kuinka elää elämäämme. Jumala puhuu meille *mahatmojen* kautta. Miksi syyttää Jumalaa kokemistamme vaikeuksista, jos emme noudata Hänen ohjeitaan? Lääkekuuri auttaa potilasta parantumaan. Potilas saattaa tosin menettää lääkkeiden vuoksi viimeisetkin terveytensä rippeet, mikäli hän ei kuuntele lääkärin annosteluohjeita, vaan nauttii koko kuurin kerralla. Jos et viritä radiota oikealle taajuudelle, se aiheuttaa pelkkää häiriötä. Kun virität sen oikealle taajuudelle, pystyt kokemaan musiikin tuottaman nautinnon ja tyydytyksen tunteen. Ihmiset kärsivät siksi, että he eivät ymmärrä elämän tärkeimpiä asioita. Onni löytyy, kun ymmärtää elämän perusperiaatteet. Nämä asiat voi oppia osallistumalla satsangiin. Henkisten puheiden kuunteleminen voi auttaa monien ongelmien ratkaisemisessa. Jos elät korkeimpaan totuuteen vakiintuneen henkisen mestarin läheisyydessä, elämäsi tulee olemaan loputonta iloa, etkä joudu koskaan vaaraan. Mikäli ihmiset eivät omaksu elämän perusperiaatteita kirjoista tai henkisistä puheista, heidän elämänsä ajautuu alaspäin johtavaan syöksykierteeseen.

Monet nykypäivän sairaudet ovat ihmiskunnan itsekkäiden tekojen seurausta. Syömme myrkyllistä ja epäpuhdasta ruokaa voittoa tavoitellessamme. Hyönteismyrkyt ja keinolannoitteet ovat niin myrkyllisiä, että ne voivat sisään hengitettyinä tappaa ihmisen. Miten tämä voisi olla vaikuttamatta terveyteemme? Alkoholin ja huumeiden käyttäminen aiheuttaa monia sairauksia. Ihmiset eivät edes saa puhtaita lääkkeitä sairauksiinsa, sillä lääkkeissäkin on epäpuhtauksia. Ihmisten epäinhimillinen käyttäytyminen on siis syy siihen, miksi sairaudet lisääntyvät niin voimakkaasti nykyaikana. Emme voi syyttää siitä Jumalaa. Jumala ei aiheuta kenenkään sairautta eikä Jumala aiheuta kenenkään kärsimyksiä. Jumalan luomakunta on täydellinen, mutta ihmiset vääristävät kaiken. Monet nykyajan sairaudet katoaisivat, jos me eläisimme Jumalan tahdon mukaisesti, tasapainossa luonnon kanssa.

Kysymys: Nykyaikana lapsetkin sairastavat. Mitä virheitä he ovat tehneet?

Amma: Heidän vanhempansa ovat usein syy heidän sairauksiinsa. Lapset syntyvät myrkyllisellä ruoalla elävien vanhempien siemenistä, joten kuinka he voisivat olla terveitä? Jopa lehmän maidossa on nykyaikana myrkyllisiä ainesosia, sillä lehmät syövät sellaista rehua, jota on ruiskutettu hyönteismyrkyillä.

Alkoholistien ja narkomaanien lapsista ei tule terveitä. Heillä saattaa olla epämuodostumia, sillä heidän isänsä siemenennesteessä ei ole ollut niitä ainesosia, joita terveen kehon muodostumiseen tarvitaan. Nämä sielut joutuvat syntymään tällaisille vanhemmille edellisissä elämissään tekemiensä negatiivisten tekojen vuoksi. He joutuvat kärsimään myös vanhempiensa negatiivisten tekojen seurauksista. Onnellisuutemme ja surumme riippuvat omista teoistamme. Karma on kaiken perimmäinen syy ja aiheuttaja. Jos teemme tekomme hyvin huolellisesti ja tarkkaavaisesti, emme joudu kärsimään, vaan saamme kokea ainaista iloa.

Ihmiset luovat itse omat ongelmansa. Ihmiset joutuvat kokemaan tekemiensä virheiden seuraukset, eivät tekemättä jätettyjen. Nykyajan ihmiset eivät elä Jumalan luomassa vaan itse luomassaan maailmassa, joten he joutuvat kärsimään sen seuraukset. Emme siis voi syyttää Jumalaa ja sanoa, että tämä on Hänen vikansa. Jos seuraamme Jumalan polkua, meidän ei tarvitse katua sitä; silloin emme edes tiedä mitä kärsimykset ovat.

Kysymys: Kirjoituksissa puhutaan jälleensyntymästä. Millä perusteella yksilöllinen sielu saa uuden kehon?

Amma: Kukin sielu syntyy uudestaan aiempien *samskaroidensa* [sisäisten henkisten taipumustensa] perusteella. Yksilöllinen sielu saa ihmiskehon edellisessä elämässä saavutettujen *samskaroiden* ansiosta. Jos ihminen tekee hyviä tekoja ja elää puhdasta elämää, hänestä voi totisesti tulla Jumala. Mikäli taas ihminen elää eläimen tavoin, vaikka onkin saanut ihmiskehon, hän syntyy seuraavassa elämässä alemmaksi elämänmuodoksi.

Kehoamme ympäröi aura. Aura tallentaa kaikki ajatuksemme ja tekomme aivan kuin nauhuri puhetta tai musiikkia. Aura tallentaa erilaiset teot eri kohtiin: Aura tallentaa hyvät teot vyötärön yläpuolelle ja pahat teot alapuolelle. Jos henkilö on tehnyt enimmäkseen hyviä tekoja, hän kohoaa kuolemansa jälkeen korkeammalle tasolle. Sielu saavuttaa esi-isien maailman tai syntyy uudelleen tekojensa mukaisin rajoituksin. Jos taas henkilö on tehnyt enimmäkseen pahoja tekoja, sielun aura vajoaa maahan muuttuen matojen ja hyönteisten ruoaksi. Tällainen sielu syntyy linnuksi tai muuksi eläimeksi.

Hyvästä linnunmunasta kuoriutuu lintu. Jos muna on pilaantunut, lintua ei synny. Rikkoontunut muna mädäntyy maahan, jolloin madot ja hyönteiset syövät sen.

Ken elää tavoitellen pelkkää hetkellistä tämän päivän iloa, joutuu kokemaan huomenna surua.

Jos olet niin laiska, ettet jaksa nousta ylös, vaan sylkäiset ylöspäin selälläsi maaten, sylki tippuu päällesi. Jokaisella teollasi on vastaavanlainen seuraus, tämä on varmaa.

Kysymys: Jos olemme tehneet edellisissä elämissämme useita eri tekoja, miksi emme ole niistä tietoisia?

Amma: Muistatko kaikki ne teot, jotka teit lapsena? Emme kykene muistamaan edes kaikkia tässä elämässä tehtyjä tekoja. Laulu, jonka opettelit eilen, saattaa olla kadonnut jo nyt muististasi. Kuinka siis oletat kykeneväsi muistamaan mitä edellisessä elämässäsi tapahtui? Mutta kun mielesi puhdistuu henkisten harjoitusten avulla hienovaraiseksi, tiedät kaiken. Kun puhumme edellisissä elämissä tehtyjen tekojen hedelmistä, niihin lisätään myös tässä elämässä tehtyjen tiedostamattomien tekojen hedelmät.

140

Tässä hetkessä kokemamme ilot ja surut ovat seurausta aiemmista teoistamme, jotka olemme tehneet joko edellisissä elämissämme tai tässä elämässämme. Jos käytämme meille suotua älyä ja toimimme kunnollisesti, saamme elää tyytyväistä elämää. Saatamme muuttua autuuden lapsiksi.

Kysymys: Mikäli jalkateräni osuu johonkin toiseen ihmiseen, minun täytyy koskettaa kädelläni ensin häntä ja sen jälkeen otsaani. Eikö tämä tällainen ole taikauskoisuutta?

Amma: Intialaiset esi-isämme loivat tämän käytännön kasvattaakseen ihmisistä hyvätapaisia. Lapsille sanotaan: "Sinusta tulee sokea, jos valehtelet". Jos tämä olisi totta, kuinka monella ihmisellä olisi näkökyky tallella? Mutta kun lapselle sanotaan näin, se korjaa hänen huonoa tapaansa valehdella. Kun kosketamme jotakuta jalkaterällämme, meitä pyydetään koskettamaan tuota ihmistä ja osoittamaan hänelle kunnioitusta. Tämän tavan tarkoitus on kehittää meissä nöyryyttä. Tätä tapaa harjoittavalle ei tule koskaan edes mieleen potkia toisia ihmisiä olipa hän kuinka vihainen tahansa.

Tämän tavan harjoittamiseen on toinenkin syy. Jalkaterämme ja päämme ovat yhteydessä toisiinsa. Kun lyömme jalkamme johonkin, se vaikuttaa tiettyihin päässä sijaitseviin hermoihin. Kun kumarrumme, näihin hermoihin syntynyt jännitys laukeaa. Tärkein syy tämän tavan harjoittamiseen on kuitenkin hyvien käytöstapojen vaaliminen.

Kysymys: Äiti, voidaanko elämä jakaa kahteen osa-alueeseen, henkiseen ja aineelliseen? Kumpi näistä antaa meille onnen?

Amma: Lapset, ei ole mitään tarvetta nähdä elämän henkistä ja aineellista puolta toisistaan erillisinä. Ero näiden välillä on pelkästään mielen asenteessa. Meidän tulee ymmärtää henkisyyttä ja elää sen mukaisesti. Vasta silloin elämästä tulee autuasta.

141

Henkisyys opettaa kuinka elää aidosti onnellista elämää. Sanotaan, että elämän aineellinen puoli on riisiä ja henkinen puoli sokeria. Henkisyys on sokeria, jolla riisivanukas makeutetaan. Henkisyyden ymmärtäminen tekee elämästä makeaa. Jos turvaudut pelkästään elämän materialistiseen puoleen, tulet kärsimään. Pelkkiä maallisia nautintoja himoitsevien täytyy varautua siihen, että he joutuvat kokemaan myös kärsimystä. Maalliset asiat tulevat aina piinaamaan ja vainoamaan meitä. Tämä ei kuitenkaan tarkoita sitä, että sinun pitää luopua maailmasta kokonaan. Amma tarkoittaa vain sitä, että sinun tulisi ymmärtää henkisyyttä maailmassa eläessäsi. Tällöin kärsimykset eivät heikennä sinua. Emme omista oikeasti tässä maailmassa ketään, vaikka he kuinka sanoisivat kuuluvansa meille. Emme omista edes lähiomaisiamme. Vaikka joku väittäisi olevansa perheenjäsenemme, hän ei todellisuudessa ole sitä. Jumala on ainut perheemme. Kuka tahansa muu saattaa kääntyä meitä vastaan hetkenä minä hyvänsä. Ihmiset rakastavat meitä vain sen vuoksi, että he janoavat omaa onneaan. Joudumme kohtaamaan sairaudet, surut ja vaikeudet yksin. Kiintykäämme tästä syystä vain Jumalaan. Maailmaan kiintyneen on vaikea saavuttaa vapautta. Oi kuinka monta elämää ihminen joutuukaan elämään vapautuakseen kaikista siteistään!

Elämää tulisi elää ikäänkuin velvollisuutta suorittaen. Tällöin emme antaudu surun valtaan, mikäli muut kääntyvät meitä vastaan tai hylkäävät meidät. Ja jos joku, jota rakastimme enemmän kuin elämää, kääntyykin yhtäkkiä meitä vastaan, emme silti hajoa pieniksi palasiksi. Mikään asia ei saa meitä vaipumaan epätoivoon.

Jos kädessäsi on viiltohaava, se ei parane, mikäli vain istut aloillasi itkemässä. Itkusta ei ole silloinkaan mitään hyötyä, jos menetät varallisuutesi tai omaisesi. Itkeminen ei tuo niitä takaisin. Mikäli kykenet ymmärtämään ja hyväksymään sen tosiasian, että ne, joiden kanssa jaamme elämämme tänään, saattavat hylätä meidät huomenna, pystyt elämän koko elämäsi onnellisena ja suruttomana, hylkäsipä sinut kuka tahansa. Tämä ei tarkoita sitä, että meidän ei pitäisi rakastaa ketään, vaan päinvastoin: meidän tulee rakastaa kaikkia. Rakkautemme ei saisi kuitenkaan olla itsekästä, vaan meidän tulee rakastaa odottamatta mitään vastineeksi. Tämä auttaa välttymään suruilta.

Surut ovat osa maallista elämää. Maailmassa on kuitenkin mahdollista elää onnellisena, mikäli ymmärtää henkisyyttä. Jos hyppäät aallokkoiseen mereen harjoittelematta, saatat painua aaltojen alle ja jopa hukkua. Hyvät uimarit pystyvät kuitenkin uimaan meressä ja he pärjäävät hyvin kovassakin aallokossa. Mikäli elämämme perustuu henkisyyteen, pääsemme eteenpäin kompastumatta vallitseviin olosuhteisiin, olivatpa ne miten hankalia tahansa. Mieli löytää onnea jostakin kohteesta ja vihaa toista. Jotkut eivät esimerkiksi pysty elämään ilman tupakkaa, kun taas toisia tupakansavu häiritsee. Onni ja suru ovat vain mielessä. Jos pystyt hallitsemaan mielesi ja suuntaamaan sen oikealle polulle, elämässäsi on pelkkää onnea. Tähän tarvitaan henkistä tietoa - ja jos elät tämän tiedon mukaisesti, surua ei ole.

Pyri toistamaan mantraasi jatkuvasti. Puhu vain Jumalasta. Luovu itsekkyydestä kokonaan. Luovuta kaikki Jumalalle. Jos pystyt elämään näin, et koe kärsimystä lainkaan.

Kiinnymme niin helposti kaikkeen mahdolliseen maailmassa, joten miksi emme kiinny Jumalaan? Kielemme osaa lörpö-tellä mitä tahansa, joten miksi emme opettaisi sitä toistamaan mantraa? Jos pystyt tähän, löydät rauhan ja annat sen samalla läheisillesikin.

Suurin osa ihmisistä puhuu ongelmistaan kaikille lähellään oleville ihmisille. Tämä ei poista ongelmia, mutta tekee kuunte-lijatkin onnettomiksi - aivan kuin pieni käärme yrittäisi nielaista ison käärmeen.

Maallisuus on Jumalan unohtamista. Se on sitä, ettei halua mitään muuta kuin omaa onneaan ja turvautuu materiaalisiin kohteisiin sen saamiseksi. Se on sitä, että joutuu kärsimään koko elämänsä pienten nautinnonmurusten vuoksi. Näin toimiessaan ihmiset menettävät mielenrauhansa ja vievät sen samalla myös läheisiltään. Henkisyys on sitä, että on epäitsekäs ja luovuttaa kaiken Jumalalle tietäen, että kaikki kuuluu Jumalalle. Tällä tavoin elävät ihmiset kokevat sisäistä rauhaa jakaen sitä samalla läheistensä sydämiin.

Kysymys: Amma, olet sanonut, että antaumuksemme ei saisi olla halujen synnyttämää, vaan että sen pitäisi perustua henkisten periaatteiden ymmärtämiseen. Miksi näin on?

Amma: Aitoa edistymistä voi tapahtua vain silloin, kun antaumus kumpuaa tärkeistä periaatteista. Meidän tulisi oppia elämään elämämme oikeaa polkua seuraten. Antaumus opettaa kuinka tämä tehdään. Jos oppilaan antaumus on aitoa, hän kokee elämässään pelkkää autuutta. Jos henkisten periaatteiden ymmärrys ei säestä antaumusta, koko elämä on epävireessä. Sellainen elämä ei tuota onnea. Tästä syystä Amma sanoo, että sinun täytyy ymmärtää henkiset periaatteet Jumalaa palvellessasi, ja että sinun pitäisi rukoilla aitoa antaumusta.

Nykyaikana useimpien ihmisten rukoukset kumpuavat pelkistä haluista. Heidän antaumuksensa ei perustu aitoon ymmärrykseen. He menevät temppeliin vain silloin, kun haluavat jotain, ja he vannovat antavansa Jumalalle jotain vastalahjaksi, mikäli saavat haluamansa. Tätä ei voida sanoa antaumukseksi. Onnellisuutta ei saavuteta tällä tavoin. He rakastavat Jumalaa, jos saavuttavat tavoitteensa - ja vihaavat, mikäli epäonnistuvat. Heidän elämänsä perustuu rikkonaiseen ja ajoittaiseen uskoon.

Eräässä kylässä asui kaksi pariskuntaa, jotka olivat olleet naimisissa kymmenen vuotta. Kumpikin pariskunta oli lapseton.

Toinen pariskunnista tunsi niin suurta surua lapsettomuudestaan, että he ryhtyivät rukoilemaan Jumalaa. He rukoilivat päivittäin Jumalalta lasta. Eräänä yönä mies näki unen, jossa jumalallinen olento ilmestyi hänelle kysyen: "Jos teille annetaan lapsi, oletko tyytyväinen?" Mies vastasi: "Mikäli emme saa lasta, meistä ei tule koskaan onnellisia. Jos saisimme lapsen, olisimme aina tyytyväisiä." Jumalallinen olento siunasi miehen ja katosi. Pian tämän jälkeen miehen vaimo tuli raskaaksi. Molempien onni oli ylitsevuotavaa. Onnea ei kuitenkaan kestänyt kauan, sillä he olivat huolissaan syntymättömästä lapsestaan. "Onhan lapsella moitteettomat raajat ja elimet? Onko lapsi terve? Tuleeko lapsesta kaunis?" He olivat rukoilleet Jumalaa, jotta saisivat lapsen, mutta nyt heillä ei ollut pienintäkään hetkeä Jumalalle hukattavaksi. He ajattelivat lakkaamatta syntyvää lastaan eivätkä kokeneet hetkeäkään rauhaa.

Vauva syntyi. He saivat terveen pojan, joten he olivat hyvin iloisia. Vanhemmat ryhtyivät säästämään rahaa poikansa koulutukseen. Poika kasvoi vanhemmaksi ja aloitti koulun. Joka aamu, kun poika lähti kouluun, vanhemmat olivat hyvin huolissaan. Satuttaisiko joku häntä? Mitä jos hän putoaisi matkalla johonkin rotkoon? Vanhemmat eivät pystyneet koskaan rentoutumaan ennen kuin poika oli palannut takaisin kotiin. Poika varttui ja hänestä tuli uppiniskainen ja ilkikurinen. Hän ei totellut vanhempiaan eikä seurannut oppitunneilla opetusta. Isä ja äiti eivät kyenneet enää ajattelemaan mitään muuta kuin lapsensa tulevaisuutta. Mitä vanhemmaksi poika varttui, sitä pahemmiksi hänen huonot tapansa tulivat. Kaikki valittivat pojan käytöksestä. Kun poika meni lukioon, hän aloitti alkoholin juomisen. Hän vaati jatkuvasti vanhemmiltaan rahaa. Hän käyttäytyi joka päivä samalla tavoin. Hän pahoinpiteli epäröimättä vanhempiaan niin sanallisesti kuin fyysisesti. Nyt vanhemmat pelkäsivät joka päivä sitä hetkeä, jolloin heidän poikansa palaisi kotiin. Poika myi vanhempiensa koko omaisuuden tavara kerrallaan. Eräänä päivänä kun vanhemmat kieltäytyivät antamasta pojalleen rahaa, hän uhkasi heitä puukolla. Vanhemmat pelkäsivät henkensä puolesta, mutta heidän omaisuutensa oli jo mennyttä, joten he lainasivat rahaa kaikkeen siihen, mitä heidän poikansa halusi. He eivät kyenneet maksamaan velkojaan, joten kaikki kylän ihmiset kääntyivät heitä vastaan eikä kukaan enää lainannut heille rahaa. Vanhemmista ei ollut lopulta enää mitään hyötyä pojalle, joten hän hylkäsi vanhempansa, eivätkä he nähneet toisiaan enää koskaan. Vanhemmat olivat eläneet vain poikaansa varten ja nyt hän oli poissa. Heidän naapurinsa vihasivat heitä - he olivat menettäneet aivan kaiken. Vanhemmat pystyivät vain itkemään, sillä epätoivo oli ainut jäljelle jäänyt asia heidän elämässään.

Jos haluamme pelkkää maallista onnea, meidän täytyy varautua kestämään surut, jotka se tuo mukanaan.

Toinenkin lapseton pariskunta rukoili Jumalaa, mutta he eivät rukoilleet Häneltä lasta. He vain rukoilivat Jumalaa itseään. Heidän antaumuksensa perustui aitoon Jumalaan kohdistuvaan rakkauteen. Lapsettomuus ei vaivannut heitä lainkaan. He rukoilivat Jumalalta: "Meillä ei ole lapsia, joten auta Jumala meitä näkemään kaikki Sinun lapsinasi! Me saamme omia lapsia, mikäli se on Sinun tahtosi oi Jumala! Miksi murehtia lapsettomuutta? Antaumus on ainut asia, jota rukoilemme." Tämän pariskunnan asenne oli tällainen ja heillä oli aitoa henkistä ymmärrystä. He olivat tietoisia elämän tarkoituksesta ja siitä, mikä on ikuista. He toistivat lakkaamatta mantraansa ja viettivät vapaa-aikansa ystäviensä ja perheensä kanssa Jumalaan liittyviä tarinoita kertoen ja antaumuksellisia lauluja laulaen. He rukoilivat joka päivä, että he pystyisivät rakastamaan ja palvelemaan kaikkia. He lahjoittivat osan ansiotuloistaan köyhille. Jumala oli mielissään heidän epäitsekkäästä antaumuksestaan. Jumala siunasi pariskuntaa poikalapsella, vaikka he eivät sitä koskaan Jumalalta pyytäneet.

Heidän antaumuksensa ei laantunut pojan syntymänkään jälkeen. Vanhemmat olivat kiitollisia ja onnellisia, mutta he eivät tunteneet ylitsevuotavaa iloa lapsen syntymän johdosta. He jatkoivat Jumalalle omistautunutta elämäntapaansa. He kertoivat pojalleen henkisiä tarinoita ja opettivat hänet rukoilemaan ja laulamaan antaumuksellisia lauluja jo hyvin varhaisessa iässä. Niinpä pojasta tuli hyväluontoinen ja kaikkien pitämä. Vanhemmat käyttäytyivät lastaan kohtaan hyvin rakastavasti, mutta eivät olleet liiallisuuksiin asti takertuneita, sillä he pitivät tiukasti kiinni vain Jumalasta. Pariskunta ei odottanut saavansa keneltäkään apua ja tukea vanhuudessaan. Monet ihmiset kuitenkin tulivat palvelemaan pariskuntaa heitä kunnioittaen ja rakastaen, sillä pariskunnan viaton antaumus ja kaikkia kohtaan tuntema rakkaus oli tehnyt moniin suuren vaikutuksen. He saivat elää onnellisen elämän epäitsekkyytensä vuoksi. He olivat iloisia ennen poikansa syntymää ja sen jälkeen. He olivat rukoilleet Jumalalta: "Jumala anna meidän nähdä kaikki Sinun lapsinasi", joten he saivat paljon enemmän kuin vain oman pojan – heille annettiin monia henkilöitä, jotka rakastivat ja palvelivat heitä.

Molemmilla pariskunnilla oli *bhaktia* [antaumusta], mutta toisen pariskunnan antaumus oli *kamya bhaktia* [haluista kumpuavaa antaumusta], kun taas toisen pariskunnan bhakti oli antaumusta, jolle ei ollut muuta syytä kuin rakastaa rakastamisen vuoksi.

Ensimmäiselle pariskunnalle heidän poikansa oli kaikki kaikessa. He luulivat poikansa olevan heidän kanssaan ikuisesti. Heille Jumala ei ollut muuta kuin väline halujen toteuttamiseen. He unohtivat Jumalan heti, kun olivat saaneet haluamansa. Ja kun heidän poikansa jätti heidät, epätoivo mursi heidät.

Toinen pariskunta ymmärsi, että Jumala on ainut todellinen ja ikuinen asia tässä illuusioiden maailmassa. He tiesivät, että kukaan ei rakasta ketään omaa onneaan enempää. He tiesivät myös, etteivät voi kuollessaan viedä lastaan, puolisoaan, maallista omaisuuttaan tai mitään muutakaan mukanaan. Tästä syystä heidän ainut tavoitteensa oli oivaltaa ainoa ikuinen asia – todellinen Itse. He elivät tämän tavoitteensa mukaisesti. Heidän antaumuksensa oli juurtunut *tattvaan* [aitoihin henkisiin periaatteisiin]. He eivät surreet, mikäli joku kääntyi heitä vastaan. He rakastivat jopa niitä, jotka eivät voineet sietää heitä. He olivat antaneet elämänsä Jumalalle, joten he elivät onnellisina.

Rakkaat lapset, antaumuksen tulisi perustua vain yhteen haluun: Jumalan kaipuuseen. Tällöin Jumala antaa meille kaiken, eikä meidän tarvitse murehtia sitä, kuka huolehtii meistä sitten kun olemme vanhuksia. Yksikään vilpittömästi Jumalalle antautunut ei ole kuollut nälkään siitä syystä, että kukaan ei ollut heistä huolehtimassa. Miksi pohtia sitä, mitä keholle tapahtuu kuoleman jälkeen? Keho alkaa haista hyvin pian kuoleman jälkeen ja se joko poltetaan tai haudataan. Ei ole mitään syytä tuhlata elämäänsä sellaisten asioiden murehtimiseen.

Miksi olla huolissaan huomista ajatellessa? Juuri äsken tapahtunut hetki on kuin katteeton shekki. Ei ole mitään järkeä tuhlata voimia sen ajattelemiseen. Elä tämä päivä valppaana ja tietoisena, jolloin huomisesta tulee ystäväsi.

Antaumus on tärkeää. Aitoa antaumusta ei ole se, että rukoilee ensin ja puhuu sen jälkeen pahaa muista. He, joilla on aitoa antaumusta, eivät haudo kateutta tai pahantahtoisuutta muita kohtaan. Meidän pitäisi pyrkiä näkemään kaikki Jumalana – se on aitoa antaumusta. Tarkkaavaisesti tehdyt hyvät teot ovat myös antaumusta. Se, mitä Amma sanoo antaumukseksi, on kykyä erottaa ikuiset asiat väliaikaisista. Sitä tarvitaan.

Kysymys: Eikö se olekin Jumala, joka saa meidät tekemään niin hyvät kuin pahatkin teot?

Amma: Tämä pitää paikkansa, mikäli teet jokaisen tekosi täysin tietoisena siitä, että Jumala saa sinut tekemään ne. Jos näin on, pystyt ottamaan vastaan hyvistä teoista seuraavat hyödyt ja pahoista teoista johtuvat rangaistukset ajatellen molemmissa tapauksissa Jumalan antavan sinulle kaiken.

Jumala ei ole vastuussa virheistämme, vaan me itse. Jumalan syyttäminen on kuin syyttäisi polttoainetta siitä, että ajaa autolla kolarin varomattoman ajotavan vuoksi. Jumala on tehnyt hyvin selväksi sen, miten meidän pitäisi elää elämäämme tässä maailmassa. Emme voi syyttää Jumalaa siitä, mitä Hänen ohjeidensa noudattamatta jättäminen aiheuttaa meille.

Kysymys: Bhagavad Gitassa sanotaan, että meidän täytyy tehdä jokainen tekomme odottamatta sen kantamaa hedelmää. Miten voimme työskennellä haluamatta tekojemme hedelmiä?

Amma: Krishna sanoi tämän auttaakseen meitä elämään kärsimyksistä vapaata elämää. Tee tekosi huolellisesti ja tarkkaavaisesti äläkä anna lopputulosta koskevien huolien nielaista sinua. Tarkoituksenmukaiset tulokset syntyvät itsestään. Kun opiskelet, tee se tarkkaavaisesti. Ei ole mitään syytä murehtia sitä, läpäisetkö kokeen vai et. Kun rakennat taloa, rakenna se huolellisesti piirustusten mukaan. Älä piinaa itseäsi ajatuksilla siitä, pysyykö talo pystyssä vai ei. Kun teet hyviä tekoja, niistä seuraa väistämättä hyvää. Jos myyt hyvälaatuista riisiä, jonka seassa ei ole pieniä kiviä, kaikki haluavat ostaa sitä. Tämä on se hedelmä, jota hyvien riisinjyvien valinnalla, keittämisellä, kuivaamisella ja erottelemisella halutaan saavuttaa. Jos taas laitat riisin sekaan jotain muuta saadaksesi enemmän voittoa, tulet kärsimään siitä aiheutuvan rangaistuksen ennemmin tai myöhemmin. Samalla menetät mielenrauhasi. Tee siis kaikki tekosi huolellisesti ja tarkkaavaisesti sillä asenteella, että jokainen tekosi on uhrilahja Jumalalle. Tulet saamaan oikeudenmukaisen palkinnon, et enempää etkä vähempää, riippumatta siitä murehditko lopputulosta etukäteen vai et. Miksi siis tuhlata aikaa ajattelemalla sitä? Eikö olisikin huomattavasti hyödyllisempää käyttää siihen tuhlautuvat voimavarat teon varsinaiseen tekemiseen? Vai olisiko parempi keskittää mieli Jumalaan sen sijaan, että tuhlaa aikaa?

Kysymys: Jos Itse on kaikenläpäisevä, eikö sen pitäisi olla läsnä kehossa vielä kuoleman jälkeen? Miksi siis kuolemaa on?

Amma: Kun hehkulamppu palaa loppuun, se ei tarkoita sitä, että sähköä ei enää ole. Jos sammutat tuulettimen, et enää tunne ilmavirtaa, mutta se ei tarkoita sitä, että ilma katoaisi. Tai sanotaanpa, että puhallat ilmapallon, sidot sen ja lähetät korkeuksiin. Jos ilmapallo puhkeaa, ilma ei katoa – se on edelleen olemassa. Vastaavasti Itse on läsnä kaikkialla. Jumala on kaikkialla. Kuolema ei johdu Itsen läsnäolon puutteesta, vaan siitä, että *upadhi* [väline tai instrumentti] (ts. keho) lakkaa toimimasta. Kuolema on *upadhin* tuhoutuminen, eikä sillä ole mitään tekemistä Itsen puuttumisen kanssa.

Kysymys: Onko valaistuminen mahdollista ilman henkistä mestaria, jos tekee henkisiä harjoituksia, lukee kirjoja ja kuuntelee oppineiden luentoja? Onnistuuko se yksin?

Amma: Kenestäkään ei tule mekaanikkoa pelkkiä kirjoja lukemalla, vaan asioita täytyy harjoitella käytännössä kokeneen mekaanikon kanssa. Mekaanikko-oppilaan täytyy tarkkailla kokeneempaa mekaanikkoa ja oppia häneltä. Tarvitset vastaavasti henkistä opettajaa, jotta osaisit varoa ja lopulta voittaa ne esteet, joita henkisiä harjoituksia tehdessä tiellesi saattaa tulla.

Lääkkeiden etiketteihin on kirjoitettu annosteluohjeita. Lääkkeitä ei kuitenkaan pitäisi nauttia omin päin kysymättä ensin lääkäriltä, sillä etiketteihin on kirjoitettu vain yleisohjeita. Lääkäri päättää lääkkeen annostuksen ja nautintatiheyden kunkin potilaan terveyden- ja mielentilan perusteella. Jos lääkärin ohjeita ei noudateta, lääkeaine saattaa aiheuttaa enemmän haittaa kuin hyötyä. Voit saada vastaavasti tietoa henkisyydestä ja henkisistä harjoituksista lukemalla niistä kirjoista tai kuuntelemalla oppineitten luentoja, mutta tiettyjen vastoinkäymisten voittamiseen ja lopullisen päämäärän saavuttamiseen tarvitaan henkistä mestaria.

Kun pieni taimi siirretään kasvupaikasta toiseen, alkuperäiseltä kasvupaikalta pitäisi ottaa hieman maata mukaan. Tällöin taimen ei ole aivan yhtä vaikeaa sopeutua ja juurtua uuteen kasvupaikkaansa. Henkisen mestarin läsnäolo on kuin alkuperäiseltä kasvupaikalta otettu maa-aines.

Alkuvaiheessa etsijän on hyvin vaikeaa tehdä sinnikkäästi henkisiä harjoituksia. Mestarin läsnäolo auttaa oppilasta saamaan voimaa kaikkien vastoinkäymisten yläpuolelle kohoamiseen, jolloin henkisyyteen juurtuminen on mahdollista. Omenapuu tarvitsee menestyäkseen tietynlaisen ilmaston. Sitä täytyy kastella ja lannoittaa tiettyinä vuodenaikoina. Puuta mahdollisesti vaivaavat tuhohyönteiset täytyy eliminoida. Henkinen mestari luo samalla tavoin suotuisat olosuhteet henkisen oppilaan henkiselle kasvulle ja suojelee häntä kaikilta esteiltä.

Mestari osoittaa minkälaisia henkisiä harjoituksia sinun tulisi tehdä. Hän päättää mitä henkistä polkua sinun tulisi seurata ja tuleeko harjoituksesi olla erittelevää pohdiskelua (eron tekeminen ikuisten ja väliaikaisten asioiden välillä), epäitsekästä palvelua, joogaa, jokin tietty meditaatio, mantran toistoa vai rukoilua. Joillakin ihmisillä ei ole joogan harjoittamiseen vaadittavaa fyysistä kuntoa, tai heidän ei pitäisi meditoida pitkiä aikoja yhdellä kertaa. Mitä tapahtuisi, jos 125 ihmistä sulloutuisi linja-autoon, johon mahtuu vain 25 ihmistä? Et pysty käyttämään pientä sauvasekoitinta samaan tapaan kuin suurta monitoimikonetta: jos käytät sitä liian kauan aikaa yhtäjaksoisesti, se ylikuumenee ja vaurioituu. Mestari suosittelee kullekin henkilölle sopivan henkisen harjoituksen hänen fyysisestä, mentaalisesta ja älyllisestä tilastaan riippuen.

Mestari tuntee mielesi ja kehosi luonnon paremmin kuin sinä itse. Hän ohjeistaa sinua edellytystesi mukaisesti. Jos suhtaudut ohjeisiin välinpitämättömästi ja ryhdyt harjoittamaan omin päin jotain tiettyä henkistä harjoitusta, josta olet saanut tietoa jotain kautta, saatat muuttua mieleltäsi epätasapainoiseksi. Jos oppilas meditoi ylenmääräisesti, hänen päänsä voi ylikuumentua. Tämä puolestaan voi aiheuttaa unettomuutta. Mestari antaa ohjeita kullekin oppilaalle yksilöllisesti jokaisen luonteen mukaisesti. Hän antaa ohjeita siitä, mihin kohtaan kehoa meditoidessa tulisi keskittyä – kuten esimerkiksi sydämeen tai kulmakarvojen välissä olevaan alueeseen – ja kuinka kauan aikaa kerrallaan tulisi meditoida.

Jos otat matkalle lähtiessäsi mukaasi alueella asuvan henkilön, joka tuntee kaikki perille johtavat tiet, pääset määränpäähäsi nopeasti. Jos taas lähdet yksin, saatat tuhlata kymmenen tuntia matkaan, joka olisi kuljettavissa yhdessä tunnissa. Saatat eksyä vieraassa maastossa, vaikka sinulla olisi kartta. Saatat päätyä hyvin vaaralliselle alueelle. Sinulla ei kuitenkaan ole mitään pelättävää, mikäli seuralaisesi tuntee tien perille. Henkisen mestarin roolia voidaan verrata tällaiseen seuralaiseen. Mestari tuntee perin pohjin kaikki henkisen tien eri mutkat. Millä tahansa henkisen harjoituksen askelmalla saattaa piillä esteitä. Ja kun esteet osuvat kohdalle, harjoitusta voi olla vaikea jatkaa ilman eteenpäin opastavaa henkistä mestaria.

Jos saat *satgurulta* vihkimyksen, pystyt edistymään hyvin nopeasti. Jugurttia ei tehdä kaatamalla maidon sekaan maitoa, vaan maitoon täytyy sekoittaa hieman valmista jugurttia. *Satgurun* antamaa mantravihkimystä voidaan verrata tähän – se herättää etsijän henkisen voiman.

Kysymys: Henkisen mestarin totteleminen on orjuutta, eikö niin?

152

Amma: Egosta on vaikea päästä eroon pelkkien henkisten harjoitusten avulla. Egon poistamiseksi täytyy ottaa tietyt aidon mestarin määräämät askeleet. Kun kumarramme henkisen mestarin edessä, emme keskity ihmisyksilöön, vaan niihin periaatteisiin, joiden ruumiillistuma mestari on. Kumarramme ihanteelle, jotta mekin saavuttaisimme tuon tason. Nöyryys yksin voi meidät kohottaa. Jokaisen puunsiemenen sisällä on puu. Jos siemen pysyttelee liiterissä väittäen olevansa puu, se päätyy ennen pitkää hiiren ruoaksi. Siemenen todellinen olemus pääsee esiin vasta kun se kumartaa ja sukeltaa maan alle.

Sateenvarjo ja päivänvarjo avautuvat, kun nappia painetaan sisään. Avauduttuaan ne pystyvät suojelemaan ihmisiä sateelta ja auringolta.

Kun olimme lapsia, tottelimme, arvostimme ja kunnioitimme vanhempiamme, opettajiamme ja vanhuksia. Näin toimiessamme kehityimme, tulimme viisaammiksi, jalostimme hyviä ominaisuuksia ja kehitimme hyviä tapoja. Vastaavasti, kun oppilas on kuuliainen mestarilleen, hän kohoaa laajentuneeseen tietoisuudentilaan – hänestä tulee kuninkaiden kuningas.

Aito mestari on kieltäymyksen ruumiillistuma. Opimme ymmärtämään mitä totuus, *dharma*, epäitsekkyys ja rakkaus ovat, sillä mestari elää nämä ominaisuudet todeksi. Mestari antaa näille ominaisuuksille elämän. Kasvatamme näitä samoja ominaisuuksia itsessämme *Satgurua* tottelemalla ja pyrkimällä tulemaan hänen kaltaisekseen.

Kun lentokoneen henkilökunta pyytää matkustajia kiinnittämään turvavyönsä, he eivät tee sitä osoittaakseen ylemmyyttään. He tekevät tämän matkustajien oman turvallisuuden vuoksi. Ja aivan samoin tavoin, kun mestari neuvoo oppilasta harjoittamaan itsehillintää ja pidättäytymistä ja noudattamaan tiettyjä sääntöjä, Hän tekee sen oppilaan edistymisen vuoksi. Mestari neuvoo oppilastaan suojellakseen häntä mahdollisilta eteen tulevilta vastoinkäymisiltä. Mestari tietää, että oppilaan egon aikaansaama syöksykierre saattaa asettaa vaaraan paitsi oppilaan itsensä, mutta myös muut.

Ihmiset tottelevat liikennepoliisin käsimerkkejä, sillä se auttaa heitä välttymään lukemattomilta onnettomuuksilta. *Satguru* pelastaa oppilaan tilanteista, jotka voisivat johtaa oppilaan henkiseen perikatoon sellaisten tunteiden vuoksi kuin "minä" ja "minun". Mestari antaa oppilaalle sellaisen koulutuksen, että hän välttyy jatkossa vastaavanlaisilta tilanteilta.

Kuuliaisuus henkiselle mestarille ei ole orjuutta - se on kaukana siitä! Mestarin ainut tavoite on taata oppilaan turvallisuus ja johtaa hänet korkeimpaan vapauteen. Aito mestari voi näyttää meille tien. Aito mestari ei koskaan ajattele oppilaitaan orjina. Mestari tuntee oppilastaan kohtaan vain rajatonta rakkautta. Mestarin ainut toive on nähdä oppilaansa onnistuvan, vaikka mestarin täytyisikin hyväksyä oma tappionsa jossain muodossa matkan varrella. Täydellinen mestari on aito äiti.

Kysymys: Tarvitseeko Jumalaan turvautuvien ponnistella?

Amma: Lapset, jos te ette näe vaivaa, ette menesty elämässä. On puhdasta laiskuutta julistaa aloillaan istuen ja vaivaa näkemättä, että Jumala pitää huolen kaikesta. Tällaiset ihmiset sanovat Jumalan huolehtivan kaikesta, mutta eivät silti antaudu täysin. Aina kun heidän pitäisi tehdä töitä, he julistavat, että Jumala huolehtii kaikesta. Kuitenkin kun heille tulee nälkä, he näkevät vaivaa täyttääkseen vatsansa, vaikka se tarkoittaisi sitä, että he joutuvat varastamaan saadakseen ruokaa. He eivät jää istumaan paikoilleen odottamaan Jumalan tuovan heille ruokaa! Heidän antaumuksensa Jumalaa kohtaan on pelkkiä sanoja silloin, kun heillä on nälkä tai jotain muita henkilökohtaisia tarpeita.

Jumala pitää huolta kaikista elämämme osa-alueista. Tämä ei kuitenkaan tarkoita sitä, että me saavutamme tuloksia istumalla kädet ristissä silloin kun tilanne vaatii toimintaa. Jumala ei antanut meille tätä elämää, terveyttä ja älyä, jotta tuhlaisimme elämämme olemalla laiskoja! Meidän täytyy olla halukkaita työskentelemään Jumalan ohjeiden mukaisesti.

Tulta voi käyttää talon polttamiseen tai ruoan laittamiseen. Tätä voidaan verrata siihen, että mikäli emme käytä Jumalan meille antamia lahjoja oikealla tavalla, ne saattavat saada aikaan enemmän haittaa kuin hyötyä. Aina kun tilanne vaatii ponnistelua, toimi sen mukaisesti. Tee tekosi aivan kuin se olisi uhrilahjasi Jumalalle. Vain tällöin voit saavuttaa parhaan tuloksen.

Muuan oppilas lähti kerjäämään ruokaa. Hän oli poissa koko päivän, mutta ei saanut yhtään ruokaa. Hän palasi illalla mestarinsa luo väsyneenä ja nälkäisenä. Hän oli vihainen Jumalalle siitä, ettei hän ollut saanut yhtään almuja. Hän sanoi mestarilleen: "En halua joutua turvautumaan Jumalaan tästä eteenpäin. Sinä puhut meille aina siitä, että saamme kaiken haluamamme, mikäli antaudumme Jumalalle. Miksi minun pitäisi turvautua Jumalaan, joka ei kykene antamaan minulle edes yhtä ateriaa? Tein virheen luottaessani Jumalaan!"

Mestari sanoi hänelle: "Minä annan sinulle 100 000 rupiaa. Annatko sinä minulle vastineeksi silmäsi?"

Oppilas vastasi: "Ilman silmiä olisin sokea! Kukaan ei myy silmiään mistään hinnasta!"

"Unohda sitten silmät. Antaisitko minulle kielesi?"

"Miten muka pystyisin puhumaan ilman kieltä?"

"No anna minulle sitten kätesi; jalkasi kelpaa myös. Minä annan sinulle 100 000 rupiaa!"

"Kehoni on rahaa arvokkaampi. Kukaan ei halua menettää yhtäkään kehonosaansa."

Oppilaan asenteen ymmärtävä mestari sanoi: "Sinun kehosi on totisesti mittaamattoman arvokas. Jumala antoi sen sinulle vaatimatta mitään vastineeksi ja silti sinä arvostelet Jumalaa.

Jumala ei antanut sinulle tuota mittaamattoman arvokasta kehoa, jotta voisit istua tyhjää toimittamassa. Sinun on tarkoitus elää toimeliasta elämää tarkkaavaisena ja tietoisena."
Kolmelle miehelle annettiin siemeniä. Ensimmäinen mies säilöi siemenet laatikkoon turvaan. Toinen mies söi siemenet nälkäänsä heti saman tien. Kolmas mies istutti siemenet, kasteli ja hoivasi taimia.

Ne, jotka istuvat aloillaan tekemättä mitään julistaen Jumalan huolehtivan kaikesta, ovat kuin mies, joka pitää siemeniään laatikossa. Siemenistä ei ole mitään hyötyä kenellekään. Sellaiset ihmiset ovat yksinkertaisesti laiskoja. He ovat taakka maailmalle. He eivät käytä Jumalan heille antamia välineitä; toisin sanoen kehoaan, mieltään ja älyään.

Mies, joka söi siemenet, tyydytti nälkänsä väliaikaisesti. Maailmalliset olennot ovat tällaisia. He tavoittelevat väliaikaista onnea. Mies, joka ymmärsi siementen oikean käyttötavan - hän joka istutti ja kasvatti – pystyi ruokkimaan itsensä ja perheensä sadoksi saamillaan hedelmillä. Hän sai hedelmistä lisää siemeniä. Niiden avulla hän pystyi tarjoamaan myös naapureilleen sen, mitä he tarvitsivat. Kun ymmärrämme Jumalan meille antamien välineiden oikean käyttötavan ja käytämme niitä kunnolla, pystymme elämään hyödyllistä elämää ja tavoittamaan todellisen päämäärämme.

Lapset, Jumalalle antautuminen tarkoittaa sitä, että käytämme Jumalan meille antamia välineitä ja että teemme sen huolellisesti ja tarkkaavaisesti. On syntiä Jumalaa kohtaan istua joutilaana näkemättä vähäisintäkään vaivaa.

Mitä Krishna sanoi *Gitassa*? Hän sanoi: "Arjuna, sinun täytyy taistella minua muistaen!" Hän ei sanonut: "Sinun ei tarvitse tehdä mitään. Istu vain aloillasi, niin minä suojelen sinua." Kun otamme yhden askeleen Jumalaa kohti, Hän ottaa sata askelta meitä kohti. Ihmisillä ei kuitenkaan yleensä ole antaumusta ottaakseen sitä yhtä ainuttakaan askelta.

Lapset, älkää unohtako, että Jumala antaa meille sekä kyvyt että olosuhteet, jotka vaativat ponnistelua. Ponnistelujemme tulos riippuu Jumalan armosta. On meidän velvollisuutemme nähdä vaivaa ja luovuttaa ponnistelujemme tuottamat hedelmät Jumalalle.

Meidän tulisi olla kuin pala puuta Jumalan käsissä. Jumala saattaa veistellä meidät pieniksi lastuiksi, tehdä meistä lelun tai käyttää meitä polttopuuna. Antaumuksemme asteen tulisi olla sellainen, että voimme sanoa: "Antaa Jumalan tehdä mitä Hän haluaa. Hyväksyn iloisena kaiken." Kun asenteemme on tällainen, tekomme ovat oikeanlaista toimintaa. Tällöin voitoilla ja tappioilla ei ole vaikutusta meihin. Koemme sisäistä rauhaa ja tyytyväisyyttä.

Lapset, meidän täytyy levittää tietoutta henkisistä periaatteista soveltamalla niitä käytäntöön omassa elämässämme. Emme pysty levittämään tätä tietoa toisille ihmisille pelkän puheen avulla. Aika, jonka ihmiset hukkaavat puhumiseen, pitäisi käyttää opetusten käytäntöön soveltamiseen! Tavalliset ihmiset pyrkivät matkimaan sellaisten ihmisten tekoja, jotka ovat yhteiskunnan arvostamassa asemassa. Tästä syystä korkeassa asemassa olevien on tärkeää pyrkiä toimimaan positiivisina roolimalleina.

Olipa kerran ministeri, joka tuli vierailulle kylään, joka sattui olemaan koko maan likaisin kylä. Ministeri yöpyi pormestarin luona hänen vieraanaan. Katujen varret olivat täynnä jäteröykkiöitä ja avoviemärit olivat tulvillaan seisovaa jätevettä. Koko alue oli käsittämättömän löyhkän vallassa.

Ministeri kysyi pormestarilta miksi kylä oli niin likainen. Pormestari vastasi: "Täällä asuvat ihmiset ovat oppimattomia. He eivät tiedä mitään puhtaudesta. He eivät yksinkertaisesti välitä. Olen yrittänyt opettaa heitä, mutta he eivät kuuntele. Olen käskenyt heitä siivoamaan kylän, mutta he eivät tee sitä, joten olen antanut periksi." Pormestari jatkoi palopuhettaan syyttäen kyläläisiä loputtomiin. Ministeri kuunteli kärsivällisesti sanomatta sanaakaan. He söivät illallisen ja ministeri meni tämän jälkeen nukkumaan.

Kun pormestari nousi seuraavana aamuna ylös, hän ei löytänyt ministeriä mistään. Hän etsi ministeriä kaikkialta talosta, mutta hänestä ei näkynyt jälkeäkään. Hän kysyi palvelijoilta olivatko he nähneet ministeriä, mutta kukaan ei ollut nähnyt häntä. Pormestari hätääntyi. Hän lähti ulos talosta etsimään ministeriä. Lopulta hän löysi ministerin. Ministeri oli kadulla siivoamassa roskia yksin. Hän oli kasannut roskat suureksi kasaksi, jonka hän sytytti palamaan. Pormestari oli häpeissään nähdessään tämän. Hän ajatteli itsekseen: "Kuinka voin vain seistä tässä tekemättä mitään, kun ministeri työskentelee tällä tavoin?" Niinpä pormestari liittyi ministerin seuraan ja he jatkoivat kylän siivoamista yhdessä. Kun kyläläiset heräsivät ja lähtivät ulos kadulle, he yllättyivät nähdessään näiden kahden miehen tekevän näin likaista työtä. Heistä tuntui, etteivät he voisi vain seisoa katselemassa ministerin ja pormestarin siivoamista, joten he liittyivät heidän seuraansa siivoamaan kylää. Koko kylä oli siivottu putipuhtaaksi hyvin lyhyessä ajassa. Kaikki roskat oli kerätty pois ja avoviemärit puhdistettu. Missään ei näkynyt pienintäkään roskaa. Koko kylä näytti täysin erilaiselta.

Lapset, asian saa yleensä selitettyä lyhyemmässä ajassa näyttämällä esimerkkiä kuin kertomalla sanoin. Meidän pitäisi ryhtyä toimeen odottamatta tuleeko joku avuksemme. Tällöin ihmiset yleensä liittyvät mukaan auttamaan. Jos vain seisomme sivussa katselemassa ja kritisoimassa toisia, myrkyttynyt mielemme myrkyttää myös toisten mielet. Joten rakkaat lapset, meidän täytyy toimia eikä vain puhua. Muutos on mahdollista saada aikaan vain toimimalla.

Kysymys: Sanotaan, että mielemme tulisi pysyä yhtä tyynen vakaana saammepa osaksemme ylistystä tai syytöksiä. Kuitenkin sanotaan myös, että Herra (Vishnu) oli tyytyväinen, kun taivaalliset olennot lauloivat ylistyslaulua Hänen kunniakseen. Eikö tämä tarkoita sitä, että ylistys vaikutti Herraan?

Amma: Ylistys ei imartele Herraa. Hän on tyyneys. Ylistys ja solvaus ovat hänelle yhtä. Vaikka sinä heittäisit häntä koiran ulosteilla, hän antaisi sinulle vastalahjaksi jäätelöä. Sellainen on hänen mielensä. Tätä aito tyyneys on.

Vishnu antoi *devoille* [taivaallisille olennoille] opetuksen. Hän antoi heidän ensin kärsiä hieman pitämällä silmiään kiinni heidän saavuttuaan hänen luokseen. He kutsuivat häntä monta kertaa, mutta hän ei näyttänyt olevan lainkaan tietoinen heidän läsnäolostaan. Lopulta he rukoilivat häntä sydämet särkyneinä. Ja vasta tällöin hän avasi silmänsä. Rukoustensa vuoksi he pystyivät näkemään hänet nyt myös sydämissään. He eivät laulaneet noita mantroja ylistääkseen häntä tai saadakseen haluamansa; ne olivat uskollisten seuraajien rukouksia, joita he toistivat nähdessään Hänet. He rukoilivat saadakseen ilmestyksen Itsen todellisesta luonteesta. Hänen seuraajiensa viattomat sydämet miellyttivät Herraa. Herraa on mahdotonta miellyttää, mikäli se ei kumpua suoraan sydämestä.

Kysymys: Miten *mahatmat* näkevät maailman?

Amma: Rakastunut nainen menee teatteriin katsomaan näytelmää, jossa hänen rakastettunsa näyttelee. Näytelmää katsoessaan nainen nauttii miehen näytelmäsuorituksesta. Hän näkee miehen tämän roolihahmon lävitse. Hän näkee aina rakastettunsa hänen näyttelemänsä roolin takaa ja nauttii siksi näytelmästä. Se viehättää häntä suuresti. Vastaavasti *mahatma* näkee maailmassa vain erilaisia Jumalan näyttelemiä rooleja. *Mahatmat* näkevät maailman ja jokaisen yksilön takana Jumalan.

Kysymys: Voimmeko muuttaa kohtalomme omien ponnistelujemme avulla?

Amma: Pystyt kohoamaan kohtalon yläpuolelle, jos teet tekosi ajatellen niiden olevan uhrilahja Jumalalle. Vältä laiskuutta kaikin keinoin ja tee parhaasi syyttämättä kohtaloa. Ihminen, joka kieltäytyy näkemästä vaivaa elämässään ja syyttää sitten kohtaloa, on yksinkertaisesti vain laiska.

Kaksi ystävystä teettivät molemmat horoskoopin itselleen. Kävi ilmi, että heidän kummankin kohtalona oli kuolla käärmeenpuremaan. Siitä päivästä lähtien toinen heistä oli huolesta sekaisin ajatellen jatkuvasti käärmeitä ja kuolemaa. Hänestä tuli mielisairas, jolloin hänen perheensäkin menetti mielenrauhan. Hänen ystävänsä puolestaan kieltäytyi vaipumasta negatiivisiin ajatuksiin, vaikka oli saanut saman ennustuksen. Hän etsi sen sijaan ratkaisua. Hän perehtyi erilaisiin tapoihin välttyä käärmeen puremalta. Kun hän ymmärsi, miten vähän hän pystyisi tekemään estääkseen sen, hän turvautui Jumalaan. Hän päätti myös käyttää Jumalan hänelle antamaa terveyttä ja älyä, joten hän pysyi huoneessaan ja teki kaikki tarvittavat varotoimenpiteet välttyäkseen kohtaloltaan. Sinä päivänä ja siihen kellonaikaan, kun käärmeen oli määrä purra häntä, hän oli rukoilemassa. Jokin pakotti hänet nousemaan ylös, jolloin hänen jalkansa osui johonkin terävään ja siihen tuli haava. Huoneessa oli käärmettä esittävä patsas. Hänen jalkansa oli osunut käärmeen terävään metallikieleen. Hän sai vamman juuri sillä hetkellä kun käärmeenpureman oli ennustettu tapahtuvan, mutta koska käärme ei ollut oikea, se ei ollut myrkyllinen. Hän oli ponnistellut kohtalonsa muuttamiseksi samalla kun oli antautunut Jumalalle. Nämä asiat kantoivat hedelmää. Toisen miehen elämä puolestaan tuhoutui pelon vuoksi jo kauan ennen kuin käärme puri häntä. Meidän täytyy nähdä vaivaa ja tehdä parhaamme. Uhratkaamme tekomme Jumalalle kohtaloa syyttämättä. Tällöin pystymme selviytymään mistä tahansa eteemme tulevasta vaikeudesta.

Kysymys: Eikö Krishna olisi pystynyt muuttamaan Duryodhanan mielen sodan välttämiseksi?

Amma: Krishna näytti jumalallisen muotonsa sekä Pandaville että Kauraville. Arjuna havaitsi Hänen suuruutensa, mutta Duryodhana ei. Hän teki virheen sivuuttaessaan näyn pelkkänä Krishnan tekemänä taikatemppuna. Mitä tahansa *Mahatma* tekeekään, se ei hyödytä niitä, jotka eivät suostu antautumaan. Mestari voi antaa henkisiä ohjeita vain etsijän omien kykyjen ja luonteen rajoittamissa puitteissa. Duryodhana eli vain kehotietoisuutensa varassa. Hän ei ollut valmis kuulemaan henkisiä totuuksia. Hän ei uskonut Krishnan tarkoittavan puheillaan hänen parastaan, sillä hän kuvitteli Krishnan suosivan aina Pandavia. Sota oli ainut keino tuhota niin pahasti *adharmisen* yksilön ego kuin mitä Duryodhana oli.

Kysymys: Eikö ole täysin hyödytöntä rukoilla ellei mieli ole puhdistunut?

Amma: Rakkaat lapseni, älkää ajatelko seuraavanlaisia ajatuksia: ”Olen tehnyt niin monia virheitä elämässäni. En voi rukoilla, koska mieleni ei ole tarpeeksi puhdas. Rukoilen sitten, kun mieleni on puhdistunut.” Jos päätät uida valtameressä vasta kun kaikki aallot ovat tyyntyneet, et pääse koskaan uimaan.

Kuvittelepa, että lääkäri sanoisi potilaalleen: ”Tule vastaanotolleni vasta sitten, kun olet parantunut!” Mitä hyötyä tästä olisi? Lääkärin luo mennään, jotta sairaudesta parannuttaisiin!

Jumala puhdistaa mielemme. Tästä syystä meidän tulisi turvautua Jumalaan. Mieli voi puhdistua vain Jumalan avulla. Ei ole syytä jäädä katumaan sitä, miten olemme eläneet aiemmin. Menneisyys on kuin mitätöity shekki.

Lyijykynän päässä on yleensä kumi, jotta voisimme pyyhkiä nopeasti pois sen, mitä olemme juuri kirjoittaneet. Pystymme kuitenkin pyyhkimään kirjoittamamme asian vain kerran, sillä paperi repeytyy, jos kirjoitamme saman asian uudestaan samaan kohtaan ja pyyhimme sitten taas. Jumala antaa anteeksi virheet, jotka teimme tietämättömyytemme vuoksi. Kaikkein vakavin rikkomus on toistaa sama virhe uudestaan, vaikka tietää sen olevan väärin. Meidän täytyy välttää sellaisten virheiden tekemistä.

Kysymys: Monet henkisiä harjoituksia tekevät ihmiset vaikuttavat vihaisilta. Miten viha poistetaan?

Amma: Vihan yläpuolelle ei ole mahdollista kohota pelkän meditaation ja mantrojen toistamisen avulla. Erakot, jotka viettävät elämänsä yksinäisyydessä henkisiä harjoituksia tehden, ovat kuin polttavan kuumalla kaukaisella aavikolla kasvava puu. Maailma ei hyödy heidän tarjoamastaan suojasta. Tällaisten ihmisten pitäisi mennä maailmaan elämään ihmisten keskelle ja kehittämään itsessään sellaista asennetta, että he kykenevät näkemään Jumalan kaikissa ja kaikessa. Jos laitat erimuotoisia kiviä säiliöön ja pyörität niitä siellä, kivet osuvat toisiinsa. Ne hiovat toinen toistensa särmät pois ja muuttuvat kauniin sileiksi. Etsijän tulisi vastaavasti mennä maailmaan taistelemaan ja kehittämään mielen kypsyyttä. Vain he, jotka onnistuvat maailman monimuotoisen elämän keskellä, voivat todella sanoa onnistuneensa.

Rohkeita ovat he, jotka pidättäytyvät vihastumasta tilanteissa, joissa viha on odotettavissa oleva reaktio. Kun henkistä harjoitusta yksinäisyydessä tekevä sanoo: "En ole vihainen", se ei tarkoita mitään, eikä se ole merkki rohkeudesta. Kielteiset ominaisuutesi eivät välttämättä katoa, vaikka teet henkisiä harjoituksia jossain yksinäsi. Kylmyyden jähmettämä kobra ei nosta päätään ja pure, mutta heti kun aurinko lämmittää sitä, sen luonne muuttuu. Metsässä yksin istuva shakaali vannoo valan: "Tästä hetkestä lähtien en enää ulvo, kun näen koiran!" Mutta heti kun shakaali tulee metsästä pihapiiriin ja näkee vilauksen koiran hännästä, se unohtaa valansa. Meidän täytyy säilyttää mielenhallinta kaikkein vaikeimmissakin tilanteissa. Tietyssä henkisten harjoitusten vaiheessa oppilas on kuin huoneeseensa arestiin määrätty lapsi, jolloin hänen kiukkunsa hieman voimistuu. Tämä vaihe on mahdollista voittaa tekemällä henkisiä harjoituksia henkisen mestarin läheisyydessä.

Kysymys: Eikö olekin totta, että jotkut pyhimykset ovat joskus suuttuneet?

Amma: Heidän vihansa tuhosi ihmisten egot. Heidän vihansa oli myötätunnon ilmaus. Pyhimyksen vihaa ei voida verrata tavallisen ihmisen vihaan. Mestarin vihan tarkoitus on poistaa oppilaan *tamas* [jähmeys]. Kuvitellaanpa, että lehmä syö arvokasta ravintokasvia kasvimaallasi. Jos lähestyt lehmää vedoten siihen lempeästi: "Rakas, kiltti lehmä, voisitko olla syömättä kasvia ja menisitkö pois", se ei hievahdakaan. Jos taas huudat lehmälle voimallisesti, se lähtee matkoihinsa. Ankaruutesi saa erottelukyvyttömän lehmän lopettamaan pahanteon. Vastaavasti täydellisen mestarin viha on kuin teatteria – se ei kumpua hänen sisältään. Mestarin viha on kuin saippua, joka puhdistaa oppilaan mielen. Mestarin ainut tavoite on auttaa oppilasta kehittymään parempaan suuntaan. Poltetulla köydellä tai sitruunankuorella näyttäisi olevan muoto, mutta se hajoaa heti, kun kosketat sitä. Pyhimyksen viha ei ole aitoa, se on teatterinäytelmä, jonka tarkoituksena on ohjata muut oikealle polulle.

Keskusteluja Äidin kanssa

Kysymys: Amma, käymme usein temppelissä ja sinun luonasi. Riittääkö tämä henkiseen edistymiseen vai täytyykö meidän vielä tämän lisäksi rukoilla ja meditoida?

Amma: Rakkaat lapset, te ette saavuta mielenrauhaa pelkästään tulemalla tänne paikanpäälle, vaikka tekisitte niin vuosikausia. Älkää myöskään kuvitelko, että saavutatte sen käymällä tuhansia kertoja temppelissä. On täysin turhaa syyttää Jumalaa ja valittaa Hänelle siitä, jos on käynyt temppelissä neljäkymmentä vuotta eikä ole saanut siitä mitään hyötyä. Mikäli sydämesi ei ole puhdas, et hyödy. On täysin hyödytöntä tulla ashramiin, mikäli ajattelet *samalla* niitä asioita, jotka sinun täytyy tehdä kotona, ja mikäli odotat malttamattomana kotiinlähtöä. Kun menet temppeliin tai tulet tänne, toista mantraasi, tee *archanaa* [jumalallisten nimien toistaminen], meditoi tai laula antaumuksellisia lauluja; vain tällöin hyödyt vierailustasi. Viritä sydämesi Jumalan taajuudelle. Valaistumista ei ole mahdollista saavuttaa pelkästään käymällä Benaresissa tai Tirupatissa[23] kylpemässä ja kiertämällä Jumalan patsaan ympäri. Jos vapautumisen saisi vain käymällä Tirupatissa, silloinhan kaikki, joilla on sinne jotain asiaa, valaistuisivat, eikö niin? Ja eikö jokainen Benaresissa asuva murhaaja ja roisto vapautuisi myös? Sydämen täytyy puhdistua: vasta silloin vierailuista on hyötyä. Tätä tapahtuu kuitenkin nykyaikana harvoin.

Betoni asettuu hyvin vain silloin, jos siinä käytettävä "metalli"[24] on puhdasta. Vastaavasti Jumala pystyy asettumaan sydämeemme vakaasti vain silloin, kun se on puhdas. Mielen

---

[23] Pyhiä paikkoja Intiassa. Tirupati on Etelä-Intian tärkein pyhiinvaelluspaikka ja siellä on kuuluisa Venkeshwaralle (Vishnulle) omistettu temppeli.

[24] Kivimurska ("tiemetalli"), jota käytetään betonissa rakentamiseen ja teiden korjaamiseen

voi puhdistaa vain keskittämällä mieli Jumalaan, toistamalla mantroja, meditoimalla tai rukoilemalla.

TV-kanavat lähettävät erilaisia ohjelmia, mutta televisio täytyy virittää oikealle taajuudelle, jotta nämä ohjelmat näkyisivät. Jos emme valitse oikeaa kanavaa, miksi syyttää muita siitä, että emme kykene näkemään Jumalan armon olevan aina kanssamme? Armon vastaanottamiseksi meidän täytyy ensin virittäytyä Jumalan taajuudelle. Jos emme viitsi tehdä tätä, ei ole mitään järkeä syyttää siitä Jumalaa. Mikäli emme virittäydy Jumalan taajuudelle, meissä ei soi Jumalan taivaallinen musiikki, vaan tietämättömyyden riitasoinnut. Jumala on totisesti myötätuntoinen. Yrittäkäämme muovata sydämiämme, sillä se on tarpeen.

Kysymys: Amma, en ole löytänyt rauhaa enkä onnea. Elämäni on pelkkää surua. En mahda sille mitään, että pohdin miksi minun pitäisi jatkaa elämistä.

Amma: Tyttäreni, egosi aiheuttaa kaikki kärsimyksesi. Jumala, rauhan ja onnen lähde, asuu meissä. Opimme tuntemaan Jumalan vain tekemällä henkisiä harjoituksia ja karkottamalla egon. Kuvitellaanpa, että on aurinkoinen päivä etkä jaksa enää ottaa askeltakaan, sillä olet niin uuvuksissa kuumuudesta. Ja silti sinulla on koko ajan ollut päivänvarjo mukanasi! Tilasi on tällä hetkellä samanlainen: jos olisit avannut päivänvarjon ja pitänyt sitä pääsi yllä, aurinko ei olisi uuvuttanut sinua. Sinussa on henkistä voimaa ja henkisiä ominaisuuksia, mutta et tiedosta niitä, joten koet surua. Sinun täytyy vain päästä eroon egostasi ja asettaa Jumala sen tilalle. Sinun ei tarvitse lähteä minnekään etsimään rauhaa. Totuus ja jalot aatteet - sitä Jumala on. Näille aatteille ei kuitenkaan ole sijaa, mikäli mieli on täynnä "minää" ja "minuutta". Ego täytyy repiä juuria myöten pois nöyryyden avulla. Ja silloin - meissä piilevän voiman avulla – koemme rauhan. Metallia voi muovata, jos sitä lämmitetään tulessa. Mikäli uhraamme egomme vastaavalla tavalla Jumalan tuleen, todellinen luontomme pääsee muovautumaan esiin.

Kysymys: Amma, voimmeko todella löytää sisäisen rauhan henkisten harjoitusten avulla?

Amma: Et löydä rauhaa pelkästään henkisiä harjoituksia tekemällä, vaan sinun täytyy myös luopua egosta. Vasta tällöin kykenet kokemaan harjoituksista saatavan hyödyn ja saavutat mielenrauhan. Saatat kysyä: "Saavuttavatko kaikki Jumalaa rukoilevat tai henkisiä lauluja laulavat rauhan?"

Mielestäsi tulee vahva vain silloin, jos ymmärrät ensin henkiset periaatteet ja rukoilet ja laulat sitten. Henkisistä harjoituksista on hyötyä vain niille, jotka ovat tutkineet kirjoituksia tai kuunnelleet henkisiä puheita, saavuttaneet sitä kautta jonkinlaista ymmärrystä henkisistä periaatteista ja pyrkineet elämään näiden opetusten mukaisesti. Eräs tarina kertoo askeetikosta, joka muutti linnun tuhkaksi vain siksi, että se häiritsi hänen henkistä harjoitustaan. Mies oli tehnyt paljon erilaisia puhdistautumisharjoituksia, mutta silti hänen vihansa leimahti sekunnissa. Jos teet henkisiä harjoituksia ymmärtämättä henkisyyttä ja soveltamatta suurten sielujen opetuksia elämääsi, saavutat vain ylimielisyyttä ja vihaa.

Kysymys: Olen rukoillut suurinta osaa tuntemistani jumalista. Olen palvonut vuorotellen Shivaa ja monia muita jumalia toistaen samalla useita erilaisia mantroja. Minusta tuntuu, etten ole silti hyötynyt siitä.

Amma: Olipa kerran hyvin janoinen nainen. Vettä ei ollut saatavilla. Joku kertoi hänelle: "Kaiva tästä, niin löydät pian vettä." Niinpä nainen kaivoi siitä kohdasta vähän aikaa, mutta ei löytänyt vettä. Näin ollen hän päätti kaivaa toisesta kohdasta, mutta ei löytänyt sieltäkään vettä. Hän kaivoi vielä kolmannestakin kohdasta löytämättä vettä. Tämän jälkeen hän kaivoi monesta

muustakin kohdasta, mutta tuloksetta. Lopulta hän kaatui uupu-
muksesta maahan. Ohikulkija näki maassa makaavan naisen ja
kysyi häneltä mitä oli tapahtunut. Nainen vastasi: "Olen lopen
uupunut, sillä olen kaivanut kaikkialta löytämättä vettä. Kärsin
tällä hetkellä vielä enemmän kuin aloittaessani. Ensin olin vain
janoinen. Sitten käytin kaikki voimani kaivamiseen ja nyt olen
edelleen janoinen, mutta myös uupunut." Ohikulkija vastasi
hänelle: "Jos sinulla olisi ollut kärsivällisyyttä kaivaa pitkäjäntei-
sesti yhdestä kohtaa tarpeeksi syvälle, olisit löytänyt heti saman
tien vettä yli tarpeidesi. Et kuitenkaan toiminut näin, vaan kaivoit
hieman sieltä täältä, joten löysit vain pettymyksen!" Useita eri
Jumalia rukoiltaessa seuraus on tämän kaltainen. Et hyödy siitä.
Ongelmaa ei kuitenkaan ole, mikäli ajattelet kaikkien jumalien
olevan yksi ja ainut Jumala. Ongelmalliseksi asian tekee se, että
vaihdat jatkuvasti keskittymisesi kohdetta muodosta toiseen.

Muuan mies osti mangon taimen. Puuntaimen odotettiin
kantavan satoa kolmen vuoden kuluttua. Mies istutti taimen
ja hoiti sitä asianmukaisella tavalla. Juuri kun puu oli puhkea-
maisillaan kukkaan, mies kaivoi sen juuriltaan ja istutti sen
tilalle toisen taimen. Miehen olisi tarvinnut odottaa enää kaksi
päivää, jonka jälkeen kolmen vuoden kasvuaika olisi täyttynyt!
Miehellä ei ollut kärsivällisyyttä odottaa, joten miten hän voisi
koskaan saada hedelmiä? Sinullakaan rakas tyttäreni ei ole ollut
kärsivällisyyttä odottaa tarvittavaa aikaa. Olet käynyt useissa eri
paikoissa, toistanut useita eri mantroja ja meditoinut useita eri
jumalia. Sen vuoksi et ole saanut korjata satoa. Et ole myöskään
rukoillut Jumalaa aidosta jumalankaipuusta, vaan olet rukoillut
Jumalalta maallista vaurautta. Rakas tyttäreni, olet meditoinut
halujesi kohteita, et Jumalaa. Ja siitä syystä olet juoksennellut
paikasta toiseen. Toistit yhtä mantraa, mutta kun et saavuttanut
heti tuloksia, vaihdoit sen toiseen. Kun sekään ei auttanut sinua,

vaihdoit jälleen mantraa. Ja mitä tästä kaikesta seurasi: pelkkää ajan hukkaa.

Rakas tyttäreni, halusit vain kuninkaan palatsissa olevan kullan. Et rakastanut kuningasta. Jos olisit rakastanut kuningasta, olisit saanut sekä kullan että kuninkaan. Jos olisit rakastanut vain Jumalaa, olisit saanut kaiken.

Et kuitenkaan rakastanut Jumalaa. Kaipasit vain kultaa. Jos olisit tehnyt henkisiä harjoituksia täysin riippumattomana; jos olisit luopunut kaikista haluistasi ja antautunut Jumalalle; jos olisit ajatellut kaiken olevan Jumalan tahdon mukaista – olisit jo nyt kaikkien kolmen maailman kuningatar! Mutta sinä halusit vain materiaa ja rikkauksia. Sinusta tuli Duryodhanan kaltainen. Hän halusi vain kuningaskunnan ja valtaa hallitakseen alamaisiaan. Ja mitä hän sai? Hän ja hänen kannattajansa menettivät kaiken. Entäpä Pandavat? He turvautuivat vain Krishnaan. Tämän asenteen vuoksi he saivat sekä Herran että kuningaskunnan. Joten luovu ulkoisen onnen kaipuustasi! Kun sinulla on Jumala, kaikki tulee luoksesi. Antaudu aidosti ja luovuta kaikki Jumalalle. Tee henkiset harjoituksesi kärsivällisesti. Tällöin saat henkisen sadon lisäksi maallisia rikkauksia. On täysin hyödytöntä odottaa välittömiä tuloksia, mikäli toistat mantraa vain vähän aikaa. Sinulla täytyy olla kärsivällisyyttä ja sinun täytyy antautua Jumalalle.

Kysymys: Amma, jotkut ihmiset sanovat, että Jumalan itkeminen rukoiltaessa tai antaumuksellisia lauluja laulettaessa on heikkoutta. He kysyvät: "Etkö menetä energiaa samalla tavoin kuin puhuessasi?"

Amma: Nuotion tuli tuhoaa kananmunan, mutta kanaemon hautomislämpö saa kananpojan kuoriutumaan. Molemmissa tapauksissa lämpö vaikuttaa munaan, mutta hyvin eri tavoin, eikö niin? Tyhjänpäiväinen puhuminen kuluttaa voimia. Rukoileminen ja antaumuksellisten laulujen laulaminen tekee mielestä keskittyneen, jolloin voimavarat kasvavat. Kuinka se siis voisi olla merkki heikkoudesta? Kun kynttilä sulaa, sen liekki palaa kirkkaammin. Vastaavasti, kun sydän sulaa rukoiltaessa tai laulettaessa, se kuljettaa meidät Korkeimman Totuuden tilaan. Jumalan itkeminen ei ole merkki heikkoudesta.

Kysymys: Menetämmekö me voimiamme ajatellessamme?

Amma: Henkisiä asioita koskevat ajatukset auttavat meitä saamaan voimaa ja ne kehittävät mielen vahvuutta. Jumala edustaa kaikkia hyviä ominaisuuksia kuten uhrautuvaisuutta, rakkautta ja myötätuntoa. Kun ajattelemme Jumalaa, nämä sisällämme uinuvat hyveet heräävät ja mielemme laajenee. Jos taas ajattelemme materialistisia asioita, mielemme uppoutuu maailmaan ja vaeltelee siellä olevista kohteista toisiin. Aistimme reagoivat mielen vaelteluun; huonot tavat syntyvät ja mielemme supistuu rajoittuneemmaksi. Ja kun emme saa haluamaamme, heikkenemme entisestään ja suutumme – menetämme voimamme. Kaasusytytin menettää joka kerta osan voimistaan, kun se sytytetään. Vastaavalla tavalla me menetämme osan voimastamme joka kerta kun puhumme jostain sellaisesta, mikä vahvistaa maallisia halujamme. Mielemme heikkenee ja energiat hupenevat. Henkisten asioiden ajatteleminen ja niistä puhuminen on puolestaan kuin akkujen lataamista. Voimme siis joko menettää energiaa tai saada sitä.

Kysymys: Sanotaan, että naisen ei pitäisi mennä temppeliin eikä tehdä *pujaa* kuukautisten aikana. Pitääkö tämä paikkansa? Eikö Jumala ole kaikkialla? Eihän Jumala ole rajoittunut mihinkään tiettyyn paikkaan.

Amma: Jumala on aina läsnä kaikkialla. Meidän täytyy kuitenkin pitää tiettyjä asioita puhtaina ja epäpuhtaina. Ulkoinen puhtaus johtaa sisäiseen puhtauteen. Kun naisella on kuukautiset, hänen mielensä ei ole tyyni. Hänen kehonsa on väsynyt, aivan kuin silloin kun hän raskaana. Tästä syystä naisten pitäisi levätä kuukautisten aikana. Naiset eivät yleensä pysty rukoilemaan tai tekemään *pujaa* kuukautisten aikana niiden vaatimalla keskittyneisyydellä. Jos naisella kuitenkin on voimia ja keskittymiskykyä, hän voi toki tehdä *pujan* kuukautistenkin aikana. Naisen kehossa tapahtuu monia muutoksia kuukautisten aikana. Tietyt haitalliset mikrobit lisääntyvät silloin naisen kehossa. Eräs Amman amerikkalaisista pojista kieltäytyi uskomasta tätä, kun Amma puhui asiasta. Kun hän palasi kotiin, hän kuuli asiaa käsittelevästä tieteellisestä kokeesta. Useita naisia pyydettiin poimimaan kukkia samasta kasvista. Osalla naisista oli kuukautiset, osalla ei. Menstruoivien naisten poimimat kukat kuihtuivat nopeammin kuin muut kukat. Vasta kun poikani oli kuullut tämän, hän uskoi mitä Amma oli sanonut.

Amma on tavannut monia ihmisiä. Hän puhuu myös heidän kokemustensa perusteella. Nykyaikana ihmiset uskovat asioita vasta kun lukevat niistä lehdistä. Vaikka joku kertoisi heille nähneensä kuinka vauva tippui veteen, osa ihmisistä ei usko sitä. He sanovat: "Uskon tuon sitten kun näen sen sanomalehdissä!"

On hyvä, jos nainen jatkaa mantran toistamista kuukautistensa aikana, mutta hänen on parempi välttää temppeleihin menemistä. Amma sanoo tämän siksi, että mielen temppelin tulisi olla puhdas. Kun vierailet temppelissä, asenteesi on toisenlainen kuin toimistossa tai ravintolassa käydessäsi. Temppelin käsite on aivan toisenlainen ja sen pyhyyttä tulisi varjella.

Jumala on kuin tuuli. Tuuli puhaltaa yhtälailla niin kukan kuin ulosteen yli. Jumalalle ei ole sellaisia eroavaisuuksia kuin puhdas ja epäpuhdas. Meidän täytyy kuitenkin kiinnittää huomiota näihin eroihin, jotta edistyisimme.

Kysymys: Amma, miksi ihmiset kärsivät vielä senkin jälkeen, kun he ovat turvautuneet Jumalaan? Miksei Jumala voi täyttää kaikkien toiveita?

171

Amma: Nykyaikana suurin osa ihmisistä turvautuu Jumalaan vain sen vuoksi, että haluavat toiveidensa toteutuvan. Se ei ole rakkautta Jumalaa kohtaan; se on rakkautta maailmaa ja sen sisältämiä kohteita kohtaan. Halut ovat juurtuneet syvälle itsekkyyteen, joten ihmisillä on hyvin vähän myötätuntoa toisiaan kohtaan. Kuinka Jumalan armo voisi tulvia sellaisen ihmisen sydämeen, joka ei tunne myötätuntoa toisia kohtaan? Miten tällainen ihminen sitten pääsee eroon kärsimyksistään? Jos rukoilet Jumalalta vain toiveidesi täyttymistä, et vapaudu kärsimyksistä koskaan. Jos haluat kärsimystesi loppuvan, sinun täytyy rukoilla, että pääset eroon haluistasi, ja että uskosi ja rakkautesi Jumalaa kohtaan kasvaisi. Tällöin Jumala täyttää kaikki tarpeesi. Meidän ei pitäisi rakastaa kuninkaan palatsissa olevia tyhjänpäiviä tavaroita, vaan kuningasta. Jos saat kuninkaan, saat myös kaikki palatsin aarteet. Kun rukoilemme Jumalaa, meidän ei pitäisi pyytää Häneltä työpaikkaa, taloa tai vauvaa. Meidän pitäisi rukoilla: "Oi Jumala, haluan Sinun olevan minun." Jos Jumala on sinun - jos olet ansainnut Jumalan armon - kaikki kolme maailmaa ovat jalkojesi juuressa. Saat vallan hallita näitä maailmoja. Tämän saavuttamiseksi ajatuksien, sanojen ja tekojen täytyy olla hyviä.

Rakkaat lapset, rukoilkaa pelkästään Jumalaa. Se on ainut keino saavuttaa täyttymys. Kaikki sokerin sekaan tippuva muuttuu makeaksi. Ja vastaavasti, koska Jumala on autuus, koemme autuutta mikäli Jumala on meille läheinen. Jos pyydystät kuningatarmehiläisen, kaikki muut mehiläiset seuraavat häntä. Turvaudu Jumalaan, niin kaikki henkiset ja materialistiset voitot ovat sinun.

Halujensa täyttymistä tavoittelevien ihmisten usko ja antaumus vahvistuvat vain silloin, kun heidän toiveensa täyttyvät. Jos heidän toiveensa eivät täyty, he menettävät sen vähänkin uskon, joka heillä oli.

Miten kaikkien toiveet voisivat täyttyä? Lääkäri toivoo itselleen paljon potilaita, joten hän rukoilee sitä Jumalalta joka päivä. Hän menettäisi uskonsa, mikäli hän ei saisi enää poti-laita, eikö niin? Samaan aikaan hänen potilaansa rukoilevat Jumalalta terveyttä. Hautausurakoitsija rukoilee, että hän saisi joka päivä uusia ruumiita kuljetettavakseen. Ruumisarkkujen myyjä rukoilee samaa asiaa. Entä mitä kaikki muut rukoilevat? Että he eivät kuolisi koskaan! Kuinka kaikkien toiveet voitaisiin täyttää? Asianajaja rukoilee, että mahdollisimman moni ihminen haastettaisiin oikeuteen, kun taas kaikki muut rukoilevat, ettei heitä koskaan haastettaisi oikeuteen. Tämä maailma on täynnä vastaavanlaisia ristiriitoja. Olisi hyvin vaikeaa täyttää kaikkien toiveet samanaikaisesti. Tässä ristiriitojen maailmassa tyytyväi-senä ja rauhallisena eläminen ei puolestaan ole kovin vaikeaa. Meidän täytyy vain ymmärtää henkisyyden periaatteet ja elää niiden mukaisesti, siinä kaikki.

Kookospalmujen kasvattaminen ei ole vaikeaa agronomiaa opiskelleelle. Jos puu sairastuu, hän huomaa sen nopeasti, ja hoitaa puun kuntoon. Samaan tapaan, mikäli tunnet henkiset periaatteet ja elät niiden mukaisesti, tiedät kuinka edetä elämässä kompastumatta tiellesi osuviin vaikeuksiin.

Kun ostat uuden laitteen, saat sen mukana ohjekirjan. Jos et tunne laitetta ja ryhdyt käyttämään sitä lukematta käyttöoh-jeita, laite saattaa mennä rikki. *Mahatmat* ja pyhät kirjoitukset opettavat meille kuinka elää tässä maailmassa oikealla tavalla. Jos seuraamme heidän opetuksiaan, koemme täyttymystä elä-mässämme. Jos taas emme elä opetusten mukaan, elämämme menee hukkaan.

Kysymys: Amma, puhumme usein siitä, että Jumala on kaiken myötätunnon alkulähde. Miksi sitten Jumala aiheuttaa ihmisille kamalia sairauksia ja pakottaa heidät kärsimään?

Amma: Jumala ei aiheuta kenenkään sairauksia eikä Hän rankaise ketään. Ihmisten itsekkyys aiheuttaa sairaudet. Ajattelepa kuinka monia vääryyksiä ihmiset ovat tehneet itsekkyytensä vuoksi! He kärsivät niiden tekojen seurauksista. Ihmiset luovat keinotekoisia ympäristöjä kohentaakseen omaa mukavuuttaan. Kemiallisia lannoitteita käytetään satomäärän ja satokoon kasvattamiseen sekä kasvuvauhdin nopeuttamiseen. Tällaisilla keinotekoisilla tavoilla kasvatetut hedelmät eivät pysty tarjoamaan meille niille ominaista laatua. Ihmiset eivät ole jättäneet edes eläimiä näiden keinotekoisten käsittelytapojen ulkopuolelle. Kemikaaleille altistuneet kasvit ja eläimet eivät kuitenkaan ole ainoita, jotka kärsivät seurauksista. Saastunutta ruokaa syövät ihmiset kärsivät myös. Päihteet aiheuttavat myös sairauksia. Alkoholi ja kannabis tuhoavat tiettyjä siemennesteen ainesosia ja heikentävät sitä. Monilla tällaisesta siemennesteestä alkunsa saaneilla lapsilla on huono terveys ja epämuodostumia. Ilmakehän saastuminen aiheuttaa myös sairauksia. Ilma ja vesi ovat myrkyllisten kaasujen ja jätteiden pilaamia. Hengitämme saastunutta ilmaa ja juomme saastunutta vettä. Nykyaikana ei ole tarjolla mitään puhdasta. Kaikki tämä johtuu ihmisten itsekkyydestä. Ihmisten epäluonnollinen käyttäytyminen ja itsekkyydestä alkunsa saaneet väärät teot ovat aiheuttaneet sairaudet – ei Jumala. Ei ole mitään järkeä syyttää Jumalaa siitä.

Ihmiskunta kaivaa omaa hautaansa kasvattaessaan itsekkyyttään. Ihmiset kaivavat maata jalkojensa alta ja putoavat siihen rotkoon – eivätkä he ymmärrä tätä. Ihmiset, jotka haluavat itselleen kaikkea kaksin verroin – olipa sitten kyse ruoasta tai rahasta – ryöstävät itse asiassa toisilta. Heidän itsekkyytensä vuoksi muilla ei ole tarpeeksi edes perustarpeiden tyydyttämiseen. Itsekkäät ihmiset eivät koe rauhaa elämänsä aikana eivätkä sen jälkeen. He elävät helvetissä ja päätyvät kuolemansa jälkeen vielä pahempaan helvettiin.[25]

Luonto on menettänyt rytminsä ja harmoniansa joutuessaan itsekkäiden ihmisten hengityksen kyllästämäksi – ihmisten, jotka ovat kadottaneet totuudellisuutensa ja rakastavan kiltteytensä. Kun nykyaikana sataa, ei ole muuta kuin pelkkää sadetta. Ja sitten kun aurinko jälleen paistaa, on pelkkää polttavaa auringonpaistetta. Maanviljely ei onnistu sillä tavoin kun sen pitäisi.

Ihmisten velvollisuuteen kuuluu suojella luontoa, mutta kuka välittää siitä nykyaikana? Nykyinen onnemme on kuin sylkisimme ylöspäin selällään maaten. Jos hylkäämme edelleen dharman ja vahingoitamme luontoäitiä, seuraukset ovat kymmenen kertaa pahempia kuin nykyään. Ihmiset tulevat syyttämään vielä silloinkin Jumalaa sen sijaan, että yrittäisivät muuttaa itseään hyveellisemmiksi!

Rakkaat lapset, aitoa tietoa on tuntea mieli ja Itse. Tämä tieto opettaa meitä soveltamaan jumalallisia periaatteita elämäämme. Lähes kukaan ei yritä hankkia tätä tietoa, vaikka se on se, mitä me tarvitsemme nyt kaikkein eniten. Jos opettelet metsästämään ennen kuin lähdet metsästysretkelle, nuolesi eivät mene hukkaan etkä ole vaarassa päätyä villipetojen saaliiksi. Jos kykenet ymmärtämään kuinka tulisi elää, elämästäsi tulee mielekästä.

Jos tutustut reittiin ennen kuin lähdet matkalle, et eksy ja harhaile ristiin rastiin. Jos talolle laaditaan piirustukset ennen kuin se rakennetaan, talo tulee rakennetuksi hyvin. Vastaavasti elämästä tulee rauhan kyllästämää, mikäli mielen luonteesta hankitaan aitoa tietoa. Itsekeskeisiä ihmisiä tämä ei kuitenkaan kiinnosta. He eivät välitä maailman hyvinvoinnista. Ainut asia, mikä heitä kiinnostaa, on heidän oma onnensa - mutta he eivät edes koe onnea.

---

[25] Amma ei tarkoita tässä helvetin olevan ikuinen tila, vaan väliaikainen tila, jossa negatiivisten tekojen seuraukset kärsitään loppuun.

Rakkaat lapset, Jumalan rakastaminen on myötätuntoa köyhiä kohtaan. Se on heidän auttamistaan. Koko maailma tulee polvistumaan epäitsekkäästi elävien edessä – niiden edessä, jotka ovat luovuttaneet itsekkyytensä Jumalalle. Kun rukoilemme, sydämissämme tulisi olla vain Jumala. Sydämissämme ei pitäisi olla silloin tilaa millekään muulle. Amma on nähnyt sellaisia ihmisiä, jotka rukoilevat ensin temppelissä Jumalaa ja ryntäävät heti sen jälkeen ostamaan alkoholia. Amma on myös nähnyt sellaisia ihmisiä, jotka poistuvat polttamaan tupakkaa viiden minuutin välein tultuaan tapaamaan Ammaa. He eivät pysty luopumaan edes tällaisista merkityksettömistä pikkuasioista, joten kuinka he voivat odottaa tavoittavansa Jumalan?

Kysymys: Eri ihmisillä on erilaisia käsityksiä Jumalasta. Mikä Jumala oikeasti on?

Amma: Jumalaa on mahdotonta kuvailla sanoin. Jumala täytyy kokea. Pystymmekö paljastamaan hunajan makeuden tai luonnon kauneuden sanoin? Tunnemme tällaisten asioiden ominaispiirteet, vasta kun olemme maistaneet ja nähneet ne. Jumala on sanojen tuolla puolen, kaikkien määrittelyiden koskettamattomissa. Jumala on kaikkialla ja kaikissa. Jumala on tiedostettu ja tiedostamaton. Emme voi sanoa Jumalalla olevan mitään tiettyä muotoa. Emme myöskään voi sanoa Jumalan olevan sitä tai tätä. Se, mitä me kutsumme Brahmaniksi on sama asia kuin Jumala. Brahman läpäisee kaiken tilan ja avaruuden, jonka pystymme käsittämään, mutta myös kaiken käsityskykymme ulottumattomissa olevan.

Kysymys: Jotta voisimme ajatella Jumalaa, meillä täytyy olla jokin käsite, eikö niin?

Amma: Jumala on kaikkien määrittelyiden ja kuvailevien sanojen ulottumattomissa. Jumalaa ei ole mahdollista kuvailla. Jumalalla kuitenkin sanotaan olevan tiettyjä ominaisuuksia, jotta mielen olisi helpompi ymmärtää Jumalaa. Epäitsekkäät *mahatmat*, kuten Sri Rama ja Sri Krishna, ilmentävät näitä ominaisuuksia. Totuudellisuus, *dharma*, uhrautuvaisuus, rakkaus ja myötätunto ovat Jumalan ominaisuuksia. Kun nämä ominaisuudet kehittyvät meissä, opimme tuntemaan Jumalan. Emme kykene ilmentämään näitä ominaisuuksia ellemme päästä irti egosta. Jokainen siemen pitää sisällään kukan ja hedelmän. Siemenen täytyy kuitenkin sukeltaa maan alle ja murtautua ulos kuorestaan (egostaan) ennen kuin se voi puhjeta kukkaan ja kantaa hedelmää. Kun siemenen kuori murtuu ja taimesta kasvaa iso puu, kaikki hyötyvät siitä. Puu tarjoaa suojaansa vielä silloinkin, kun sitä kaadetaan.

Kun luopumisesi aste on niin suuri, että sydämestäsi tulee puhdas peili, tulet tuntemaan Jumalan muodon ja kokemaan Hänen kauneutensa. Jumalaa kuvaavat ominaisuudet heijastuvat tällöin sinusta.

Kysymys: Miksi sitten sanotaan, että Jumala on muodoton?

Amma: Jumala on muodoton. Tavalliset ihmiset tarvitsevat kuitenkin *upadhin* [keinon, välineen tai symbolin] käsittääkseen Jumalan. Kuvitellaanpa, että olet janoinen ja tarvitset vettä. Tarvitset ensin jonkinlaisen astian, johon vesi laitetaan. Kun olet juonut veden, voit heittää astian syrjään. On hyvin vaikeaa käsittää Jumalaa *nirgunana* [muodottomana]. Tästä syystä Jumala ottaa sen muodon, jona Hänelle antautunut on Hänet kuvitellut. Meidän on paljon helpompi käsittää jossain muodossa oleva Jumala. *Upadhi* on aivan kuin tikapuut, jotka auttavat sinua kiipeämään puuhun: *upadhi* auttaa sinua saavuttamaan päämäärän.

Sellainen henkilö, joka ei pysty kiipeämään puuhun, pystyy silti poimimaan mangoja, mikäli hänellä on pitkä keppi, jonka päässä on koukku. Mekin tarvitsemme vastaavalla tavalla jonkun välineen, jotta pystyisimme kaivamaan hyvät ominaisuudet sisältämme esiin. Jumalan voima ilmentyy tällaisten välineiden tai symbolien kautta. Jumala on kuitenkin todellisuudessa muodoton. Kuvitellaanpa, että muovaat suklaasta jonkun hahmon. Suklaalla on siis toisin sanoen jokin tietty muoto. Mutta jos lämmität suklaata, se sulaa, ja muoto katoaa.

Kysymys: Jumalan sanotaan asuvan sydämissämme. Onko tämä totta?

Amma: Kuinka voidaan sanoa, että kaikkivoipa ja kaikenläpäisevä Jumala asuu jossain tietyssä paikassa? Kuvittele, että yrittäisit sulloa isoa kassia pieneen juomalasiin. Suurin osa kassista jäisi juomalasin ulkopuolelle peittäen lasin näkyvistä. Jos upotat sangon jokeen, vettä on sangon sisä- ja ulkopuolella. Vastaavasti, Jumalaa ei ole voida rajoittaa mihinkään muotoon. Miten sitten pystymme käsittämään Jumalan, joka on kaikkien symbolien ja käsitteiden ulottumattomissa? Helpotamme Jumalan käsittämistä ja kuvittelemista sanomalla jotain paikkaa Hänen asuinsijakseen. Jotkut ovat sitä mieltä, että Jumala asuu sydämessä. Heille Jumala asuu sydämessä. Jotkut taas ovat sitä mieltä, että Jumala asuu jossain tietyssä rakennuksessa, joten heille Jumala on tuossa rakennuksessa. Miralle juotettiin myrkkyä, mutta hän piti sitä Jumalan *prasadina* [armolahjana], jolloin myrkky lakkasi olemasta myrkyllistä. Prahlada näki Jumalan kaikkialla, jopa pylväässä ja oljenkorressa. He, jotka ymmärtävät täysin Jumalan kaikkialla läsnäolevan kaikenläpäisevyyden, kokevat Jumalan. He, joilla ei ole uskoa, eivät kykene koskaan oivaltamaan Jumalaa.

Kysymys: Miksi sanotaan, että Jumala näkyy kaikista elollisista olennoista kaikkein selvimmin ihmisissä?

Amma: Ihmiset ovat ainoita, joilla on erottelukyvyn voima. Kun yöperhonen näkee tulen, se luulee tulen olevan ruokaa. Perhonen syöksyy liekkeihin ja tuhoutuu. Ihmiset puolestaan osaavat käyttää arvostelu- ja erottelukykyään. Ihmiset tulivat tietoisiksi tulen käyttökelpoisuudesta ja oppivat käyttämään sitä ruoanlaitossa. Ihmiset oppivat myös valaisemaan pimeyttä tulella. Erottelu- ja arvostelukykyisille tuli on hyödyksi, mutta muille se on vaaraksi. Kaikilla asioilla on tässä maailmankaikkeudessa hyvät ja huonot puolensa. He, jotka tunnistavat kaikissa asioissa niiden hyvän puolen, ymmärtävät aidosti Jumalaa. Tällaiset olennot ovat pelkäksi hyödyksi maailmalle.

Kysymys: Amma, mitä *mokshalla* [vapautumisella] tarkoitetaan?

Amma: Ikuinen autuus tunnetaan *mokshana*. Se voidaan kokea täällä maan päällä. Taivas ja helvetti ovat täällä maan päällä. Jos teemme vain hyviä tekoja, olemme onnellisia myös kuoleman jälkeen.

Itsestä tietoiset ovat autuuden tilassa joka hetki. He löytävät autuuden sisältä itsestään. He kokevat autuutta jokaisessa teossaan. He ovat rohkeita. He tekevät vain hyvää eivätkä murehdi kuolemanjälkeistä elämää. He eivät ole huolissaan siitä, saavatko osakseen kärsimystä tai siitä vahingoittaako joku heitä. He elävät totuudenmukaisesti, olivatpa he missä tahansa. Jos maailmasta luopunut suljetaan vankilaan, hän löytää sieltäkin iloa. Tällaiset ihmiset näkevät kaikkien ihmisten teoissa Jumalan. Vankila ei rajoita eikä sido heitä. He eivät koskaan valita kenestäkään. He ovat tietoisia Itsestä jokaisena elinhetkenään.

Kun sammakko on vielä nuijapääasteella, se pystyy elämään vain vedessä. Kun sammakon pyrstö katoaa, se pystyy elämään vedessä ja kuivalla maalla. Et vapaudu *samsarasta* [jälleensyntymien kiertokulusta] ennen kuin hävität pyrstösi eli toisin sanoen egosi. Kun pyrstösi on poissa, koet autuutta päätätpä sitten olla kehossa tai jättää sen.

Kumipallo kelluu, jos se tippuu veteen. Sillä ei ole ongelmia nurmikollakaan. Mikään ei rajoita sitä. Vastaavasti Itsetietoisuudessa elävien luonne on hyvin erityislaatuinen. Yö ja päivä ovat heille samanlaisia. Autuus on heissä itsessään eikä missään ulkoisessa kohteessa. Vapautuminen koostuu tällaisesta mielen asenteesta.

Jos olet syntynyt kehoon, tulet kokemaan niin iloa kuin surua, sillä ne kuuluvat elämän luonteeseen. Ilo ja suru vaihtelevat teoistasi riippuen. Viileys on veden luonne ja kuumuus tulen. Joen luonne on virrata. Joki virtaa virtaamistaan, se ei pysähdy paikoilleen minnekään. Aivan samalla tavoin ilo ja suru ovat elämän luonne. Jos ymmärrät tämän, pystyt hyväksymään kohdallesi osuvat nautinnot ja kärsimykset riemulla. Mikään tästä maailmasta peräisin oleva este ei vaikuta tällaisiin henkilöihin. He ovat aina autuaita. Sitä vapautuminen on.

Kaksi matkailijaa päätti yöpyä lammen rannalla sijaitsevassa majatalossa. Toiselle heistä siellä asuminen oli sietämätöntä, sillä hän ei kestänyt sammakoiden ja sirkkojen ääntä. Kun toinen miehistä huomasi matkakumppaninsa epämukavuuden, hän sanoi: "Sammakot ja sirkat ääntelevät öisin; se on niiden luonne. Emme pysty muuttamaan niiden synnynnäisiä taipumuksia. Miksi siis annat niiden häiritä sinua? Mennään nukkumaan." Sanottuaan tämän, hän meni nukkumaan. Toinen miehistä ei kuitenkaan saanut unta. Hän poistui majatalosta ja lähti etsimään hiljaisempaa yöpymispaikkaa. Mies ei kuitenkaan pystynyt nukkumaan missään, sillä menipä hän minne tahansa, oli siellä aina jokin häntä häiritsevä ääni. Hänen ystävänsä puolestaan nukkui hyvin. Hän pystyi jättämään äänet huomiotta, sillä hän tiesi sammakoiden kurnuttavan ja sirkkojen sirittävän luonnostaan. Vastaavasti, kun ymmärrämme toisten ihmisten sanomien asioiden johtuvan heidän luonteestaan, meidän ei tarvitse pahoittaa mieltämme. Jos pystymme kehittämään tällaisen asenteen, pystymme ylittämään jokaisen esteen iloisesti.

Ihmiset eivät koe nykyaikana rauhaa, sillä heidän mielissään on konflikteja. Konfliktien välttämiseksi tarvitaan tietoa mielestä

– tämä tieto on henkistä tietoa. Agronomiaa opiskelleen ei ole vaikeaa istuttaa puita, saada niitä kasvamaan ja hoitaa niitä niiden sairastuttua. Jos yrität istuttaa puita perehtymättä aiheeseen, kymmenestä puusta yhdeksän kuolee luultavimmin. Vastaavasti, kun ymmärrät mistä elämässä on oikeasti kyse, elämäsi ei mene hukkaan. Hanki siis henkistä tietoa; silloin koet vapautuksen sekä täällä maan päällä että kuoleman jälkeen.

Jos tunnet tien perille, aikaa ei mene hukkaan. Muutoin matkaan kuluu paljon enemmän aikaa. Jos harhailet eksyksissä sinne tänne, et pysty kokemaan mielenrauhaa, sillä murehdit jatkuvasti sitä pääsetkö perille vai et. Matkalle kannattaa lähteä reittiin hyvin perehtyneenä, sillä silloin matkasta tulee rauhaisa ja miellyttävä.

Kauan aikaa sitten henkistä viisautta opetettiin *gurukuloissa* muiden oppiaineiden rinnalla. Henkistä koulutusta saaneilla ei ollut mielen konflikteja eikä heiltä puuttunut sisäistä rauhaa. Jopa heidän kanssaan tekemisissä olevat kokivat rauhaa. Tällaiset ihmiset eivät tunteneet ahneutta. He olivat vapaita illuusioista. Nykypäivän tilanne on täysin toisenlainen. Ihmiset ovat oppineet ilmastoimaan asuntonsa, mutta eivät osaa "ilmastoida" mieltään. Ihmiset eivät pysty nukkumaan edes ilmastoiduissa huoneessa, vaan he tarvitsevat pillereitä, alkoholia tai huumeita auttamaan heitä unohtamaan murheensa. Kun sinulla on henkistä tietoa ja viisautta, et tarvitse mitään näistä. Koet mielenrauhaa aina, olitpa sitten palatsissa tai hökkelissä, sillä henkinen viisaus on mielen ymmärtämistä.

Jos haluat kokea loputonta rauhaa, sinun täytyy ymmärtää mikä on ikuista ja mikä ohikiitävää. Lemmikkikäärmettä ruokitaan maidolla, vaikka se voisi purra. Meidän pitäisi kuitenkin muistaa, että ruokkimamme lemmikki on käärme, sillä ennemmin tai myöhemmin se paljastaa todellisen luonteensa. Jos ymmärrämme ihmisten todellisen luonteen ollessamme heidän kanssaan tekemisissä, emme pety. Kun olemme tekemisissä maailman kanssa, meidän pitäisi pysyä tietoisena sen todellisesta luonteesta.

Pankinjohtaja tietää, että hänen vastuulleen annetut rahat eivät ole hänen omiaan. Tästä syystä häntä ei haittaa antaa satojatuhansia muille. Hän tietää, että rahavarojen hoitaminen on hänen velvollisuutensa. Monet ihmiset lähestyvät häntä saadakseen lainaa. He tarjoavat hänelle monenlaisia asioita ja käyttäytyvät hyvin rakastavasti ja kohteliaasti häntä kohtaan. Tämä ei kuitenkaan ole aitoa rakkautta, eivätkä nuo ihmiset ole oikeasti hänen ystäviään. He eivät epäröisi syyttää häntä perusteetta lähettääkseen hänet vankilaan, mikäli se hyödyttäisi heitä itseään. Ihmisten tunteman rakkauden todellinen luonne on tällainen. Jos he osoittavat rakkautta, he tekevät sen vain siksi, että tavoittelevat omaa onnellisuuttaan. Ihmiset ovat valmiita tuhoamaan elämämme, jos he hyötyvät siitä. Jumala on ainut perheemme. Itse on ainut ystävämme. Jos ymmärrämme tämän elämäntotuuden, meillä ei ole enää ainuttakaan ongelmaa. Pystymme kulkemaan vapauteen johtavan polun loppuun asti. Suorita siis jokainen tekosi aivan kuin se olisi velvollisuutesi, äläkä odota vapautumista. Pidä mielesi Jumalaan keskittyneenä.

Kysymys: Mikä *maya* on?

Amma: Kaikki, mikä ei anna ikuista rauhaa, on *mayaa* [illuusiota]. Mikään aistiemme kautta koettu asia ei pysty antamaan rauhaa. Ne aiheuttavat vain kärsimystä. Todellisuudessa ne eivät ole edes oikeasti olemassa, ne ovat kuin unta.

Köyhä mies voitti lotossa suunnattoman omaisuuden. Tämän tuoreen varallisuutensa ansiosta hän pääsi naimisiin kauniin prinsessan kanssa ja sai myötäjäisinä puolet kuningaskunnasta. Eräänä päivänä hän lähti ratsastamaan prinsessan kanssa vuoristoon. Yhtäkkiä suunnaton tuulenpuuska tempaisi hevoset ja ratsastajat jyrkänteeltä alas. Prinsessa ja hevoset kuolivat, mutta mies selvisi hengissä onnistuttuaan tarttumaan puun oksaan. Turvallinen maan kamara oli aivan lähellä, joten hän sulki silmänsä ja päästi irti. Kun hän avasi silmänsä, vuorta ei enää ollut eikä myöskään prinsessaa, hevosia tai palatsia. Oli vain mutalattia ja seinät hökkelin ympärillä. Mies oli pyörtynyt nälästä ja uupumuksesta nähtyään nälkää kaksi päivää. Sitten hän oli vaipunut uneen. Kun hän heräsi, hän ymmärsi että kaikki oli ollut unta. Hän ei surrut menettämäänsä prinsessaa eikä valtakuntaa, sillä hän tiesi kaiken olleen vain unta. Unessa kaikki vaikutti todelliselta. Oivallat Todellisuuden vasta kun heräät tästä unesta.

Krematorion lähellä asuvat ihmiset eivät pelkää asua sen lähellä, eivätkä sen ohitse kävelemistä. Heille se on vain paikka, jossa ruumiit poltetaan. Muut kauempana asuvat ihmiset saattavat kuitenkin pelätä alueen läpi kävelemistä, sillä heidän mielestään siellä kummittelee. Jos he kävelisivät siellä yöaikaan ja kompastuisivat kiveen tai näkisivät tuulen liikuttavan puun lehteä, he vapisisivat kauhusta. Kaikki, mitä he näkevät, muuttuvat kummituksiksi. Jos he näkevät pilarin, he luulevat sitä aaveeksi ja pyörtyvät. Ihmiset tuhoavat itse itseään aivan samalla tavoin: he projisoivat kaikkiin kohteisiin virheellisiä asioita.

Kun ihminen kulkee sellaisen metsän lävitse, jossa hän tietää olevan käärmeitä, hän huutaa jalkansa osuessa piikkiin. Hän luulee käärmeen purreen. Hän saattaa kokea käärmeenpureman aiheuttamia oireita, kunnes lääkäri tulee paikalle ja kertoo ettei käärme ole purrut häntä. Monilla ihmisillä on tämänkaltaisia kokemuksia. He menettävät voimansa keskittymällä asioihin, joita ei ole olemassa. Ihmiset elävät nykyaikana tällä tavoin, sillä he eivät kykene näkemään totuutta.

Tästä syystä meidän ei pitäisi kiintyä materiaan. Materiaan kiintyneet kokevat vain kärsimystä. Tästä syystä kaikki tunnetaan

183

mayana. Jos taas katsomme kaiken olevan jumalallista, emme joudu kokemaan kärsimystä; olemassa on vain onnellisuus.

Kysymys: Onko tämä maailmankaikkeus *mayaa*?

Amma: Kyllä, maailmankaikkeus on harhaa. Illuusion vangit kokevat pelkkiä esteitä ja kärsimystä. Kun pystyt erottamaan ikuisen ja väliaikaisen toisistaan, näet hyvin selvästi, että kaikki on illuusiota. Sanomme, että maailmankaikkeus on *maya*. Jos valitsemme elämässämme vain positiivisia asioita, emme jää illuusion vangeiksi. Tämä auttaa meitä etenemään oikealla polulla.

Kuvitellaanpa, että kävelet mutaisella kaistaleella kahden riisipellon välissä. Kompastut ja kaadut. Sotket itsesi mutaan. Sinulle muta on likaa, joka täytyy pestä pois. Samalla kaistaleella kävelevä savenvalaja näkee kuitenkin mudassa jotain hyödyllistä. Se, mitä sinä pidät mutana, onkin savenvalajan silmissä ensiluokkaista savea, jota hän voi käyttää työssään. Savenvalajalle savi ei ole likaa.

Polttopuita metsässä keräämässä oleva nainen näkee kiven. Hän huomaa sen olevan juuri oikean muotoinen mausteiden jauhamiseen ja käyttää sitä siihen. Kivien asiantuntija puolestaan tunnistaa kiven ainutlaatuisuuden nähdessään sen. Hän vie sen temppeliin, jossa sitä pidetään pyhänä. Mies palvoo tätä jumaluuden symbolia uhraten sille hedelmiä ja jalokiviä. Niille, jotka eivät ymmärrä sen merkitystä, se on pelkkä kivi.

Voit käyttää tulta ruoan valmistamiseen. Voit myös polttaa talosi maan tasalle samalla tulella. Voit ommella neulalla. Voit myös vahingoittaa silmääsi sillä. Lääkärille veitsi on väline, jota käytetään leikkauksessa potilaan pelastamiseen. Murhaajalle se on tappoväline. Meidän ei pidä sivuuttaa kaikkea illuusiona, vaan meidän pitäisi oivaltaa jokaisen asian oikea paikka ja oikea käyttötapa. Asioiden negatiiviset puolet pitäisi puolestaan sivuuttaa.

Suuret tietäjät näkivät vain pelkkää hyvyyttä kaikkialla koko universumissa.

Ne, jotka ovat täysin tietoisia *mayasta*, eivät huku siihen. He suojelevat maailmaa. Ne, jotka eivät ymmärrä *mayaa*, eivät ainoastaan tuhoa itseään, vaan ovat myös taakkoja toisille. He tekevät eräänlaista itsemurhaa. Jos kuljet elämäsi nähden asioissa vain niiden hyvät puolet, et pidä mitään illuusiona. Kaikessa piilee silloin mahdollisuus johtaa meidät hyvyyteen.

Koira näkee kuun heijastuvan vesilammikosta ja hyppää lammikkoon haukkuen. Koira ei katso oikeaa kuuta. Lapsi hyppää kaivoon pyydystääkseen kuun, mutta hukkuu. Koira ja lapsi eivät tiedosta todellisuutta. Ikuinen ja väliaikainen ovat molemmat olemassa, mutta meidän täytyy kyetä erottamaan ne toisistaan. Miksi yrittää napata itselleen varjoja ja jättää se aito ja oikea vaille huomiota? Varjo, *maya*, on olemassa vain niin kauan kuin "minä" (ego) on olemassa. Siellä missä minuutta ei ole, ei ole maailmankaikkeutta, ei illuusiota.

Tietomme on vajavaista, joten luulemme illuusiota todellisuudeksi. Varjoa ei ole keskipäivällä auringon saavuttaessa zeniitin, huippunsa. Kun olemme saavuttaneet tiedon zeniitin (valaistumisen), näemme vain Todellisuuden.

Kysymys: Sanotaan, että kokemamme maailmankaikkeus on olemassa vain *mayan* vuoksi. Miksi se kuitenkin tuntuu niin äärettömän todelliselta?

Amma: Luomakunta on olemassa vain siellä, missä on minuuden tunne. Ilman tätä tunnetta ei ole luomakuntaa eikä eläviä olentoja. Vain Brahman on ikuisesti Brahman.

Pieni tyttö haluaa nukkea niin paljon, että itkee sitä tuntitolkulla. Lopulta hän saa nuken ja leikkii sillä vähän aikaa. Hän ei anna kenenkään muun koskea siihen. Sitten hän menee nukkumaan pitäen nuken tiukasti lähellään. Kun hän nukahtaa, nukke tipahtaa lattialle eikä lapsi ole tietoinen siitä. Mies piilottaa kultaa tyynynsä alle ja käy nukkumaan pää tyynyllä leväten. Hänen nukkuessaan varas tulee ja ryöstää kaiken kullan. Kun mies oli hereillä, hän ei pystynyt ajattelemaan mitään muuta kuin kultaansa eikä hänellä ollut tästä syystä rauhaa. Nukkuessaan hän kuitenkin unohti kaiken: hän ei ollut tietoinen perheestään tai omaisuudestaan. Oli vain autuus. Syvässä unessa kokemamme autuus antaa meille sen voiman, jota tunnemme aamulla kun heräämme. Kun olemme heränneet, "minun nukkeni", "minun kaulakoruni" ja "minun perheeni" tulevat kaikki taas takaisin. Kun minuuden tunne palaa, kaikki muukin palaa sen myötä.

Brahman on aina Brahman – ikuisesti. Mutta me pystymme kokemaan Brahmanin vain ajatuksiemme väistyttyä.

Kysymys: Amma jos kaikki eläisivät henkistä elämää ja ryhtyisivät sanjaaseiksi, miten maailma selviytyisi? Mitä hyötyä on luopua maailmasta?

Amma: Kaikista ei voi tulla *sanjaaseja*. Miljoonasta yrittäjästä vain muutama onnistuu. Kaikki eivät voikaan saada lääketieteellistä tutkintoa tai varmaa ja hyvää työpaikkaa. Se ei kuitenkaan tarkoita sitä, että jokaisen pitäisi lakata yrittämästä.

Amma ei sano, että kaikista pitäisi tulla sanjaaseja, vaan että mikäli ymmärrät maailmasta luopumisen periaatteet ja elät niiden mukaisesti, voit välttää kärsimykset. Tällöin pystyt voittamaan kaikki vastoinkäymiset päästämällä niistä irti.

Amma tarkoittaa, että meidän pitäisi luopua käsitteistä "minä" ja "minun". Mitä ikinä toivommekaan, meidän pitäisi ymmärtää sen rooli elämässä. Tämän lisäksi kaikki teot pitäisi tehdä odottamatta vastineeksi niiden kantamaa hedelmää. Odotukset aiheuttavat kärsimystä.

Eräs mies keräsi varoja hyväntekeväisyyteen kiertämällä ovelta ovelle. Hän odotti saavansa eräältä perheeltä vähintään tuhat rupiaa, mutta he antoivatkin vain viisi! Mies suivaantui eikä suostunut ottamaan lahjoitusta vastaan. Mies oli vihainen vielä vuodenkin kuluttua! Hän vaali sisällään vellovaa vihaa. Hän ei saanut sitä mitä odotti, joten hän ei pystynyt ottamaan vastaan sitä mitä hän olisi saanut. Hän torjui sen pettymyksensä vuoksi. Jos hän ei olisi odottanut mitään, hänen ei olisi tarvinnut kokea kaikkea sitä vihaa ja kärsimystä. Hän olisi ollut tyytyväinen siihen mitä sai. Pystymme välttämään tämänkaltaiset kärsimykset elämämme polulla mikäli asennoidumme elämään kerjäläisen tavoin. Kerjäläinen tietää olevansa kerjäläinen, joten hän ei sure mikäli hän ei saa mitään. Hän ei tule surulliseksi jos ei saa yhdestä talosta almuja, sillä hän tietää saavansa jotain kenties seuraavasta talosta. Hän tietää, että sylin täydeltä saaminen ja tyhjin käsin palaaminen ovat molemmat osa elämän taivalta. Tästä syystä hän ei suutu kenellekään. Kunnon kerjäläinen näkee kaiken Jumalan tahtona. Kiinny vain Jumalaan – se on kaikki mitä Amma haluaa sanoa. Aidosti henkiset ihmiset eivät koe suruja.

Nykyajan ihmiset ovat muodostaneet voimakkaita siteitä ulkoisiin asioihin. "Tämä on *minun* perheeni" – ihmiset kulkevat läpi elämänsä ajatellen näin. He raatavat perheensä puolesta öin päivin lepäämättä lainkaan. He kuitenkin unohtavat Itsen. He epäonnistuvat *dharman* löytämisessä ja sen mukaan elämisessä. He unohtavat Jumalan. Jos elät tällä tavoin, et koe rauhaa elämäsi aikana etkä kuoleman jälkeen. Tämä ei kuitenkaan tarkoita sitä, että meidän ei pitäisi tehdä töitä. Meidän täytyy tehdä tekoja, mutta meidän pitäisi tehdä ne odottamatta ja haluamatta mitään.

Onni ei löydy ulkoisista asioista. Onni on sisällämme.

Kun olet syönyt ison annoksen lempijälkiruokaasi, et halua syödä sitä lisää, sillä lakkaisit pitämästä siitä, jos söisit sitä liikaa. Jos joku toisi vielä yhden annoksen eteesi, työntäisit lautasen syrjään. Jos jälkiruoka tekisi sinut onnelliseksi, miksi työnnät lautasen syrjään? Etkö söisi sitä lisää? Mieli aiheuttaa tämän. Kun mieli oli tyydyttynyt, halut muuttuvat vastenmielisyydeksi. Kaikki riippuu mielestä. Onni ei ole ulkopuolellamme; se on sisälläsi. Etsi sitä siis sieltä! Jos etsit onnea ulkopuoleltasi – ihmissuhteista ja tavaroista – elämäsi menee hukkaan. Tämä ei kuitenkaan tarkoita sitä, että sinun pitäisi istuskella aloillasi tyhjänpanttina. Auta muita aina kun se on mahdollista. Palvele avun tarpeessa olevia. Toista mantraa. Omista elämäsi henkiselle päämäärälle.

Kysymys: Amma, kuinka pääsemme eroon maailmaan liittyvistä *vasanoista* [piilevät taipumukset]?

Amma: Et pysty nappaamaan kiinni vasanasta ja poistamaan sitä. *Vasanat* ovat kuin vedessä olevia ilmakuplia: et pysty nostamaan niitä pois vedestä, sillä kupla puhkeaa, mikäli yrität sitä. Kuplat syntyvät vedessä aaltojen vaikutuksesta. Kuplien välttämiseksi täytyy pysyä valppaana ja estää aaltojen muodostuminen. Maailmaan liittyvistä *vasanoista* johtuvia aaltoja voidaan vähentää positiivisten ajatusten ja kontemplaation avulla. Positiivisten ajatusten hiljentämässä mielessä ei ole sijaa maailmaan liittyville *vasanoille.*

Kysymys: Sanotaan että asiat, joista nautimme aistiemme avulla, eivät pysty antamaan meille onnea. Eikö onnellisuuteni kuitenkin johdu aineellisista asioista?

Amma: Onni ei tule ulkopuoleltasi. Jotkut ihmiset suorastaan jumaloivat suklaata, mutta olipa se miten hyvää tahansa, kymmenennen suklaapalan jälkeen se alkaa tuntua vastenmieliseltä. Et saa samaa tyydytystä yhdennestätoista suklaapalasta kuin ensimmäisestä. Jotkut ihmiset eivät pidä suklaasta ollenkaan. Pelkkä suklaan hajukin herättää heissä inhoa. Suklaa on kuitenkin aina suklaata pitivät ihmiset sitten siitä tai eivät. Jos suklaa tekisi meidät onnellisiksi, eikö jokainen pala tekisi meidät aivan yhtä onnelliseksi riippumatta siitä kuinka monta palaa yhdellä kertaa syömme? Eivätkö silloin kaikki ihmiset saisi tyydytystä suklaasta? Tyydytyksen tunne ei siis johdu suklaasta vaan mielestämme. Ihmiset uskovat saavansa onnea ulkoisista kohteista ja käyttävät koko elämänsä haluamiensa asioiden tavoitteluun. Aistit kuitenkin heikkenevät ja vähitellen kuihtuvat pois.

Onni ei löydy ulkopuoleltamme, vaan sisältämme. Saamme nauttia autuudesta ja tyydytyksen tunteesta aina, mikäli luotamme vain sisäiseen onnellisuuteen. Ulkoiset kohteet ja niitä havainnoivat aistit ovat rajallisia. Meidän ei tarvitse välttää kaikkia materiaalisia asioita, mutta meidän täytyy ymmärtää jokaisen esineen oikea käyttötarkoitus ja antaa sille vain sellainen painoarvo kuin sille oikeasti kuuluu. Tarpeettomat ajatukset ja odotukset aiheuttavat ongelmia.

Suurimmalle osalle ihmisistä mikään muu ei ole niin tärkeää kuin heidän oma onnensa. Ihmiset eivät rakasta ketään enempää kuin itseään. Eräs mies tuli tapaamaan Ammaa USA:ssa. Hänen vaimonsa oli kuollut vähän aikaa sitten. Vaimo oli miehen koko elämä. Kun vaimo oli matkoilla, mies valvoi unettomana koko yön. Mies ei syönyt, jos hänen vaimonsakaan ei ollut syönyt. Aina kun vaimo meni käymään jossain, mies odotti. Hän jumaloi vaimoaan. Heidän yhteinen elämänsä ei kuitenkaan kestänyt kauan. Vaimo sairastui yllättäen ja kuoli viikossa. Hänen ruumiinsa vietiin hautauskappeliin. Monet sukulaiset ja ystävät saapuivat paikalle. Ruumis haudattaisiin vasta sitten, kun kaikki olivat nähneet ruumiin. Miehelle tuli tätä odotellessa nälkä. "Oi, loppuisipa tämä pian", hän ajatteli itsekseen. Hän halusi hautajaisten päättyvän, jotta hän itse pääsisi syömään. Hän odotti vielä tunnin tai kaksi, mutta näytti siltä, että hautajaiset eivät tulisi päättymään kovin pian. Hänellä oli niin kova nälkä, että hän meni lähellä sijaitsevaan ravintolaan syömään. Mies kertoi itse Ammalle tästä ja sanoi: "Amma, rakastin vaimoani niin paljon, että olin valmis kuolemaan hänen puolestaan. Unohdin kuitenkin kaiken, kun minulle tuli nälkä."

Tämä tapahtui Amerikassa. Haluatteko kuulla mitä Intiassa tapahtui? Eräs ashramiin tullut nainen kertoi tämän Ammalle. Hänen aviomiehensä oli kuollut pyöräillessään. Auto oli ajanut hänen päälleen. Tämä ashramiin tullut nainen oli miehen toinen vaimo. Ensimmäinen vaimo oli kuollut muutamia vuosia aiemmin. Miehellä oli kaksi aikuista lasta ensimmäisestä avioliitostaan. Kun vaimo kuuli miehensä kuolleen hän ei mennyt heti ensimmäiseksi ruumiin luo viedäkseen sen kotiin, vaan hän lähti hakemaan miehensä kassakaapin avainta. Kun hän oli saanut kassakaapin avaimen haltuunsa, ihmiset saapuivat heidän kotiinsa hänen miehensä ruumista kantaen. Ensimmäisen vaimon lapset saapuivat paikalle samaan aikaan. Kuultuaan isänsä kuolemasta hekään eivät rynnänneet katsomaan ruumista, vaan menivät hakemaan isän kassakaapin avainta. He halusivat löytää avaimen ennen äitipuoltaan, sillä he pelkäsivät hänen vievän kaiken isänsä omaisuuden. He olivat kuitenkin saapuneet paikalle liian myöhään, sillä äitipuoli oli löytänyt avaimen ja piilottanut sen uuteen paikkaan. Nämä lapset oli kasvatettu suurella rakkaudella. Missä heidän rakkautensa oli nyt? Vaimolla oli ollut tapana sanoa, että hän rakasti miestään enemmän kuin omaa elämäänsä. Missä hänen rakkautensa oli nyt? He kaikki ajattelivat vain rahaa. Rakkaat lapset, maailma on tällainen. Ihmiset rakastavat toisiaan vain itsekkäiden motiivien vuoksi.

Jotkut miehet vannovat tappavansa vaimonsa, mikäli hän edes puhuu toisen miehen kanssa. Kun isä makaa kuolinvuoteella, hänen lapsensa jakavat jo omaisuutta. Joskus lapset ovat valmiita tappamaan vanhempansa ison perinnön vuoksi. Onko tämä rakkautta?

Amma ei sano, että meidän pitäisi luovuttaa ja jäädä istuskelemaan aloillemme tekemättä mitään koska maailma on tällainen. Amma sanoo, että meillä ei pitäisi olla sellaisia odotuksia kuin "Minun vaimoni, mieheni tai lapseni ovat aina kanssani." Tunne *dharmasi* ja pyri elämään sen mukaan. Tee tekosi odottamatta mitään. Älä odota rakkautta, vaurautta, kuuluisuutta tai mitään muutakaan. Kaikkien tekojen päämääränä tulisi olla sisäinen puhdistautuminen. Kiinny ainoastaan henkisiin asioihin, sillä vain silloin koet aitoa onnea. Jos teet tekoja odottaen muilta jotain vastineeksi, kärsimys on oleva ainut seuralaisesi. Jos taas elät harmoniassa henkisten periaatteiden kanssa, saat kokea taivaan sekä maan päällä että kuoltuasi. Hyödyt siitä itse ja olet samalla hyödyksi koko maailmalle.

Kysymys: Itsellä ei ole muotoa. Kuinka siis pystymme tunnistamaan sen vaikutuksen?

Amma: Ilmallakaan ei ole muotoa, mutta kun laitat ilmaa ilmapallon sisään, voit leikkiä sillä ja heitellä sitä sinne tänne. Itse on kuin ilma, se on muodoton ja kaikkialla läsnä oleva. Pystymme ymmärtämään sen vaikutuksen *upadhin* avulla [väline, jonka kautta Ääretön ilmenee maailmassa].

Kysymys: Voiko ihminen olla aina ykseyden tilassa? Eikö se olekin mahdollista vain *samadhissa*? Eikö hän palaa dualismin tilaan herätessään *samadhista*?

Amma: Sinun näkökulmastasi katsottuna tuo henkilö näyttäisi olevan dualismin tilassa, mutta hän on silti samassa ykseyden tilassa, suorassa kosketuksessa todellisuuteen. Kun olet sekoittanut riisijauhojen sekaan sokeria, niitä on enää mahdotonta erottaa toisistaan – on vain makeutta. Vastaavasti, kun olet saavuttanut ykseyden tilan suoran kokemuksen tasolla, silloin *olet* Se. Tällöin maailmassasi ei enää ole dualismia: näet kaiken tekemäsi ykseyden kokemuksen valossa.

Täysin valaistunut olento on kuin poltettu limetin kuori tai köysi: sillä näyttäisi olevan jokin tietty muoto, mutta tuo muoto katoaa heti, kun kosketat sitä. Valaistuneen olennon teot näyttävät tavallisten ihmisten teoilta, mutta valaistunut lepää aina Itsessä. Hän on Itse.

Kysymys: Voisitko kuvailla ykseyden kokemusta meille jotenkin?

Amma: Se on sanojen ulottumattomissa. Kun olet maistanut sokeria, et pysty antamaan tarkkaa ja täsmällistä kuvausta siitä, miten makeaa se on. Sitä ei voi kuvailla. Kun syöt ruokaa, huomaat siitä saatavan hyödyn vasta sen jälkeen, eikö niin? Unen hyödyn huomaat herätessäsi: olet energinen ja rauhallinen. *Samadhissa* koettu sanoinkuvaamattoman syvä rauha säilyy *samadhin* tilasta pois tulemisen jälkeenkin.

Kysymys: Jotkut ihmiset syntyvät rikkaina. He kasvavat yltäkylläisyydessä. Jotkut taas syntyvät pieniin majoihin, eikä heillä ole varaa edes yhteen ateriaan. Mistä nämä erot johtuvat?

Amma: Jokainen ihminen syntyy uudelleen edellisten elämiensä perusteella. Jotkut ihmiset ovat syntyneet *kesari joogan*[26] alla ja he menestyvät kaikessa. Vaurauden jumalatar asuu heissä. Jumalatar on heidän kanssaan heidän syntymästään lähtien edellisissä elämissä tehtyjen tekojen ansiosta. He ovat palvoneet Jumalaa keskittyneesti ja olleet anteliaita edellisissä elämissään. Pahoja tekoja tehneet kärsivät nyt tässä elämässä.

Kysymys: Me emme ole tietoisia tästä.

---

[26] Astrologiassa *kesari jooga* on ihmisen syntymähetkellä vallitseva tietty kulmasuhde Kuun ja Jupiterin välillä. Se osoittaa hyvin siunattua ja vaurasta tulevaisuutta.

Amma: Muistatko kaiken sen, mitä teit lapsena? Opiskelijat unohtavat monesti kokeessa sen mitä oppivat edellisenä päivänä, eikö niin? Vastaavasti, kaikki mitä teit lapsena on jo unohtunut. Viisauden silmin kaikki on kuitenkin mahdollista nähdä.

Kysymys: Miten pääsemme eroon kärsimyksestä?

Amma: He, jotka omaksuvat henkisyyden aidosti ja elävät *dharman* mukaisesti, eivät koe surua. Jos kädessäsi on haava, mitä hyötyä on istuskella aloillaan? Sinun täytyy sivellä haavaan parantavaa salvaa. Jos vain istut paikoillasi itkemässä, haava saattaa tulehtua ja voit jopa kuolla.

Kuvitellaanpa, että joku loukkaa sinua sanoin ja sinä reagoit asiaan istumalla nurkassa itkien. Olet onneton, koska hyväksyt hänen pahoinpitelynsä. Jos et hyväksy sitä, se muuttuu tuon toisen ihmisen ongelmaksi. Sinun täytyy toisin sanoen olla ottamatta sitä itseesi. Jos käytät erottelukykyäsi tällä tavoin, vapaudut kärsimyksistä.

Edelleen, jos kädessäsi on haava, mitä hyötyä on pysähtyä aloilleen analysoimaan kuinka haava syntyi, minkälainen veitsi sen aiheutti jne. ja jättää haava hoitamatta?

Jos myrkyllisen käärmeenpureman saanut ihminen istuu vain aloillaan puhuen käärmeestä, kuolema korjaa hänet varmasti. Tai sanotaanpa, että käärmeenpureman saanut henkilö ryntää kotiin, avaa tietosanakirjan ja yrittää selvittää kirjasta mitä lääkettä hänen pitäisi ottaa. Hän kuolee ennen kuin saa selville tarvitsemansa vastamyrkyn. Kun käärme puree, vastamyrkky pitää saada niin nopeasti kuin mahdollista.

Kun kärsimykset osuvat kohdallesi, yritä voittaa ne sen sijaan, että annat niiden heikentää sinua niitä ajattelemalla. Entisajan tietäjät oivalsivat tärkeimmät totuudet ja sovelsivat niitä elämäänsä. Jos otamme heidän sanansa huomioon ja elämme pyhien kirjoitusten antamien ohjeiden mukaisesti, pystymme kulkemaan vaikeuksien läpi kompastumatta. Henkinen tieto on elämän kannalta paljon tärkeämpää kuin maailmaa koskeva tieto, sillä henkinen tieto kertoo kuinka elää tässä maailmassa. Jos emme sovella tätä tietoa käytäntöön, matkaamme kohti helvettiä sekä tässä elämässä että tuonpuoleisessa.

Gurukulat opettavat ihmisille henkistä viisautta – kuinka kokea rauhaa tässä maailmassa ja kuinka elää kärsimättä. Henkiset mestarit ovat mielen lääkäreitä.

Kysymys: Eivätkö psykiatrit sitten ole mielen lääkäreitä?

Amma: Psykiatrit hoitavat mieltä vasta kun se on suistunut pois tasapainosta. Henkiset mestarit opettavat kuinka elää, jotta tältä vältyttäisiin. *Gurukulat* ovat tätä tarkoitusta varten.

Kysymys: Olen kuullut, että kärsimykset johtuvat haluista. Millä menetelmällä haluista pääsee eroon?

Amma: Antaisitko sellaisen ihmisen asua kanssasi, joka haluaa satuttaa sinua? Haluaisitko nukkua vaarallisen mielipuolen vieressä? Et halua, sillä tiedät, että hänen mielensä ei ole vakaa ja että hän voi vahingoittaa sinua. Jos otat lemmikiksesi käärmeen, se osoittaa ennemmin tai myöhemmin todellisen luonteensa, vaikka syötät sitä. Kukaan ei halua pitää vesikauhuista koiraa kotonaan. Jos koirasi sairastuu vesikauhuun, et epäröi lopettaa sitä, vaikka se olisi sinulle hyvin rakas. Pyrimme välttämään tällaisia olentoja, sillä tiedämme, että heidän kanssaan oleminen tuottaisi kärsimystä.

Kun tarkastelemme kaikkien asioiden luonnetta edellä kuvatulla tavalla ja hyväksymme vain hyödylliset asiat, emme joudu kokemaan kärsimystä. Halut eivät vie ketään täydellisyyteen. Ihmiset eivät ymmärrä tätä, joten he vaalivat negatiivisia halujaan. Tästä syystä he joutuvat kohtaamaan monia ongelmia ja aiheuttavat toisillekin kärsimystä. Joisitko myrkkyä vapaaehtoisesti?

Jos myrkyllinen hämähäkki tipahtaa ruoka-annoksesi päälle, et syö sitä, vaikka olisit hyvin nälkäinen. Materiaalisten kohteiden himoitseminen aiheuttaa kärsimystä, ja kun olet ymmärtänyt tämän perinpohjaisesti, mielesi ei enää tunne vetoa materiaa kohtaan. Jos kuljet valppaana läpi elämäsi, voit vapautua haluista. Tämä on hyvin vaikeaa, mutta mahdollista, mikäli olet valpas, käytät erottelukykyäsi, säilytät tarkkailijan asenteen, harjoitat syvällistä pohdintaa ja teet henkisiä harjoituksia.

Kysymys: Meille on kerrottu, että Intiassa elää tällä hetkellä monia *mahatmoja*, joille on suotu jumalallisia voimia. Monet uskovat, että mikään ei ole heille mahdotonta. Miksi *mahatmat* eivät pelasta tulvista, kuivuudesta ja maanjäristyksistä kärsiviä ihmisiä?

Amma: Rakkaat lapset, *mahatmojen* maailmassa ei ole syntymää eikä kuolemaa; ei iloa eikä surua. Jos ihmiset kärsivät, se johtuu heidän *prarabdhastaan*. He kokevat karmansa seuraukset polttaessaan karmaansa loppuun. On totta, että *mahatman* armon avulla *prarabdhan* määrä voi vähentyä. Ihmisten täytyy kuitenkin olla kelvollisia vastaanottamaan armo. *Mahatmat* ovat olemassa, mutta ihmiset eivät hyödynnä heidän läsnäoloaan sillä tavalla kuin heidän pitäisi. Nuoli osuu maaliin vain, jos venytät jousen jänteen ennen kuin ammut. *Mahatmat* ovat osoittaneet meille oikean tavan elää. Miksi syyttää *mahatmoja*, jos emme noudata heidän neuvojaan?

Maailmaan syntyy todella paljon ihmisiä. Heidän kaikkien täytyy myös kuolla, eikö niin? Kuolema on olemassa vain keholle, ei sielulle. Maasta tulimme ja maaksi palaamme. Savi sanoo savenvalajalle: "Teet minusta nyt saviruukkuja, mutta huomenna minä teen sinusta saviruukkuja!" Jokainen saa maistaa karmansa tuottamia hedelmiä.

Rakkaat lapset, kuolemaa on vain siellä, missä on käsite "minä". He, jotka kokevat olevansa yksilöllinen "minä", elävät vain tietyn ajan. Sen tuolla puolen on kuitenkin maailma, jossa on vain autuutta. Päästäksemme tuohon maailmaan, meidän täytyy käyttää tämä meille annettu elämä parhaalla mahdollisella tavalla.

Suurimmalle osalle ihmisistä maailman epätodellisen illuusion käsitteen jatkuva pohdiskelu ei ole suositeltavaa. Heidän pitäisi ennemminkin keskittyä kehittämään myönteisiä ominaisuuksia hyvien tekojen avulla. Tällä tavoin he saavuttavat autuuden yltäkylläisyyden ja pysyvät siellä ikuisesti.

Kysymys: Miksi Jumala loi tällaisen planeetan, jolla asuu eläviä olentoa?

Amma: Jumala ei ole luonut ketään. Tämä on meidän luomuksemme.

Vartija vartioi holvia, jossa oli kultaa ja timantteja. Oli yö, ja hän nukahti vahingossa. Varkaat huomasivat tilaisuutensa tulleen, joten he ryöstivät holvin putipuhtaaksi. Kun vartija heräsi, hän havaitsi tyhjäksi ryöstetyn holvin. Huolien piinaamana hän voivotteli: "Voi ei! Mitä minä olen tehnyt! Menetän työpaikkani enkä pysty elättämään lapsiani!" Näitä ajatuksia ei ollut olemassa miehen nukkuessa. Unensa aikana hän ei ollut tietoinen kullasta, varkaista eikä työnantajastaan. Vasta kun hän heräsi kaikki nämä asiat ilmaantuivat. Näin ollen kaikki oli hänen omaa luomustaan.

Luomakunta syntyi tietämättömyytemme vuoksi. Jos joku tekee virheen, täytyykö kaikkien ihmisten matkia häntä? Jos joku ryhtyy varkaaksi, täytyykö kaikkien varastaa? Jos varastat, saat rangaistuksesi, olipa varkauden mittakaava mikä tahansa.

Pyrkikäämme poistamaan tietämättömyytemme mitä pikimmiten. Meitä on siunattu ihmiselämällä siksi, että käyttäisimme sen tähän tarkoitukseen. Jos kardemumma ilmestyy kasvamaan siihen kohtaan, johon kylvimme seesamin siemeniä, mitä meidän pitäisi kasvattaa? Kylvämmekö jatkossa kardemummaa vai seesamia? Kardemumman siemenet ovat paljon arvokkaampia kuin seesamin siemenet.

Raivatkaamme siis tästä hetkestä eteenpäin mieleemme tilaa ikuiselle Itselle. Tällöin Itsen oivaltamisen mahdollistavat olosuhteet pääsevät ilmentymään. Saamme nauttia autuudesta ja kuljemme energisinä läpi elämämme. Jos taas jatkamme halvempien siementen viljelyä, jäämme köyhyyden tilaan ikuisiksi ajoiksi.

Kysymys: Onko oikein, että nuoret muuttavat ashramiin asumaan, vaikka heillä on vanhemmat, joista heidän pitäisi huolehtia? Eikö se ole itsekästä? Kuka huolehtii heidän vanhemmistaan sitten kun heistä tulee vanhuksia?

Amma: Eikö maailmassa olekin paljon ihmisiä, joilla ei ole lapsia? Kuka huolehtii heistä sitten kun he ovat vanhoja? Nuoret miehet ja naiset muuttavat ashramiin huolehtiakseen lukemattomista ihmisistä. Kumpi on itsekästä: se että uhraa elämänsä omien vanhempiensa vuoksi, vaiko se että omistaa elämänsä koko maailmalle? Nuori saattaa joutua muuttamaan kauas kotoa opiskellakseen lääketieteellisen tutkinnon. Kun hän palaa opiskelemasta, hän pystyy hoitamaan monia ihmisiä. Entäpä jos hän ei lähdekään opiskelemaan siksi, että hänestä tuntuu siltä, ettei hän voi jättää vanhempiaan? Eihän hän pysty kuitenkaan pelastamaan vanhempiaan kuolemalta sitten kun heidän aikansa on tullut. Mikäli hän opiskelee lääketieteellisen tutkinnon, hän pystyy kuitenkin hoitamaan vanhempiaan silloin, kun nämä sairastavat.

Ihmiset muuttavat ashramiin saadakseen henkisten harjoitusten avulla voimia elää maailman palvelemiselle omistettua elämää. He osoittavat vanhempiensa lisäksi koko maailmalle oikean polun. Polku, jonka he osoittavat omalla esimerkillään, johtaa kärsimyksistä vapautumiseen. Onnistuakseen heidän täytyy kuitenkin hallita mielensä; heidän täytyy luopua kaikista siteistä. Myöhemmin he pystyvät rakastamaan ja palvelemaan kaikkia. Heidän jokainen hengenvetonsa on maailman hyväksi.

Kysymys: Miksi sanotaan, että totuutta ei pitäisi sanoa ääneen, mikäli se satuttaa?

Amma: Henkisyydessä puhutaan kahdesta asiasta: totuudesta ja salaisuudesta. Totuutta korkeampaa ei ole; totuutta ei pitäisi koskaan hylätä. Kaikkia totuuksia ei kuitenkaan kerrota avoimesti jokaiselle. Sinun täytyy tarkastella vallitsevia olosuhteita ja punnita onko jonkin asian paljastaminen välttämätöntä. Otetaanpa esimerkiksi nainen, joka on tehnyt heikkona hetkenä virheen. Jos maailma saa tietää sen, naisen tulevaisuus tuhoutuu ja hänen henkensä saattaa olla vaarassa. Jos hänen virheensä pidetään salassa, hän saattaa välttyä sen toistamiselta, jolloin hän voi elää myönteistä elämää. Tässä tapauksessa on parempi pitää totuus salassa kuin paljastaa se. Tällä tavoin toimimalla tuon ihmisen elämä pelastuu ja hänen perheensä on turvassa. Tilanteet on punnittava hyvin tarkkaan ennen päätöstä jonkun asian paljastamisesta.

Asian salassa pitäminen ei saisi koskaan kannustaa ketään toistamaan virheitään. Kaikkein tärkeintä on, että sanomamme asiat hyödyttävät kaikkia. Jos jokin sanomamme voisi satuttaa jotakuta, meidän ei pitäisi sanoa sitä, vaikka se olisikin totta.

Amma kertoo esimerkin. Lapsi kuolee onnettomuudessa, joka tapahtuu sadan kilometrin päässä kotoa. Tämä on mittaamattoman suuri menetys äidille, sillä lapsi oli hänen ainoansa. Jos joku soittaisi hänelle ja kertoisi suoraan, että hänen lapsensa on kuollut, hänen sydämensä murtuisi ja hän voisi kuolla shokkiin. Tästä syystä hänelle kerrotaan puhelimessa: "Sinun lapsesi on ollut pienessä onnettomuudessa ja hän on nyt täällä sairaalassa. Tule tänne pian." Vaikka tämä ei olekaan totta, tämän sanominen auttaa naista selviytymään sadan kilometrin matkasta sairaalaan.

Hän säästyy mittaamattoman suurelta surulta vielä tuon matkan ajan. Kun hän pääsee perille, hän saa tietää totuuden.

Totuuden kertominen vasta sitten, kun nainen on saanut hieman aikaa sulatella lapsensa joutumista onnettomuuteen, saattaa lieventää shokin vaikutuksia. Tässä tapauksessa naisen elämä saattaa pelastua siksi, että totuus salataan häneltä väliaikaisesti. Lapsi on joka tapauksessa jo kuollut. Onko mitään syytä lähettää toinenkin ihminen kohti kuolemaansa aiemmin kuolleen nimissä? Amma tarkoittaa tällaisia tilanteita. Amma ei tarkoita sitä, että ihmisten pitäisi valehdella.

Mies, jolla on heikko sydän, sairastuu vakavasti. Jos se kerrotaan hänelle yllättäen, hän saattaa saada sydänkohtauksen. Tästä syystä lääkäri ei kerro uutisia hänelle heti suoraan, vaan sanoo: "Tämä ei ole mitään vakavaa. Sinun täytyy vain levätä ja ottaa nämä lääkkeet." Tätä ei voida pitää tavallisena valheena. Lääkäri ei sano tätä itsekkäistä syistä hyötyäkseen itse, vaan hän salaa tosiasian väliaikaisesti toisen ihmisen hyvinvoinnin vuoksi.

Amma muistaa erään tarinan. Eräässä kylässä asui varakas mies. Hän antoi suurimman osan voitoistaan köyhille. Monet ihmiset tulivat hänen luokseen pyytämään apua. Hän tiesi melko paljon henkisistä asioista. Hänellä oli tapana sanoa: "En voi tehdä henkisiä harjoituksia jatkuvasti. Minulla ei ole paljoa aikaa *japa*-harjoitukselle [mantran toistaminen] ja meditoinnille. Tästä syystä annan liiketoiminnasta saamani voitot köyhien hyväksi. Köyhien auttaminen on minun tapani palvella Jumalaa. Se antaa minulle tarvitsemani ilon ja tyydytyksen. Samalla liiketoimintani kukoistaa."

Kaukaisessa kylässä asui hyvin köyhä mies. Hän lähti eräänä päivänä matkaan saadakseen apua rikkaalta mieheltä. Hänen perheensä oli nähnyt nälkää päiväkausia. Mies tarvitsi epätoivoisesti apua. Hän oli niin nälän heikentämä, että pystyi tuskin kävelemään. Kuljettuaan vähän matkaa häntä alkoi huimata ja hän kaatui maahan. Mies oli kurjuuden tilassa. Hän ajatteli "Oi Jumala, lähdin matkaan toivoen saavani apua, mutta katso minua nyt makaamassa tässä julkisella tiellä! Taidan kuolla tähän." Mies katsoi sivulle ja huomasi siellä virtaavan veden. Miehen onnistui jotenkin päästä jaloilleen ja veden luo. Mies joi virrasta ja vesi maistui hänestä poikkeuksellisen makealle. Mies joi ahnaasti ja virkistyi. Mies muotoili isosta kasvin lehdestä kulhon ja otti siihen vettä. Mies tunsi voimiensa hieman vahvistuneen, joten hän jatkoi hiljalleen matkaansa lehdestä muotoiltu vesikulho mukanaan. Lopulta hän saapui perille rikkaan miehen luo. Ihmiset olivat muodostaneet jonon saadakseen jaossa olevia lahjoja. Mies liittyi jonon jatkoksi. Suurin osa jonossa olevista ihmisistä oli tuonut jotain mukanaan vastalahjaksi. Mies ajatteli "Voi ei, olen ainut, jolla ei ole tarjota mitään vastalahjaksi! En voi antaa hänelle muuta kuin tämän mukaani ottamani maukkaan veden."

Kun miehen vuoro tuli, hän ojensi rikkaalle miehelle lehdestä muotoillun vesikulhon. Rikas mies joi kulauksen ja osoitti tyytyväisyyttään sanoen: "Voi kuinka hyvää! Tämä vesi on siunattua!" Tämä teki köyhän miehen erittäin iloiseksi. Rikkaan miehen lähellä seisovat avustajat halusivat myös maistaa vettä, mutta mies ei antanut heidän juoda. Hän laittoi vesikulhon syrjään sanoen: "Tämä vesi on hyvin pyhää". Sitten hän antoi köyhälle miehelle kaiken, mitä hän tarvitsi ja lähetti hänet paluumatkalle. Kun köyhä mies oli lähtenyt, rikkaan miehen avustajat kysyivät: "Et epäröi koskaan jakaa omastasi muille, mutta miksi et antanut meidän maistaa pyhää vettä?" Rikas mies vastasi: "Suokaa anteeksi. Tuo mies oli lopen uupunut ja joi vettä, jota hän löysi jostain matkan varrelta. Vesi maistui hänestä siksi niin hyvälle, että hän oli uupunut. Mies luuli veden olevan ainutlaatuista ja toi sitä siksi mukanaan. Vesi ei kuitenkaan ollut oikeasti edes juomakelpoista. Jos olisin sanonut tuolle köyhälle miehelle veden olevan kelvotonta, hän olisi loukkaantunut. Mikään antamani ei olisi tällöin kyennyt tyydyttämään häntä hänen mielipahansa vuoksi. En halunnut pahoittaa hänen mieltään, joten ylistin vettä."

Rakkaat lapseni, meidän ei pitäisi kertoa totuutta tämänkaltaisissa tilanteissa, joissa totuus voi satuttaa muita. Tämä ei kuitenkaan tarkoita sitä, että meidän pitäisi valehdella. Henkisen ihmisen ei pidä koskaan valehdella oman etunsa vuoksi. Kenenkään ei pitäisi joutua kärsimään sanojemme tai tekojemme vuoksi.

On vain yksi asia, joka ei katoa koskaan. On vain yksi asia, joka voi täyttää elämämme valolla, ja se on rakkaus. Rakkaat lapseni, tuo rakkaus on Jumala.

Kysymys: Jos Jumala ja guru ovat meissä, mihin tarvitsemme ulkoista gurua?

Amma: Jokaisessa kivessä piilee potentiaalinen patsas. Kivi saa kuitenkin muotonsa vasta, kun kuvanveistäjä hakkaa tarpeettomat osat pois. Henkinen mestari tuo vastaavalla tavalla esiin oppilaansa todellisen luonnon – oppilaan, joka on illuusion vankina, syvän unohduksen tilassa. Niin kauan kun emme kykene heräämään illuusiosta omin voimin, tarvitsemme ulkoista mestaria. Mestari poistaa unohduksen tilan.

Koululainen opiskeli ahkerasti läksyjen kuulustelua varten. Kun opettaja kutsui häntä luokassa, hänen mielensä tyhjeni, eikä hän kyennyt muistamaan enää mitään. Hänen vieressään istuva koulutoveri auttoi häntä sanomalla runon muutaman ensimmäisen rivin, jolloin koko runo palasi hänen mieleensä. Hän lausui koko runon ulkomuististaan täysin virheettä. Vastaavasti totuus piilee sisällämme unohdettuna. Mestarin sanoilla on voima herättää meissä oleva tieto.

Kun henkinen oppilas tekee harjoituksensa mestarin läheisyydessä, kaikki hänessä oleva epätosi haihtuu pois ja hänen todellinen olemuksensa pääsee loistamaan. Kun vahaan peittynyt patsas viedään lähelle tulta, vaha sulaa pois ja patsas tulee näkyviin. Vaikka muutama harvinainen yksilö on onnistunut oivaltamaan totuuden ilman henkistä mestaria, se ei tarkoita sitä, että kukaan ei tarvitse mestaria.

Jumala ja henkinen mestari ovat meissä siemenen muodossa. Jotta siemenestä kasvaisi puu, tarvitaan suotuisat olosuhteet sen kasvulle; puu ei kasva missä tahansa. Vastaavalla tavalla sisällämme uinuva jumalallisuus pääsee loistamaan esiin vain suotuisissa olosuhteissa. Mestari luo nuo olosuhteet.

Omenapuut kasvavat runsaslukuisina Kashmirissa. Ilmasto on siellä erityisen suotuisa omenapuille. Keralassakin on mahdollista kasvattaa omenapuita, mutta se edellyttää hyvin huolellisia viljelytoimia; ja siltikin suurin osa taimista kuihtuu pois. Keralan ilmasto ei ole suotuisa omenapuille, joten hengissä selviytyneet puut tuottavat vain vähän satoa. Itseoivaltaneen mestarin läsnäolo on oppilaan kasvun kannalta yhtä suotuisa asia kuin Kashmirin ilmasto omenapuille. Mestari luo sopivat olosuhteet oppilaan sisäisen gurun herättämiseksi, jotta oppilas oivaltaisi todellisen Itsensä.

Käytännöllisyydellä on paikkansa henkisessä elämässä aivan kuin arkisissakin askareissa. Äiti syöttää lapselle maitoa tuttipullosta ja pukee vauvan. Lopulta lapsi oppii tekemään nämä asiat itse. Ihmiset tarvitsevat toisten apua niin kauan kunnes pystyvät tekemään asioita itse.

Matkalle lähtevä saattaa kulkea harhaan ja eksyä, vaikka ottaisi kartan mukaansa. Matkaoppaan mukaansa ottava ei eksy. Jos lähdet kulkemaan matkaa jonkun sellaisen seurassa, joka tuntee tien perille, matka sujuu joutuisasti ja helposti. Vaikka korkein tietoisuus on meissä kaikissa, tarvitsemme henkistä mestaria niin kauan, kun vielä olemme kehotietoisuuden vankeina. Kun oppilas on luopunut samaistumisestaan kehon ja mielen instrumentteihin, hän ei enää tarvitse ulkoista opastusta, sillä sisäinen Jumala ja Guru ovat heränneet hänessä.

Henkinen mestari on *tapasvi* [ankaran askeesin läpikäynyt]. Tavallinen ihminen on kuin kynttilä, mutta *tapasia* [askeesia] harjoittava on kuin aurinko.

Vaikka kaivaisit miten syvälle tahansa, et välttämättä löydä kaikista paikoista vettä. Jos kaivat joen läheltä, sinun ei tarvitse kaivaa kovinkaan syvälle saadaksesi vettä. Vastaavasti aidon mestarin läsnäolo tekee tehtävästäsi oppilaana helpomman. Pääset nauttimaan tekemiesi henkisten harjoitusten tuottamista hedelmistä joutumatta näkemään paljoa vaivaa. *Prarabdhasi* [aikaisempien tekojen hedelmät] intensiivisyys ja vaadittavan vaivannäön määrä vähenevät mestarin lähellä.

Nykytiede myöntää sen, että mielen vahvuutta on mahdollista kehittää kiinnittämällä mieli johonkin yhteen kohteeseen. Jos asia on näin, niin kuinka paljon voimia onkaan sellaisella joogilla, joka on vahvistanut keskittymiskykyään vuosikausien ajan meditaation ja muiden henkisten harjoitusten avulla! Tämä on syy siihen, miksi sanotaan, että joogi pystyy välittämään pelkän kosketuksensa avulla henkistä voimaa toisiin aivan kuin se olisi sähkövirtaa. Täydellinen mestari ei ainoastaan luo suotuisia olosuhteita oppilaan edistymiseksi, vaan hän siirtää henkistä voimaa oppilaaseen.

Vain sellainen henkilö, joka on käynyt läpi henkisten harjoitusten eri askelmat, pystyy ohjaamaan etsijää kunnolla.

Opiskelijat voivat opetella teorian itsenäisesti, mutta mikäli he haluavat menestyä käytännön näyttökokeessa, he tarvitsevat opettajan apua. Kirjoista on mahdollista oppia henkisyyttä tiettyyn pisteeseen asti. Tarvitsemme kuitenkin elävän mestarin apua viedäksemme nuo henkiset opetukset käytäntöön asti. Henkiset etsijät kohtaavat lukemattomia esteitä ja ongelmia henkisellä polulla. Jos näitä ongelmia ei käsitellä oikealla tavalla, henkinen etsijä saattaa menettää mielensä tasapainon. Etsijälle neuvoja annettaessa on otettava huomioon hänen fyysinen, henkinen ja älyllinen rakenteensa. Aito mestari on ainut, joka kykenee tähän. Terveysjuoman on tarkoitus ravita kehoa, mutta jos sitä nautitaan arvostelukyvyttömästi, se saattaa aiheuttaa enemmän haittaa kuin hyötyä. Tämä sama pätee henkisiin harjoituksiin. Henkisen mestarin opastus on siis ehdottoman tärkeää oppilaalle.

Kysymys: Onko päämäärä mahdollista saavuttaa pelkästään henkisiä kirjoituksia lukemalla ilman *yamaa* ja *niyamaa* [henkisen polun käskyt ja kiellot], meditaatiota, epäitsekästä palvelua jne.?

Amma: Kirjoituksia tutkimalla ymmärrämme tien Jumalan luo. Kirjoituksista voi oppia Itsen periaatteet. Pelkkä tien tunteminen ja keinojen tietäminen ei kuitenkaan vie vielä perille. Saavuttaaksemme päämäärän, meidän täytyy lähteä kirjoitusten viitoittamalle polulle.

Kuvitellaanpa, että joku tarvitsee tietyn esineen. Hän tiedustelee mistä voisi sen saada ja kuulee, että sellainen on tarjolla jossain kaukaisessa paikassa. Hän tutkii kartalta tien esineen luo ja perehtyy siihen kaupunkiin, jossa esine sijaitsee. Hän ei kuitenkaan saa esinettä ellei hän matkusta tuohon kaupunkiin hakemaan sitä.

Tai kuvitellaanpa, että eräs mies haluaa ostaa lääkettä. Apteekki sijaitsee järven vastarannalla. Mies astuu veneeseen, mutta kun hän saavuttaa vastarannan, hän kieltäytyy poistumasta veneestä. Hän jää istumaan paikoilleen veneeseen eikä mene apteekkiin ostamaan lääkettä. Jotkut ihmiset ovat tällaisia. He eivät suostu jatkamaan matkaa, vaan haluavat jäädä johonkin tiettyyn pisteeseen polun varrella. Vaikka he saavuttaisivat vastarannan, he jäävät roikkumaan veneen laitaan kiinni! Polkuun sokeasti takertuminen luo vain siteitä edistymisen sijasta.

Jos haluamme saavuttaa päämäärän, meidän velvollisuutemme on kulkea kirjoitusten kuvaamaa polkua ja tehdä vaadittavat henkiset harjoitukset kurinalaisesti. Kirjoitusten opiskeleminen ei riitä. Meidän täytyy kasvattaa itsessämme sellaista asennetta, että kumarramme kaikelle. Kun riisinjyvä kasvaa riisin tähkään, koko kasvi painuu automaattisesti kumaraan. Ja kun kookospähkinät kypsyvät, ne kumartavat palmupuusta alaspäin. Nämä esimerkit opettavat meille sen, että kun täydellinen viisaus kehittyy, meistä tulee luonnostaan nöyriä.

Kirjoitusten opiskelemista voidaan verrata muurin rakentamiseen puutarhan ympärille. Henkisten harjoitusten tekeminen on puolestaan kuin hedelmäpuiden kasvattamista puutarhan muurien sisällä. Puutarhan muuri suojaa hedelmäpuita, mutta varsinaisten hedelmien saamiseksi täytyy istuttaa hedelmäpuiden taimia ja hoitaa niitä. Henkisiä harjoituksia tarvitaan ehdottomasti.

Kirjoitusten opiskelemista voidaan myös verrata suojaavan muurin rakentamiseen tontin ympärille. Tällöin henkiset harjoitukset ovat kuin talon rakentaminen noiden muurien sisälle – talon, jonka sisällä olemme suojassa sateelta ja auringolta. Kirjoitusten opiskeleminen ei siis riitä, vaan henkisen polun käskyjen ja kieltojen noudattaminen, meditoiminen, mantran toistaminen ja muut henkiset harjoitukset ovat välttämättömiä.

Kun korkein rakkaus Jumalaa kohtaan on herännyt etsijässä, rajoitukset ja säännöt eivät ole enää oleellisia. Jumalallisen rakkauden edessä kaikki muurit murtuvat ja rajoitukset katoavat. Aidolle oppilaalle, joka tuntee tällaista rakkautta, on vain Jumala. Etsijä näkee kaikkialla universumissa vain Jumalan. Aivan kuin yöperhonen lentää tuleen ja sulautuu liekkeihin, oppilas sulautuu Jumalan olemukseen rakastamalla Jumalaa. Oppilas ja maailmankaikkeus ovat Jumala. Mitkä säännöt ja rajoitukset voisivat koskea tuollaista sielua?

Meditoinnin avulla voit saada suunnattoman suuria voimia. Korkein voima voi virrata *tapasvin* kautta aivan kuin putkea pitkin suuresta vesisäiliöstä virtaava vesi. Pyhimys ei vain istu aloillaan julistaen olevansa Brahman. Pyhimyksen myötätunnon vuoksi voima virtaa hänen kauttaan koko maailman hyödyksi.

Kysymys: Amma, miksi painotat niin paljon epäitsekkään palvelun tärkeyttä?

Amma: Meditaatio ja kirjoitusten opiskeleminen ovat kuin saman kolikon kaksi eri puolta. Epäitsekäs palvelu puolestaan on kolikossa oleva teksti, joka antaa kolikolle sen todellisen arvon. Lääketieteelliset opintonsa juuri päättänyt opiskelija ei saa vielä harjoittaa ammattiaan itsenäisesti. Hänen täytyy suorittaa ensin lisäkoulutus harjoittelemalla lääkärin työtä käytännössä. Tämä harjoittelujakso antaa lääkärille tarvittavat käytännön taidot, jotta hän voi soveltaa oppimaansa teoriaa käytäntöön. Se ei riitä, että oppimasi asiat jäävät vain älysi pyörittämäksi teoreettiseksi tiedoksi. Sinun täytyy soveltaa oppimaasi käytäntöön.

Opiskelitpa henkisiä kirjoituksia miten paljon tahansa ja olipa oppineisuutesi aste miten korkea tahansa, sinun täytyy kouluttaa mieltäsi voittamaan koettelemukset; ja paras tapa on tehdä *karma joogaa*. Vasta kun menet maailmaan ja työskentelet erilaisissa tilanteissa, näet miten mielesi reagoi erilaisiin olosuhteisiin. Emme opi tuntemaan itseämme ellei meitä pakoteta kohtaamaan tiettyjä tilanteita. Oikeiden olosuhteiden vallitessa *vasanat* nostavat päätään. Ja kun huomaamme *vasanoiden* nousevan yksi toisensa perään, voimme voittaa ne. Epäitsekäs palvelutyö vahvistaa mieltäsi selviytymään kaikista eteesi tulevista elämäntilanteista.

Myötätunto ja epäitsekkäät teot vievät meidän syvempiin totuuksiin. Epäitsekkäiden tekojen avulla voimme karkottaa egon, joka peittää Itsen. Pyyteetön, epäitsekäs teko johtaa vapautumiseen. Tällaiset teot eivät ole vain työtä vaan *karma joogaa*. Krishna sanoi Arjunalle: "Minun ei tarvitse tehdä mitään kolmessa maailmassa eikä minun tarvitse tavoitella mitään, mutta olen silti jatkuvasti liikkeessä." Krishnan teot olivat pyyteettömiä ja epäitsekkäitä. Tämä on se polku, jonka Krishna neuvoi Arjunalle kuljettavaksi.

Olipa kerran jumalanpalvoja, joka tarvitsi tiettyä rituaalia varten sileän, pyöreän kiven. Mies kulki etsimässä kiveä ja päätyi lopulta kiipeämään vuorelle. Hän toivoi löytävänsä vuoren huipulta kaipaamansa kiven. Kun mies pääsi vihdoin huipulle, hän huomasi suureksi pettymyksekseen, ettei siellä ollut kauniita sileitä kiviä. Mies tarttui turhautuneena kivenmurikkaan ja paiskasi sen vuoren rinteeseen. Mies laskeutui vuorelta alas ja löysi sen juurelta kauniin, sileän ja täydellisen pyöreän kiven – juuri sellaisen, jota hän oli etsinyt! Mies huomasi pian kiven olevan se sama kivi, jonka hän oli heittänyt vuoren rinnettä pitkin alas! Kivi oli osunut muihin kiviin vieriessään alas ja sen terävät kulmat olivat hioutuneet pois. Jos kivi olisi jäänyt vuoren huipulle, se ei olisi koskaan hioutunut, kiillottunut ja muuttunut täysin.

Vastaavalla tavalla meidänkin täytyy tulla alas vuoren huipulta. Meidän täytyy toisin sanoen tulla egon tasolta alas nöyryyden tasolle. Tällöin egomme karkeat ja terävät kulmat hioutuvat pois ja mielemme omaksuu palvovan asenteen.

Jos vain jatkamme egomme kasvattamista, emme saavuta mitään. Olemalla nöyriä saamme kaiken.

Epäitsekäs, pyyteetön asenne auttaa egon poistamisessa. Tästä syystä pyyteettömille teoille annetaan niin suuri painoarvo.

Henkisen mestarin opastusta tarvitaan niin kauan, kun egoa on vielä jäljellä. Mestarin tahdon mukaisesti elävälle oppilaalle jokainen teko on mahdollisuus hioa egon teräviä reunoja pois. *Satgurussa* ei ole häivähdystäkään itsekkyydestä. Mestari elää oppilaitaan varten. Oppilaan tulisi turvautua mestariinsa täysin. Oppilaan tulisi antautua täysin mestarin tahtoon, aivan kuin makuulle käyvä potilas, joka antaa lääkärin tehdä vaadittavat toimenpiteet vastustelematta.

Amma ei sano, että pelkät teot johtavat päämäärään. *Karma* [toiminta], *jnana* [tieto] ja *bhakti* [antaumus] ovat kaikki yhtä oleellisia. Jos antaumus ja toiminta ovat linnun kaksi siipeä, niin tieto on sen pyrstö. Näitä kaikkia kolmea tarvitaan, jotta lintu pääsee kohoamaan korkeuksiin.

Jotta pystyisimme kohtaamaan kaikki elämässä eteen tulevat erilaiset tilanteet läsnäolevalla ja tyynellä mielellä, meidän täytyy ensin kouluttaa mieltä. Toiminta on ihanteellinen harjoituskenttä mielen kouluttamiseen. Kun etsijän mieli on kiinnittynyt päämäärään, hän ei tee työskennellessään pelkkää työtä, vaan hän tekee *karmajoogaa* – henkistä harjoitusta. Henkiselle etsijälle jokainen hänen tekemänsä teko on henkinen harjoitus; henkiselle oppilaalle se on keino palvella mestaria [*guru seva*]; antautuneelle seuraajalle se on palvonnan muoto. Mestari ei ole persoona – mestari on kaikkien jumalallisten ominaisuuksien ruumiillistuma. Mestari on Valo. Mestari on kuin myski, jolla on muoto ja tuoksu, jotka haihtuvat heti seuraavana hetkenä. Mestarilla on muoto – ja hän on silti vailla muotoa. Mestari on kaikkien muotojen ja kuvailevien sanojen ulottumattomissa. Mestari elää vain oppilastaan varten – ei koskaan itseään varten. Jokainen teko, jonka oppilas tekee ymmärtäen tämän, on vapautumiseen johtavaa *karmajoogaa*. Oppilas saavuttaa korkeimman tietoisuudentilan palvelemalla mestariaan tällaisella asenteella.

Kysymys: Mikä on kaikkein tärkein vaatimus henkisellä polulla edistymiseksi?

Amma: Kun kukka on vasta nupullaan, sen ihanaa tuoksua ei ole vielä mahdollista kokea. Sen täytyy ensin puhjeta kukkaan. On hyödytöntä yrittää avata sitä väkisin. Sinun täytyy olla kärsivällinen ja antaa sen avautua itse. Sen kauneus ja tuoksu on mahdollista kokea vain tällä tavoin toimimalla. Siihen tarvitaan kärsivällisyyttä.

Jokaisessa kivessä on patsaan potentiaali. Kun kuvanveistäjä takoo pois kaikki epätoivotut palat, patsas pääsee näkyviin. Kaunis patsas pääsee syntymään siksi, että kivi luovuttaa itsensä, odottaen kärsivällisenä taiteilijan työstäessä sitä.

Sabarimala[27]-vuoren juurella lojuva kivi valittaa temppelissä palvottavalle Jumalan kuvaksi vesitetylle patsaalle: "Sinä olet vain pelkkä kivi aivan kuten minäkin. Silti kaikki palvovat sinua ja tallaavat minun päälleni. Tämä on väärin!" Patsas vastaa: "Sinä näet vain sen, että kaikki palvovat minua tällä hetkellä. Ennen kuin tulin tänne, kuvanveistäjä takoi minua satojatuhansia kertoja iskien. Tuon prosessin aikana minä vain odotin kärsivällisesti kuvanveistäjän edessä enkä vastustellut lainkaan. Sen seurauksena olen nyt täällä miljoonien palvomana." Kiven kärsivällisyys muutti sen palvonnan kohteena olevaksi patsaaksi.

Monet tuntevat Kuntin ja Gandharin tarinan. Tarina kuvastaa kärsivällisyyden aikaansaamaa hyötyä ja kärsimättömyydestä aiheutuvaa haittaa. Kun Kunti alkoi synnyttää, samaan aikaan raskaana oleva Gandhari hermostui. Gandhari oli halunnut lasta kovasti ja hän halusi oman lapsensa syntyvän ensin, sillä silloin lapsesta tulisi kuningas. Gandhari oli niin kärsimätön, että löi vatsaansa niin kovaa, että hän sai keskenmenon ja synnytti lihamöykyn. Vyasa-nimisen tietäjän ohjeiden mukaisesti lihamöykky paloiteltiin sadaksi palaseksi, jotka laitettiin kuin omaan uurnaansa. Tarina kertoo, että kun aika oli täynnä, noista sadasta uurnasta syntyi sata poikaa. Näin saivat alkunsa miljoonia ihmisiä tuhonneet Kauravat. Gandharilla ei ollut kärsivällisyyttä ja se johti suunnattomaan kärsimykseen ja tuhoon. Kärsivällisyys puolestaan synnyttää voitokkuutta. Kärsivällisyys on hyvin tärkeää henkisen elämän kannalta.

Meidän pitäisi säilyttää aloittelijan asenne – viattoman lapsen asenne. Vain aloittelijalla on oppimiseen tarvittavaa

---

27 Keralassa sijaitseva pyhä vuori, jonka huipulla on pyhä temppeli.

kärsivällisyyttä ja tarkkaavaisuutta. Meissä jokaisessa asuu sisäinen lapsi, mutta suurimmalla osalla ihmisistä se on uinuvassa tilassa. Kun lapsi herätetään, viaton luonteemme tulee esiin luonnollisella tavalla. Tällöin haluamme ottaa oppia kaikesta. Kärsivällisyys, tietoisuus ja tarkkaavaisuus ilmestyvät itsestään. Ja kun sisäinen lapsemme herää, nämä ominaisuudet kukoistavat meissä. Tällöin vanhalla, egon luomalla "minällä" ei ole enää sijaa. Jos meillä on aloittelijan asenne, jokainen tilanne on mahdollisuus oppia jotain uutta. Kaikki tarvitsemamme tulee luoksemme. Jos säilytämme tämän asenteen läpi koko elämämme aivan viimeiseen hetkeen asti, emme menetä mitään, vaan saamme kaiken.

Nykyaikana suurin osa ihmisistä osaa nauraa vain hampaat irvessä. Aito nauru pulppuaa sydämestä. Vain viaton sydän voi kokea aitoa iloa ja jakaa iloa muille. Jotta tämä olisi meille mahdollista, meidän täytyy herättää sisällämme uinuva viattoman lapsen sydän ja hoivata sitä. Sanotaan, että vain hän joka on täysi "nolla" voi olla todellinen sankari. Tämä sanonta kuvaa egosta syntyneen minuuden kuolemaa.

Kysymys: Amma, vaikuttaa siltä, että annat enemmän painoarvoa antaumuksen polulle kuin muille poluille. Mistä tämä johtuu?

Amma: Lapseni, tarkoitatko antaumuksella vain mantran toistamista ja antaumuksellisten laulujen laulamista? Aito antaumus on kykyä erottaa ikuinen väliaikaisesta; se on äärettömyydelle antautumista. Amma antaa käytännöllisiä neuvoja antaumuksesta.

Täällä asuvat lapset (Amman ashramissa asuvat brahamacharit ja brahmacharinit) lukevat useita henkisiä kirjoja ja kysyvät Ammalta kysymyksiä. Amma vastaa heille yleensä *Vedantan* säkein. Mutta kun Amma puhuu isommalle joukolle, hän painottaa enemmän antaumusta, sillä yhdeksänkymmentä prosenttia ihmisistä ei ole intellektuelleja. He eivät ole opiskelleet hengen tiedettä ennen tänne tuloaan. Ei ole mitenkään mahdollista opettaa heille henkisiä periaatteita yhdessä päivässä tai yhden darshanin aikana. Tästä syystä on paljon viisaampaa antaa heille sellaisia ohjeita, joita he pystyvät noudattamaan. Amma neuvoo heitä myös lukemaan henkistä kirjallisuutta.

Advaita on kaiken perusta. Ja se, mitä Amma opettaa, on käytännöllistä antaumusta, jonka juuret ovat *advaitassa*.

Suurin osa tänne tulevista ihmisistä ei tiedä henkisistä asioista. He ovat vain tottuneet käymään temppeleissä. Vain noin kymmenen prosenttia heistä arvostaa tietoa ja älyllistä pohdintaa. Nämä kymmenen prosenttia saattavat seurata erilaista polkua, mutta emme voi laiminlyödä muita. Eivätkö hekin tarvitse henkistä ylevöitymistä? Tästä syystä Amma antaa neuvoja kullekin oman tasonsa mukaisesti.

Täällä ashramissa lausutut rukoukset ja lauletut henkiset laulut eivät ole vain pelkkiä rukouksia – ne ovat henkisiä harjoituksia, joita tehdään sisällämme olevan todellisen Itsen herättämiseksi. Kyseessä on prosessi, jossa yksilöllinen tietoisuus virittäytyy universaaliin tietoisuuteen; prosessi jossa virittäydytään kehon, mielen ja älyn taajuudelta universaaliin Itseen.

Ei ole tarpeen etsiä taivaassa istuvaa Jumalaa. Jumala on kaikkialla läsnä oleva universaali tietoisuus. Neuvomme silti ihmisiä meditoimaan jotain tiettyä muotoa, sillä se on väline, jolla mieli saadaan muuttumaan keskittyneeksi ja yksisuuntaiseksi. Betonilaatan tekemiseen tarvitaan puukehikkoa, joka on tehtävä ensin valmiiksi. Märkä betoni kaadetaan sitten puukehikkoon. Kun betoni on kuivunut, puukehikko poistetaan. Jumalan muodon palvomista voidaan verrata betonin valamiseen. Muotoa tarvitaan alkuvaiheessa, kun henkisiä periaatteita ei ole vielä oivallettu vakaasti. Sitten kun mieli on vakiintunut universaaliin Itseen, muita työkaluja ei enää tarvita.

Vain nöyrät voivat vastaanottaa Jumalan armon. Egolla ei ole sijaa hänessä, joka havaitsee Jumalan olevan läsnä kaikessa.

211

Nöyryys on siis ensimmäinen ominaisuus, jota meidän täytyy kehittää itsessämme. Se on rukousten ja antaumuksellisten laulujen tarkoitus täällä ashramissa. Jokaisen ajatuksemme, sanamme ja tekomme tulisi olla nöyriä.

Ennen kuin puuseppä tarttuu talttaan ja ryhtyy töihin, hän koskettaa talttaa arvostavasti ja kumartaa sille saadakseen siunauksen. Taltta on vain työväline, jota hän käyttää työssään, mutta silti hän kumartaa sille. Soitinta ryhdytään soittamaan vasta, kun sitä on ensin kosketettu kunnioittavasti ja sille on kumarrettu. Kulttuuriimme kuuluu osoittaa kunnioitusta esineille ennen kuin käytämme niitä. Miksi osoitamme käyttämillemme esineille näin suurta kunnioitusta? Teemme sen siksi, että pyrimme näkemään Jumalan kaikessa. Esi-isämme tavoittelivat tällä harjoituksella egottomuuden tilaa. Rukous on vastaavanlainen nöyryyden ilmaus; se on keino egon eliminoimiseksi.

Jotkut saattavat kysyä, että voiko rukoilla hiljaisuudessa? Jotkut ihmiset tarvitsevat hiljaisuutta lukiessaan kun taas toisille ääneen lukeminen on tehokkaampaa. Jotkut ihmiset pystyvät ymmärtämään asioita vain jos he lukevat ääneen. Emme voi sanoa ääneen lukevalle opiskelijalle: "Älä lue niin äänekkäästi! Sinun pitäisi lukea hiljaa niin kuin minä!" Jotkut ihmiset pystyvät keskittymään paremmin mikäli he rukoilevat ääneen, kun taas toiset rukoilevat mieluummin hiljaisuudessa. Erilaiset ihmiset tarvitsevat erilaisia henkisiä polkuja. Kaikki polut johtavat perimmäiseen hiljaisuuteen.

Monet ihmiset sanovat: "Amma, kun meditoin silmät suljettuina, mieleeni tulee paljon ajatuksia, mutta kun laulan *bhajaneita* tai rukoilen, pystyn keskittymään täysin." Henkisten harjoitusten tarkoituksena on tehdä mielestä keskittynyt ja yksisuuntainen. Kun sanomme: "Minä en ole keho, en mieli, enkä äly", seuraamme *"neti, neti"* –polkua. Se on toinen tapa saavuttaa perimmäinen totuus. Rukousten ja *bhajaneiden* tarkoitus on sama.

Onko olemassa sellaista uskontoa, jossa ei ole sijaa antau-mukselle ja rukoukselle? Löydät antaumuksen ja rukoilun buddhalaisuudesta, kristinuskosta ja islamista. Kaikissa näissä uskonnoissa on myös mestarin ja oppilaan käsite. Mestarin ja oppilaan käsite on löydettävissä myös ei-dualistisista poluista. Dualismi [kaksinaisuus] on siis olemassa niissäkin mestarin ja oppilaan välisessä suhteessa. Eikö antaumus mestaria kohtaan ole itsessään antaumusta?

Rukousten avulla pyrimme omaksumaan jumalallisia omi-naisuuksia; pyrimme oivaltamaan Absoluuttisen. Rukous ei ole heikkouden polku; se on voimakas askel kohti Jumalaa.

Kysymys: Voiko meditointi olla haitallista? Jotkut ihmiset sano-vat, että heidän päänsä tuntuu kuumalta meditaation aikana.

Amma: Meditointia on aina paras opetella suoraan mestarilta. Meditointi on kuin terveysjuoma, jolle on tietyt nauttimis- ja annosteluohjeet. Jos et noudata näitä ohjeita, vaan nautit koko pullon yhdellä kertaa, se saattaa olla haitallista. Sinun pitäisi medi-toida vastaavasti henkisen mestarin antamien ohjeiden mukaisesti. Mestari arvioi mentaalisen ja fyysisen tilasi ennen kuin määrää sinulle kaikkein parhaiten sopivan henkisen harjoituksen. Jot-kut ihmiset voivat meditoida miten pitkiä aikoja tahansa täysin ongelmitta. Tämä ei kuitenkaan päde kaikkiin ihmisiin. Jotkut ihmiset saavat innonpuuskan ja ryhtyvät meditoimaan pitkiä aikoja noudattamatta mitään sääntöjä ja ohjeita. He eivät edes nuku. Heidän harjoituksensa ei perustu henkisten kirjoitusten ymmärtämiseen tai mestarin ohjeisiin. He tekevät sen vain innonpuuskansa vuoksi. He eivät pysty nukkumaan tarpeeksi ja heidän päänsä kuumenee. Tämä johtuu siitä, että he meditoivat enemmän kuin heidän kehonsa kestää. Jokaisella ihmisellä on oma kestokykynsä, joka riippuu mielen ja kehon tilasta. Jos sadan hengen kulkuneuvoon ahtautuu viisisataa ihmistä, ajoneuvo ei pysty kulkemaan kunnolla. Jos laitat pieneen sähkömyllyyn kaksi kertaa enemmän viljan jyviä kuin on suositeltavaa, moottori ylikuumenee ja se saattaa syttyä palamaan. Ja aivan vastaavasti, jos meditoit ja teet *japaa* alkuinnostuksesi vuoksi tuntikausia arvostelukyvyttömästi, pääsi saattaa ylikuumentua, mikä puolestaan voi aiheuttaa monia ongelmia. Tästä syystä on suositeltavaa harjoittaa meditointia vain *satgurun* opastuksella.

On ihmisiä, jotka sanovat: "Kaikki on minussa. Minä olen Jumala." Nämä ovat kuitenkin heille vain sanoja, eivätkä ne perustu kokemukseen. Jokaisella välineellä on oma rajoitettu äärirajansa. Kymmenen watin hehkulamppu ei voi valaista sadan watin hehkulampun tavoin. Generaattori tuottaa sähköä, mutta jos sen läpi johdetaan enemmän virtaa kuin se kestää, siihen tulee oikosulku. Kukin ihminen pystyy tekemään henkisiä harjoituksia oman rajallisen määränsä. Määrä riippuu mielen ja kehon kapasiteetista. Sinun täytyy olla varovainen, ettet ylitä omia rajojasi.

Upouudella autolla ei saisi ajaa heti huippunopeuksia. Jos auton käyttöiän halutaan olevan pitkä ja toiminnan moitteetonta, uutta autoa täytyy käsitellä aluksi hellävaroen. Tämä sama pätee etsijään ja hänen henkiseen harjoitukseensa. *Japaa* ja meditaatiota ei pidä harjoittaa ylenmääräisesti nukkumatta. Meditaatiota, *japaa* ja henkisten kirjoitusten opiskelua tulisi harjoittaa säännöstellyllä tavalla. Jotkut ihmiset menettävät helpommin mielensä tasapainon ja ovat alttiimpia harhanäyille kuin toiset. Jos he meditoivat liikaa, heidän kehonsa ylikuumenee ja heidän mielenterveytensä heikkenee. Heidän pitäisi tehdä fyysistä työtä, sillä se tasapainottaa heidän mieltään. Kun tällaiset ihmiset ryhtyvät työskentelemään, heidän mielensä vaeltelee vähemmän ja he saavat mielensä vähitellen hallintaansa. Jos heidän annetaan vain istua aloillaan tekemättä fyysistä työtä, heidän tilansa vain pahenee. He voivat meditoida kymmenestä viiteentoista minuuttiin päivässä, mikäli eivät ole kovin jännittyneitä; tämä riittää heille.

Edellä kuvatun ihmistyypin lisäksi on monia muita ihmistyyppejä. Jokaiselle henkilölle tulisi antaa omat yksilölliset ohjeensa. Jos opiskelet henkisiä harjoituksia - kuten meditointia – vain kirjoista, et saa tietoosi omia yksilöllisiä rajojasi. Tästä saattaa koitua ongelmia.

Kuvitellaanpa, että olet menossa vierailulle taloon, jonka pihalla on aggressiivinen koira. Kutsut koiran omistajaa portin ulkopuolelta ja odotat, että hän laittaa koiran kiinni, jotta se ei voi vahingoittaa sinua. Astut aidan sisäpuolelle vasta tämän jälkeen. Jos et odota kärsivällisesti, vaan avaat portin saman tien ja yrität päästä suoraan sisään, koira todennäköisesti puree sinua. On yhtälailla vaarallista rynnätä suin päin henkisiin harjoituksiin välittämättä viisaan ja kokeneen henkilön neuvoista.

Etsijä on matkalla vaarojen metsän läpi. Metsässä vaanii hurjia villipetoja. Matkailija tarvitsee matkaopasta, joka tuntee turvallisen tien metsän lävitse. Eikö olekin paljon parempi kulkea matka sellaisen henkilön kanssa, joka kertoo meille: "Vaara näkyvissä, ole varovainen! Älä mene siihen suuntaan, vaan kulje tuonne päin!"?

On täysin hyödytöntä syyttää Jumalaa, mikäli joudumme kärsimään sen vuoksi, että emme noudattaneet viisaita neuvoja, vaan teimme juuri niin kuin itse halusimme. Jos joku syyttää Jumalaa tarkkaavaisuutensa puutteen aiheuttamista kärsimyksistä, hän on kuin rattijuoppo, joka lähti ajelulle. Rattijuoppo menetti autonsa hallinnan ja osui toiseen autoon. Kun poliisit pidättivät rattijuopon, hän protestoi sanomalla: "Ei se ole minun syyni, että autoni osui tuohon toiseen autoon! Se on bensiinin syy!" Jos syytämme Jumalaa niistä vaaroista, jotka joudumme kohtaamaan oman varomattomuutemme vuoksi, olemme kuin tuo rattijuoppo.

Kaikella on oma *dharmansa* – omat säännöt, ohjeet ja oma sisäsyntyinen luontonsa – ja meidän pitäisi elää *dharman* mukaisesti. Meditaatiollakin on oma metodologiansa. Mestarit ovat luoneet henkisten harjoitusten säännöt ja menetelmät. Kullekin etsijälle tulisi osoittaa hänelle soveltuva henkisen harjoituksen menetelmä ottamalla huomioon hänen fyysinen ja mentaalinen rakenteensa. Yksi ja sama menetelmä ei sovi kaikille. Kuka tahansa pystyy oppimaan teorian kirjoista. Näyttökokeessa teoriaa joutuu kuitenkin soveltamaan käytäntöön. Kokeeseen on parasta valmistautua oppineen ohjaajan avulla, sillä käytäntöön soveltamista on vaikeaa oppia omin päin. Etsijäkin tarvitsee vastaavanlaista apua: hän tarvitsee pätevän mestarin, joka voi ohjata häntä henkisellä polulla.

Kysymys: Jos ykseys (ei-dualismi) on perimmäinen totuus, mihin Devi Bhavaa tarvitaan?

Amma: Amma ei ole minkään *bhavan* [jumalallisen mielentilan tai olemuksen] rajoittama. Hän on kaikkien *bhavojen* tuolla puolen. Eikö *advaita* olekin kokemus? Siellä missä ei ole kahta, kaikki on vain Itsen olemusta – kaikki on Jumalaa. Tämän viestin Amma antaa Devi Bhavan kautta. Ammalle eroavaisuuksia ei ole. Hän tuntee kaiken yhtenä Itsenä. Amma on tullut tänne maailman vuoksi. Hänen elämänsä on maailmaa varten.

Vaikka näyttelijä näyttelisi mitä roolia tahansa, hän tietää kuka hän todellisuudessa on. Hän on valmis näyttelemään mitä roolia tahansa. Ja aivan vastaavalla tavalla Amma tuntee Itsensä näyttelipä Hän mitä roolia tahansa. Hän ei ole roolin rajoittama. Amma ei valinnut tätä roolia. Hän antoi periksi seuraajiensa toiveille. He antautuvat tälle *bhavalle*. He iloitsevat siitä.

Amma käy monissa Pohjois-Intian kaupungeissa. Häntä tulee tapaamaan siellä monia Krishnan seuraajia. He laittavat Amman päähän kruunun, jossa on riikinkukon sulkia, antavat hänen käteensä huilun, pukevat hänet keltaiseen silkkiin, antavat voita ja tekevät *aratin*. He nauttivat tästä ja Amma hyväksyy tämän,

sillä se tekee heidät onnellisiksi. Amma ei voisi koskaan sanoa
heille: "Minä olen Vedanta-opettaja, joten en voi sallia tätä!"

Jumala on muodoton ja ominaisuudeton. Ja samanaikaisesti
Hänellä on muotoja ja ominaisuuksia. Jumala on kaikkialla ja
kaikessa oleva Tietoisuus. Tästä syystä Jumalan voi nähdä missä
tahansa *bhavassa.*

Amma ei pukeutunut mihinkään erityisiin vaatteisiin alku-
aikoina. Oppilaat toivat nämä vaatteet ja esineet hänelle yksi
kerrallaan. Amma alkoi käyttää niitä tehdäkseen heidät iloisiksi
ja tyytyväisiksi. Siitä muodostui rituaali.

Jumalaolentoja esittävät patsaat ovat aina temppelissä, mut-
ta ihmiset antavat niille suuremman merkityksen päivittäisen
deepaaradhanan[28] aikana. Patsaalle puetaan sen ajaksi erityiset
vaatteet ja korut. Tämä tuottaa palvojille suurta iloa ja auttaa
heitä keskittymään paremmin. Monet ihmiset käyvät temppelissä
päivittäin, mutta temppelifestivaalien aikoina kävijämäärät ovat
huomattavasti suuremmat kuin arkisin. Koko kylä juhlii. Vas-
taavasti, monet ihmiset tulevat tapaamaan Ammaa joka päivä,
mutta Devi Bhava on heille kuin erityinen festivaali.

Temppelissä tapahtuvaa palvontaa ei tehdä Jumalan vuoksi,
vaan seuraajien onnellisuuden ja tyytyväisyyden vuoksi. Ja aivan
vastaavasti Amma käyttää näitä roolivaatteita lastensa vuoksi, sillä
tekemällä niin, Amma riisuu heiltä "roolivaatteet". Amma kohot-
taa lapsensa lopulta kokemukseen heidän todellisesta Itsestään.

Kaikki nykyajan ihmiset pitävät roolivaatteita. Ihmisillä on
erilaisia kampaustyylejä, he laittavat otsalleen erilaisia merkkejä
ja pukeutuvat eri muotien mukaisesti. Emme pysty poistamaan
näitä rooliasuja, sillä ne ovat osa elämää. Erilaisilla vaatteilla on

---

[28] Sananmukaisesti käännettynä "lamppupalvonta". Lampussa palava kamferi
uhrataan Jumaluudelle liikuttamalla lamppua kuvan tai patsaan edessä ympyrän
muodostavin liikkein.

oma merkityksensä. Munkin, asianajan ja poliisin vaatteet saavat aikaan erilaisen reaktion.

Muuan mies kaatoi luvatta puita metsässä. Siviiliasuinen poliisi yritti estää häntä kaatamasta puita, mutta mies ei välittänyt hänestä. Poliisi lähti paikalta ja palasi uniformussaan. Mies pakeni paikalta nähdessään poliisin uniformuun pukeutuneen henkilön lähestyvän häntä kaukaa. Näin suuri merkitys vaatteilla on.

Eräässä talossa järjestettiin suuret juhlat. Kaikki vieraat olivat pukeutuneet kalliisiin vaatteisiin ja koruihin. Yksi vieraista saapui paikalle tavallisissa arkivaatteissa. Ovimies ei päästänyt häntä sisään. Mies meni takaisin kotiin ja palasi juhlapaikalle muodollisessa puvussa. Tällä kertaa hänet päästettiin sisään. Kun mies saapui illallispöytään, hän riisui takkinsa ja asetti sen tarjoiluastian eteen. Sitten hän riisui hattunsa ja laittoi sen lautasen viereen. Kravattinsa hän asetti teekupin eteen. Muut vieraat luulivat hänen tulleen hulluksi. Mies kääntyi heidän puoleensa ja sanoi: " Kun tulin arkivaatteissani, minua ei päästetty sisään. Kun tulin tässä puvussa, pääsin heti sisälle. Päättelin tästä, että kutsuitte juhliin minun vaatteeni ettekä minut."

Tällainen nykymaailma on. Ihmiset uskovat ulkoiseen olemukseen. Ihmiset pyrkivät vetämään toisia ihmisiä puoleensa vaatteillaan. Harvassa ovat he, jotka etsivät sisäistä kauneutta. Amman asujen tarkoitus on poistaa kaikki asut ja muodot; ne auttavat ihmisiä oivaltamaan todellisen luonteensa. Jalkapohjaan pistävä okaan piikki kaivetaan pois toisen piikin avulla.

Advaitasta puhuvat Vedanta-opettajat eivät kuljeskele ilman vaatteita. He pukeutuvat vaatteisiin ja nukkuvat aivan kuten kaikki muutkin. He tietävät, että tätä kaikkea tarvitaan, jotta keho voisi olla olemassa, ja niinpä he pukeutuvat yhteiskuntansa kulttuuritapojen mukaisesti.

Mahatmat syntyvät kunkin aikakauden tarpeiden mukaan. Sri Rama ja Sri Krishna tulivat maailmaan eri aikakausina.

Kaikki se, mitä he tekivät, oli vastaus sen aikakauden tarpeisiin. On täysin hyödytöntä sanoa, että Krishnan pitäisi olla täsmälleen samanlainen kuin Rama. Jokainen jumalallinen inkarnaatio on ainutlaatuinen.

Lääkäreillä on yleensä monia potilaita. He eivät määrää kaikille samaa lääkettä. He tutkivat ensin potilaan, diagnosoivat hänen sairautensa ja päättävät vasta sitten minkälaisia hoitotoimenpiteitä potilas tarvitsee. Joillekin suun kautta nautittavat lääkkeet riittävät, mutta toiset tarvitsevat injektioita. Henkisellä polulla kulkevien ihmisten tarpeet vaihtelevat vastaavalla tavalla. Meidän täytyy laskeutua kunkin tänne tulevan ihmisen tasolle, jotta pystyisimme kohottamaan häntä.

Samanlaisia makeisia kääritään erivärisiin karkkipapereihin. Makeiset näyttävät ulkoisesti erilaisilta, mutta kaikkien kääreiden sisällä on samanlainen makeinen. Ja aivan vastaavasti sama Tietoisuus on kaikessa. Tätä totuutta ei ole mahdollista opettaa ihmisille, ellei laskeudu heidän tasolleen. Tavoitteena ei kuitenkaan ole vain oleilla heidän kanssaan sillä tasolla, vaan tehdä heidät tietoisiksi ykseydestä. Sitä Amma tekee.

Advaitasta ei voi puhua kaikille. Kaikki eivät kykene ymmärtämään muodottoman ja ominaisuudettoman käsitettä. Vain muutamat hyvin harvinaiset yksilöt ovat pystyneet edistymään *advaitan* polulla sen jälkeen kun se on selitetty heille. Tähän vaaditaan tietynlaista mielen rakennetta ja nämä harvinaiset ihmiset olivat sellaisia jo syntyessään. Suurin osa ihmisistä ei kykene ymmärtämään *advaitaa* vaadittavan syvällisesti.

Jotkut ihmiset pitävät eniten Radha-Krishnasta [Krishna *gopi*-Radhan rakastettuna]; jotkut taas Yashoda-Krishnasta [Krishna Yashodan lapsena]; kun taas jotkut jumaloivat Murali-Krishnaa [huilua soittava Krishna]. Kaikilla ihmisillä on omat mieltymyksensä, jotka tuottavat heille iloa. Ihmiset kokevat myös

Amman eri tavoin. Amma ei sano, että kaikkien pitäisi löytää iloa jostain yhdestä tietystä aspektista.

Amma ottaa tiettyjä *bhavoja* laskeutuakseen ihmisten tasolle ja tehdäkseen heidät tietoisiksi kaiken taustalla olevasta ykseydestä, joka on kaikkien *bhavojen* tuolla puolen. Amman täytyy käyttäytyä ihmisten luonteiden vaatimalla tavalla. Hänen tavoitteenaan on johtaa ihmiset totuuteen keinolla millä hyvänsä. Vain se, mikä auttaa ihmisiä ylevöitymään, on rationaalista. Amman ainut tehtävä on kohottaa ihmisiä. Se on ainut asia, jota Amma haluaa. Amma ei tarvitse tältä maailmalta hyväksyntää osoittavia todistuksia.

Nainen seisoo parvekkeella ja huomaa jonkun makaavan maassa avuttomana. Hän ei pysty auttamaan tätä onnetonta ihmistä parvekkeelta käsin, vaikka kurottelisi kuinka häntä kohti. Naisen täytyy laskeutua parvekkeelta alas maahan asti, jotta hän pystyy tarttumaan tuohon toiseen ihmiseen ja auttamaan hänet ylös. Mikäli haluamme kohottaa ihmisiä henkisesti, meidän täytyy laskeutua samalla tavoin alas heidän tasolleen.

Valtatielle päästäksemme joudumme kulkemaan ensin tietyn matkaa sivuteitä. Valtatiellä kulkee lukuisia linja-autoja. Kun pääsemme valtatielle, voimme hypätä pikavuoron kyytiin, joka kulkee suoraan lopulliseen päämääräämme. Meidän täytyy kuitenkin ensin päästä valtatielle jotenkin. Saatamme tarvita siihen polkupyörää tai rikshaa. Meidän täytyy ohjata ihmisiä eri keinoin sitoumusten ahtaita katuja pitkin, jotta saisimme autettua heidät *Vedantan* valtatielle.

Kysymys: Amma, onko totta, että pystymme nauttimaan henkisestä autuudesta vain jos näemme maailman epätotena ja luovumme siitä kokonaan?

Amma: Amma ei sano, että meidän pitäisi sivuuttaa maailma kokonaan epätotena. "Epätodella" tarkoitetaan jotain, joka muuttuu jatkuvasti. Jos turvaudumme muuttuviin asioihin ja kiinnymme niihin, joudumme kokemaan pelkkää surua. Sitä Amma tarkoittaa. Kehokin muuttuu koko ajan. Älä kiinny kehoosi liiaksi. Kehon jokainen solu muuttuu joka hetki. Elämä kulkee erilaisten vaiheiden lävitse: vauvavaihe, lapsuus, nuoruus, keski-ikä ja vanhuus. Älä omista koko elämääsi kehollesi. Kun kuljet elämän läpi, pyri ymmärtämään kaiken todellinen luonne. Silloin et joudu kärsimään.

Kuvittele, että sinulla on arvokas timantti. Voit tehdä siitä kauniin korun. Jos taas syöt sen, saatat kuolla. Kaikilla asioilla on niiden oma, sopiva käyttötarkoituksensa. Jos ymmärrämme tämän, emme joudu enää kärsimään. Tästä syystä ihmisiä neuvotaan opiskelemaan henkisyyttä. Eikö ole parempi oppia välttämään sudenkuopat kokonaan kuin etsiä poispääsyä kuoppaan jo langettuaan? Henkisten periaatteiden ymmärrys on tärkeintä tietoa, jota voimme elämämme aikana omaksua.

Koira kaluaa luuta. Se nauttii veren mausta suussaan ja jatkaa pureskelua. Vasta kun sen ikeniin alkaa sattua liikaa, se ymmärtää maistaneensa omista ikenistään tihkuneen veren. Tällaista on onnen etsiminen ulkoisista kohteista. Menetämme lopulta kaikki voimamme. Onnellisuus ei löydy oikeasti mistään ulkoisesta kohteesta, vaan sisältämme. Meidän pitäisi elää elämäämme tämä totuus ymmärtäen.

Kysymys: Suurin osa ihmisistä on kiinnostunut vain maailmaan liittyvistä asioista. Hyvin harva on kiinnostunut katsomaan sisäänpäin. Minkälainen viesti Ammalla on yhteiskunnalle?

Amma: Elämämme ei saisi olla kuin omaa peilikuvaansa todeksi luulevan ja siksi sitä haukkuvan koiran elämää. Meidän ei pitäisi tavoitella varjoja, vaan kääntyä sisäänpäin. Ammalla on yksi viesti välitettävänään ja se perustuu Amman tapaamiin miljooniin ihmisiin, jotka elävät joko henkistä tai maallista elämää. Amman viesti on, että et pysty kokemaan elämässäsi rauhaa ellet luovu liiallisesta kiinnostuksestasi ulkoista maailmaa kohtaan.

Kysymys: Onko henkistä autuutta mahdollista kokea jo tässä maailmassa eläessämme?

Amma: Totta kai. Autuuden voi kokea tässä maailmassa ja tässä kehossa. Se ei ole jotain, joka odottaa meitä vasta kuoleman jälkeen.

Aivan kuin mieli ja keho, myös henkisyys ja maailmallisuus ovat molemmat erottamaton osa elämää. Ne eivät voi olla olemassa tosistaan täysin irrallisina. Henkisyys on tiedettä, joka opettaa meitä elämään elämämme onnellisina maailmassa.

Koulutusta on kahdenlaista. Toinen niistä auttaa sinua löytämään sinulle sopivan työn. Toinen taas opettaa sinua elämään rauhallista ja onnellista elämää – ja tämä koulutus on henkistä. Se on mielen tiedettä.

Kun matkustat uuteen kaupunkiin, sinun ei tarvitse olla huolissasi, mikäli sinulla on luotettava kartta. Ja vastaavasti, jos käytät henkisiä periaatteita oppaanasi ja elät elämäsi niiden mukaisesti, mikään kriisi ei suista sinua raiteiltasi. Opit ennakoimaan ja käsittelemään kaikki tilanteet. Henkisyys on käytännöllinen oppi elämästä. Se opettaa meille maailman todellisen luonteen. Se auttaa ymmärtämään elämää ja elämään täysipainoista elämää parhaalla mahdollisella tavalla.

Menemme kylpyyn, jotta voisimme nousta vedestä puhtaina ja raikkaina. Tarkoituksenamme ei ole jäädä lojumaan kylpyveteen ikuisiksi ajoiksi. Perheellisen elämän eläminen on vastaavanlaista. Sen tarkoituksena on poistaa Jumalan yhteyteen johtavalla polulla olevat esteet. Jos olemme valinneet perheellisen elämän, meidän pitäisi olla tietoisia elämän todellisesta tarkoituksesta ja kulkea sitä kohti. Elämämme ei pitäisi päättyä samanlaisena kuin se alkoi. Meidän on tarkoitus vapautua kaikista siteistämme ja oivaltaa Jumala.

Omistamisen asenne on kaikkien siteiden aiheuttaja. Perhe-elämä pitäisi nähdä mahdollisuutena vapautua tästä asenteesta. Sinä sanot: "Minun vaimoni tai mieheni, minun lapseni, minun vanhempani, jne." Mutta ovatko he todella sinun? Jos he olisivat sinun, he olisivat kanssasi ikuisesti. Voimme herätä henkisyyteen vasta kun todella ymmärrämme tämän. Amma ei tarkoita, että sinun pitäisi paeta vastuuta. Meidän pitäisi tehdä iloisina se, mitä meidän pitää tehdä, ja kokea se velvollisuutenamme. Samalla meidän täytyy varoa samaistumasta siihen.

Työhaastatteluun tulevan ihmisen asenne on erilainen kuin työpaikkansa jo varmistaneella, ensimmäistä työpäiväänsä aloittavalla henkilöllä. Työhaastatteluun tuleva ihminen on huolissaan siitä, minkälaisia kysymyksiä hänelle esitetään, pystyykö hän vastaamaan kysymyksiin hyvin ja saako hän työpaikan. Haastatteluun tulevan henkilön mieli on jännittynyt. Ensimmäisenä työpäivänä töihin ilmoittautuvan henkilön tilanne on toisenlainen, sillä hänet on jo valittu tehtävään ja hän tuntee iloa. Mekin koemme iloa elämässämme, kun olemme ymmärtäneet henkisyyden periaatteet. Silloin olemme kuin työpaikan juuri saanut ihminen: meillä ei ole enää huolenaiheita.

Kuvitellaanpa, että tarvitset rahaa ja ajattelet pyytäväsi ystävältäsi apua. Tiedät, että hän saattaa antaa sinulle rahaa, mutta toisaalta hän saattaa myös kieltäytyä. Jos hänellä on antelias olo, saat enemmän kuin osasit odottaa. On myös mahdollista, että hän kääntää sinulle selkänsä ja teeskentelee, ettei tunne sinua. Jos tiedät ennalta nämä molemmat vaihtoehdot, et ylläty etkä pety, olipa lopputulos mikä hyvänsä.

Taitava uimari nauttii suuresti meren aalloissa uimisesta. Uimataidoton saattaa puolestaan hukkua noihin samoihin aaltoihin. Vastaavasti henkisyyden periaatteet ymmärtävät ihmiset nauttivat elämänsä jokaisesta hetkestä. He kohtaavat kaikki tilanteet hymy huulillaan: mikään ei pysty horjuttamaan heitä. Tarkastele Krishnan elämää. Vaikka hänen perheensä ja sukulaisensa Yadavat sotivat keskenään, Hänen hymynsä ei hyytynyt. Hänen hymynsä ei kaikonnut edes silloin, kun Hän keskusteli Kauravien kanssa Pandavien edustajana. Kaunis hymy kirkasti Krishnan kasvoja Hänen toimiessaan Arjunan ajurina sotatantereella. Hänellä oli kasvoillaan tuo sama hymy, kun Gandhari kirosi Hänet. Krishnan koko elämä oli pelkkää hymyä. Jos päästämme henkisyyden elämäämme, saamme kokea aitoa iloa.

Elämän tulisi olla kuin huviretki. Kun näemme matkan varrella kauniin maiseman, talon tai kukan, katselemme sitä ja nautimme siitä. Nautimme näkemistämme asioista, mutta emme pysähdy siihen paikkaan, vaan jatkamme matkaamme. Ja kun on aika palata, jätämme kaiken taaksemme ja palaamme takaisin kotiin – olipa matkakohteessamme miten kaunista tahansa. Toimimme näin, sillä mikään muu ei ole yhtä tärkeää kuin takaisin kotiin palaaminen. Tätä voidaan verrata elämäämme tässä maailmassa. Meidän ei pitäisi koskaan unohtaa todellista kotiamme, jonne olemme palaamassa – meidän ei pitäisi koskaan unohtaa todellista päämääräämme. Näemmepä miten kauniita kohteita tahansa elämämme varrella, on vain yksi paikka, jota voimme kutsua omaksemme ja jossa voimme levätä, ja josta olemme kotoisin – se on Itse.

Eräällä miehellä oli neljä lasta. Kun hänestä tuli vanha, hänen tyttärensä ja poikansa painostivat häntä jakamaan omaisuutensa ja antamaan kullekin oman tontin. Lapset halusivat rakentaa isänsä maille kukin oman erillisen talonsa. ”Me huolehdimme sinusta. Meitä on neljä, joten voit asua joka vuosi kolme kuukautta kerrallaan kunkin kotona. Sinusta tulee sillä tavalla onnellinen.” Isä iloitsi siitä, että kaikki hänen neljä lastaan ehdottivat tätä samaa, ja niin omaisuus jaettiin. Vanhin poika sai kotitalon ja sen lähiympäristön. Kolme muuta lasta jakoivat loput maapalstasta. Jokainen heistä rakensi oman talonsa. Omaisuuden jakamisen jälkeen isä jäi asumaan vanhimman poikansa kanssa kotitaloon. Muutaman ensimmäisen päivän ajan häntä kohdeltiin lämmöllä ja kunnioituksella. Perheen into auttaa vanhusta laantui kuitenkin nopeasti. Hänen poikansa ja miniänsä ilmeet synkkenivät päivä päivältä. Isän oli vaikea asua heidän luonaan, mutta hän sinnitteli siellä kuukauden, minkä jälkeen hänestä tuntui siltä, että hänet heitettäisiin pian ulos. Vanhus lähti toiseksi vanhimman lapsensa luo. Hänen tyttärensä ja tämän aviomies auttoivat vanhusta aluksi innokkaasti, mutta hekin muuttuivat pian ja vanhus joutui lähtemään talosta viidentoista päivän kuluttua. Vanhus meni kolmanneksi vanhimman lapsensa luo, mutta viipyi siellä vain kymmenen päivää, sillä he eivät todellakaan halunneet häntä kotiinsa. Näin ollen hän muutti nuorimman lapsensa luo. Hänelle selvisi viidessä päivässä, että hänet heitettäisiin pian ulos. Niinpä vanhus lähti pois ja vaelteli asunnottomana lopun elämäänsä.

Kun isä jakoi omaisuutensa neljän lapsensa kesken, hän toivoi lastensa huolehtivan hänestä hänen viimeisinä aikoinaan. Se oli kuitenkin pelkkää unelmaa, sillä hänen koko perheensä hylkäsi hänet kahdessa kuukaudessa.

Meidän pitäisi ymmärtää, että ihmisten rakkaus on usein juuri tällaista. Jos odotamme joidenkin tiettyjen ihmisten huolehtivan meistä, joudumme kokemaan surua. Tästä syystä tee omat velvollisuutesi iloisesti odottamatta mitään vastineeksi. Ja kun aika on oikea, lähde henkiselle polulle.

Tämä ei tarkoita sitä, että sinun pitäisi hylätä velvollisuutesi. Meidän pitäisi täyttää *dharmamme*. Vanhempien velvollisuutena on huolehtia lapsistaan. Kun lapset ovat aikuisia ja pystyvät huolehtimaan itse itsestään vanhemmat eivät saisi roikkua kiinni lapsissaan odottaen lasten huolehtivan heistä. Meidän täytyy olla tietoisia elämän todellisesta päämäärästä ja jatkaa matkaamme sitä kohti. Meidän ei pitäisi rajoittaa itseämme keskittymällä pelkästään lapsiimme ja lapsenlapsiimme.

Kuivalla oksalla istuva lintu on valpas ja valmiina lähtemään lentoon, sillä se tietää, että oksa saattaa katketa milloin tahansa. Meidän tulisi olla tuon linnun kaltaisia tässä maailmassa eläessämme ja tehdessämme erilaisia tekoja. Mikään ei ole tässä maailmassa ikuista, joten meidän pitäisi elää jokainen hetki valppaana ja valmiina kohoamaan Itsen maailmaan. Tällöin mikään ei sido meitä eikä aiheuta meille surua.

Kysymys: Amma, sanot usein, että jos me otamme yhden askeleen kohti Jumalaa, Jumala ottaa meitä kohti sata askelta. Tarkoittaako tämä sitä, että Jumala on hyvin kaukana meistä?

Amma: Ei. Se tarkoittaa sitä, että jos sinä näet vaivaa kasvattaaksesi yhtä hyvää ominaisuutta itsessäsi, kaikki muut hyvät ominaisuudet kehittyvät itsestään.

Muuan nainen voitti eräässä kilpailussa palkinnoksi kattokruunun. Hän ripusti sen ruokasaliin. Nainen ihaili kattokruunun kauneutta ja huomasi samalla seinämaalin alkaneen rapistua. Hän päätti maalata koko seinän. Kun hän oli maalannut sen, hän huomasi ikkunaverhojen olevan likaiset. Nainen pesi kaikki verhot heti saman tien. Sitten hänen huomionsa kiinnittyi mattoon, josta oli tullut räsyinen. Nainen heitti maton pois ja toi tilalle uuden. Lopulta koko huone oli uudistunut. Kaikki alkoi siitä, että nainen ripusti kattoon uuden lampun, mutta lopulta koko huone koki valtavan muodonmuutoksen. Vastaavasti, jos teet säännöllisesti yhden hyvän asian, monet muut hyvät asiat seuraavat sitä luonnostaan. Se on kuin jälleensyntymä. Jumala on kaikkien hyvien ominaisuuksien lähde. Jos omaksumme niistä yhden, kaikki muut hyveet seuraavat. Tämä on ainut tie todelliseen transformaatioon.

Opiskelijoille myönnetään usein kunniakirjoja, sillä se auttaa heitä läpäisemään kokeet. Vaikka kaikki olisivat kelvollisia, vain erittäin hyvin suoriutuneet voivat saada kunniakirjan. Oppilaiden täytyy ponnistella saadakseen kunniakirjan. Jumala antaa armonsa virrata yllemme jatkuvasti, mutta jos haluamme hyötyä armosta, meidän täytyy nähdä itse hieman vaivaa. Jos mielemme ei ole tarpeeksi vastaanottavainen, emme hyödy Jumalan armonvirrasta. Miksi valittaa pimeydestä, jos sulkee auringonvalolta ovet, ikkunat ja verhot? Aurinko säteilee valoaan kaikkialle. Meidän täytyy avata ovet ja ikkunat, jotta voisimme kokea sen. Jumala antaa armonsa virrata vastaavalla tavalla yllemme jatkuvasti, mutta meidän täytyy avata sydämemme ovi vastaanottaaksemme armon. Tämä tarkoittaa sitä, että ennen kuin voimme vastaanottaa Jumalan armon, meidän täytyy ensin vastaanottaa oman mielemme armo. Jumala on äärettömän myötätuntoinen. Mielemme ei ole myötätuntoinen meitä kohtaan. Mielemme estää meitä ottamasta vastaan Jumalan armoa.

Jos joku ojentaa sinulle lahjan, mutta sinä käyttäydyt ylimielisesti, lahjan antaja vetää kätensä pois ajatellen: "Onpa hänellä iso ego! En annakaan lahjaani hänelle, vaan annan sen mieluummin jollekin toiselle." Epäonnistuit olemaan armollinen itsellesi, joten menetit toisen ihmisen ojentaman lahjan. Egosi aiheutti tämän. Et saanut sitä, mitä sinulle tarjottiin, sillä mielesi ei ollut myötätuntoinen sinua kohtaan.

Toisinaan erottelukykyinen älymme käskee meidän tehdä jotain, mutta mielemme on eri mieltä. Äly sanoo: "Ole nöyrä", mutta mieli sanoo: "Ei! En aio nöyrtyä näiden ihmisten edessä!" Tästä seuraa, että emme saa sitä, mikä olisi voinut olla meidän. Se, mitä olisimme voineet saavuttaa, jää vain kaukaiseksi tavoitteeksi.

Jotta saisimme Jumalan armon, meidän täytyy ensin olla armollisia itseämme kohtaan. Tästä syystä Amma sanoo aina:

"Rakkaat lapset, olkaa aina asenteeltanne aloittelijoita!" Aloittelijan asenne estää egoa nostamasta päätään.

Saatat nyt pohtia: "Jos olen aina aloittelija, eikö se tarkoita sitä, että en koskaan edisty?" Se ei tarkoita sitä. Aloittelijan asenne tarkoittaa sitä, että säilytät aloittelijan avoimen, tarkkaavaisen ja vastaanottavaisen asenteen. Tämä on ainut keino omaksua tietoa ja viisautta.

Saatat pohtia myös sitä, kuinka pystyt toimimaan osana yhteiskuntaa ja työyhteisössäsi, jos olet aina viattoman lapsen kaltainen. Viattomuus ja lapsenkaltaisuus ei tarkoita sitä, että olisit heikko – se on kaukana siitä! Sinun täytyy olla vahva ja määrätietoinen niissä tilanteissa, jotka sitä vaativat. Silti sinun pitäisi olla avoin ja vastaanottavainen aina kun vain mahdollista.

Kaikella on oma *dharmansa* ja meidän täytyy toimia sen mukaan. Jos lehmä syö arvokasta kasvia ja pyydät sitä kohteliaasti siirtymään: "Rakas lehmä, olisitko niin kiltti, että siirtyisit?", niin se ei liiku minnekään. Jos taas huudat sille: "Häivy lehmä!", se menee matkoihinsa. Tätä tekoa ei voida sanoa itsekkääksi; se on rooli, jonka joudut ottamaan korjataksesi toisen olennon tietämättömyyttä. Siinä ei ole mitään väärää. Sisäisen asenteesi tulisi kuitenkin olla koko ajan kuin aloittelijalla; sinun pitäisi säilyttää lapsen viattomuus.

Nykyihmisten kehot ovat kasvaneet, mutta heidän mielensä eivät ole avartuneet. Jotta mielesi laajenisi ja syleilisi koko maailmankaikkeutta, sinun täytyy ensin muuttua lapsen kaltaiseksi. Vain lapsi voi kasvaa. Nykyajan mielet ovat kuitenkin täynnä egoismia. Meidän pitäisi kohdistaa ponnistelumme egon tuhoamiseen. Se tarkoittaa sitä, että virittäydymme täysin toisten taajuudelle. Kuvitellaanpa, että kaksi eri suunnista tulevaa autoa ajavat toisiaan kohden kapealla tiellä. Jos kumpikaan kuljettajista ei taivu antamaan toiselle tilaa, kumpikaan ei pääse jatkamaan matkaansa. Jos toinen heistä on valmis antamaan periksi edes hieman, molemmat pääsevät eteenpäin.

Tässä esimerkissä molemmat pääsevät eteenpäin; se joka taipuu kompromissiin ja se joka vastaanottaa tämän eleen. Tästä syystä sanotaan, että taipuminen on eteenpäin menemistä. Se kohottaa sekä taipujaa, että huomaavaisuuden kohteena olijaa. Meidän pitäisi aina nähdä asioiden käytännöllinen puoli. Ego on edistymisen este.

Jumala on aina myötätuntoinen meitä kohtaan. Jumala vuodattaa armoaan yllemme jatkuvasti, enemmän kuin tekojemme vuoksi ansaitsisimme. Jumala ei ole tuomari, joka palkitsee meitä hyvistä teoista ja rankaisee synneistä – Jumala on myötätunto, loputtoman armon Lähde. Hän antaa virheemme anteeksi ja antaa armonsa sataa yllemme. Jumala voi kuitenkin pelastaa meidät vain, mikäli näemme itse edes hitusen vaivaa. Jos emme näe yhtään vaivaa, emme pysty vastaanottamaan Jumalan meille tarjoamaa armoa. Jumala on myötätunnon valtameri. Emme siis voi syyttää Jumalaa mistään, kaikki on meidän omaa syytämme.

Kun prinsessa Rukmini meinattiin antaa avioliittoon, hän pääsi pelastautumaan Krishnan vaunuihin siksi, että hän ojensi kätensä kohti Krishnaa, jolloin Krishna onnistui nostamaan hänet vaunuihin.[29] Meidän täytyy siis nähdä vaivaa kurkottaaksemme Jumalaa kohti.

Jotkut työnhakijat eivät vastaa työhaastattelussa hyvin kaikkiin kysymyksiin, mutta tulevat silti valituiksi. Tämä johtuu haastattelijan myötätunnosta eli toisin sanoen jumalallisesta armosta. Toisaalta, monet ehdokkaat eivät tule valituiksi, vaikka he vastaavat kaikkiin kysymyksiin täydellisesti ja vaikka heillä on

---

[29] Vidarbhan prinsessa Rukmini rakasti Krishnaa ja halusi Krishnan aviomiehekseen. Hän lähetti viestinviejän Krishnan luo pyytämään Krishnaa pelastamaan hänet sinä päivänä, jolloin hänen olisi määrä mennä naimisiin kuningas Sisupalan kanssa. Krishna tuli seremoniaan ja sieppasi Rukminin vaunuihinsa taistellen kaikkia niitä vastaan, jotka yrittivät estää häntä.

kaikki tarvittavat pätevyydet ja lukuisia referenssejä. Haastattelijan kautta työskentelevä armo ei ollut heidän saatavillaan. Tämä osoittaa sen, että meidän täytyy ponnistella, mutta jumalallistakin armoa tarvitaan. Armo riippuu aiemmista teoistamme. Egomme estää meitä vastaanottamasta armoa.

Emme ole erillisiä saaria. Elämämme liittyvät toisiinsa aivan kuin ketjun lenkit. Olemme osa elämänketjua. Jokainen tekomme vaikuttaa toisiin olimmepa siitä tietoisia tai emme.

Ei ole oikein ajatella muuttuvansa hyväksi ihmiseksi vasta sen jälkeen kun kaikki muut ovat ensin muuttuneet. Meidän täytyy olla valmiita muuttumaan, vaikka kukaan muu ei muuttuisi. Sitä, että ajattelee muuttuvansa vasta kun muut ovat muuttuneet, voidaan verrata siihen, että haluaa uimaan valtamereen vasta sitten, kun kaikki aallot ovat tyyntyneet. Meidän pitäisi ponnistella muuttuaksemme paremmiksi ihmisiksi sen sijaan että odotamme muiden muuttuvan paremmiksi. Tällöin näemme muutoksen tapahtuvan muissakin. Kun vaalimme itsessämme vain hyvyyttä, näemme toisissakin vain hyvyyttä. Tästä syystä jokaisen tekomme ja ajatuksemme pitäisi olla huolella valitut.

Elämämme pitäisi olla myötätunnon täyttämää. Meidän pitäisi olla valmiita auttamaan köyhiä. Kukaan ei ole täydellinen. Kun näemme muissa jotain vikaa, meidän pitäisi heti tarkastella itseämme. Tällöin huomaamme, että vika löytyy meistä itsestämme.

Vaikka joku suuttuisi, meidän täytyy ymmärtää, että se johtuu hänen *samskarastaan* [lukemattomien elämien aikana syvälle juurtuneiden taipumusten ja vaikutusten kokonaisuus]. Tällöin pystymme antamaan anteeksi vihaiselle ihmiselle; saamme voimaa antaa anteeksi. Anteeksiantavan asenteen vuoksi ajatuksista, sanoista ja teoista tulee hyviä. Hyvät teot vetävät Jumalan armon puoleemme. Hyvät teot tuottavat hyviä hedelmiä; negatiiviset teot synnyttävät vain negatiivisia tuloksia. Kaikki kärsimykset johtuvat negatiivisista teoista. Tästä syystä meidän tulisi aina pitää huoli siitä, että tekomme ovat hyviä. Tällöin jumalallinen armo virtaa luoksemme. Kun olemme vastaanottaneet tämän armon, ei ole syytä valittaa elämän olevan suruntäyteistä.

Elämä on kuin kaappikellon heiluri, joka heiluu alati edestakaisin – surusta iloon ja takaisin. Meidän täytyy ymmärtää henkisiä asioita, jotta voisimme edistyä henkisellä polulla ja hyväksyä sekä ilot että surut. Tällöin kumpikaan ääripäistä ei suista meitä raiteilta. Ymmärrämme kaiken todellisen luonnon. Meditaatio on menetelmä, jota käytetään tämän saavuttamiseksi.

Jopa pahalla ihmisellä on luontainen mahdollisuus muuttua hyväksi ihmiseksi. Ei ole olemassa yhtäkään ihmistä, jolla ei olisi vähintään yhtä jumalallista ominaisuutta. Kärsivällisyyden avulla pystymme herättämään ihmisten jumalallisuuden. Meidän pitäisi pyrkiä lisäämään tätä asennetta. Kun näemme hyvyyttä kaikessa, olemme kelvollisia vastaanottamaan Jumalan armon. Armo on menestyksen todellinen lähde.

Jos me kaikki käännämme selkämme jollekin ihmiselle ajatellen vain hänen tekemiään pahoja tekoja, minkälainen tämän ihmisen tulevaisuus on? Jos kykenemme näkemään tässä ihmisessä piilevät hyvyyden rippeet ja kannustamme häntä kasvattamaan tätä ominaisuutta, se kohottaa häntä. Sillä voi olla niin suuri vaikutus häneen, että hänestä tulee upea ihminen. Sri Rama oli valmis kumartamaan Kuningatar Kaikeylle, joka oli vastuussa Sri Raman karkottamisesta metsään. Kristus pesi Juudaksen jalat, vaikka hän tiesi Juudaksen pettävän hänet. Kun Profeetta Muhammedia loalla heittänyt nainen sairastui, Muhammed tuli hänen luokseen ja hoiti häntä, vaikkei kukaan ollut pyytänyt häntä tekemään niin. Tällaista esimerkkiä suuret sielut näyttävät meille. Helpoin tie onneen ja iloon on seurata heidän esimerkkiään.

Jumalallisuus on kaikissa piilevänä. Kun pyrimme näkemään jumalallisuuden muissa, herätämme itse asiassa oman jumalallisuutemme.

Olipa kerran mestari, joka halusi muuttaa erääseen kylään. Hän lähetti kaksi oppilastaan ottamaan selvää minkälaisia ihmisiä siellä asui. Toinen oppilaista palasi pian ja kertoi mestarilleen: "Kaikki tuon kylän asukkaat ovat ilkeämpiä kuin on mahdollista edes kuvitella! He ovat varkaita, murhaajia ja prostituoituja. Et löydä mistään muualta noin läpensä pahoja sieluja!"

Kun toinen oppilaista palasi kylästä, hän sanoi mestarilleen: "Kylän asukkaat ovat hyviä. En ole koskaan aikaisemmin tavannut noin hyviä ihmisiä." Mestari pyysi oppilaitaan selittämään kuinka heillä saattoi olla kaksi täysin vastakkaista mielipidettä saman kylän asukkaista. Ensimmäinen oppilas vastasi: "Ensimmäisessä talossa minua tervehti murhaaja. Seuraavassa talossa asui varas. Kolmannessa talossa näin prostituoidun. Lannistuin tästä niin pahoin, etten vaivautunut kulkemaan pidemmälle. Lähdin nopeasti pois kylästä ja palasin tänne. Miten voisin sanoa mitään hyvää kylästä, jossa asuu noin pahoja ihmisiä?"

Mestari kääntyi toisen oppilaansa puoleen ja pyysi häntä kuvailemaan, mitä hän oli nähnyt. Oppilas kertoi: "Kävin noissa samoissa taloissa kuin hän. Tapasin ensimmäisessä talossa varkaan. Kun tulin hänen ovelleen, hän oli hyvin kiireinen ruokkiessaan köyhiä. Hänellä on tapana etsiä nälkää näkeviä kyläläisiä ja syöttää heidät kotonaan. Täytyin ilosta nähdessäni hänessä tämän hyvän ominaisuuden.

Toisessa vierailemassani talossa asui murhaaja. Kun lähestyin hänen taloaan, näin hänen auttavan maassa makaavaa miesparkaa. Ymmärsin, että vaikka hän on murhaaja, hänessä on silti hieman myötätuntoa; hänen sydämensä ei ole täysin kuiva. Täytyin rakkaudesta nähdessäni tämän. Sitten menin kolmanteen taloon, jonka omistaja on prostituoitu. Näin talossa hänen lisäkseen neljä lasta. Kun kysyin häneltä keitä lapset ovat, nainen kertoi heidän olevan orpoja, jotka hän oli ottanut suojaansa. Näin paljon hyviä ominaisuuksia niissä ihmisissä, joiden piti olla kylän pahimpia ihmisiä, joten tulin siihen lopputulokseen, että muiden kyläläisten täytyy sitten olla todella jaloja! Näin ollen, sain hyvän vaikutelman kyläläisistä vierailtuani näissä kolmessa talossa."

On laiskuutta kääntää selkänsä ihmisille väittäen heissä olevan vain pahuutta. Jos emme puhu pahaa toisista ihmisistä, vaan pyrimme sen sijaan herättämään itsessämme olevan hyvyyden, voimme antaa muillekin valoa. Tämä on helpoin tapa muuttaa itseämme ja koko yhteiskuntaa paremmaksi. Älä syytä ympäröivää pimeyttä, vaan sytytä oma pieni kynttiläsi. Älä muserru siitä ajatuksesta, että yrität karkottaa maailman pimeyden pienellä valonliekilläsi. Jos sytytät kynttiläsi ja liikut eteenpäin, kynttilä valaisee jokaista askelmaasi ja auttaa lähelläsi olevia.

Rakkaat lapset, sytyttäkäämme rakkauden liekki itsessämme ja kulkekaamme eteenpäin. Kun otamme jokaisen eteenpäin suuntautuvan askeleemme iloisin ajatuksin ja hymy huulillamme, kaikki hyvät ominaisuudet tulevat luoksemme ja täyttävät koko olemuksemme. Tällöin Jumala ei voi pysyä erossa meistä. Hän ottaa meidät syliinsä. Jokainen elämämme hetki on harmonian ja rauhan täyttämä.

Sanasto

Advaita – Ei-dualismi, ykseys. Filosofia joka opettaa, että korkein todellisuus on "Yksi ilman toista".

Ahimsa – Väkivallattomuus. Pidättäytyä vahingoittamasta eläviä olentoja ajatuksin, sanoin tai teoin.

Arati – Rituaali, jossa uhrataan palavan kamferin liekki pyhimyksen tai temppelissä olevan jumalan patsaan edessä soittaen samalla pientä kelloa *pujan* [palvonnan] lopuksi. Kamferista ei jää mitään jäljelle; tämä symboloi egon täydellistä häviämistä.

Ardhanarisvara –Jumalolento, joka on puoliksi mies, puoliksi nainen. Tämä symboloi Shivan ja Shaktin liittoa, Jumalan ja Jumalattaren liittoa.

Arjuna – kolmas viidestä Pandava-veljeksestä. Taitava jousiampuja; yksi *Mahabharatan* sankareista. Hän oli Krishnan ystävä ja oppilas. Krishna puhuu Arjunalle *Bhagavad Gitassa*.

Ashram – "Paikka, jossa ponnistellaan". Paikka, jossa henkiset etsijät ja oppilaat asuvat tai vierailevat elääkseen henkistä elämää ja tehdäkseen henkisiä harjoituksia. Ashram on yleensä henkisiä etsijöitä opastavan henkisen mestarin, pyhimyksen tai askeetikon koti.

Asura – Demoni

Atman – Todellinen Itse. Todellisen olemassaolon syvin olemus. Yksi *Sanatana Dharman* perustavista opinkappaleista kertoo, että emme ole fyysinen keho, tunteet, mieli, äly tai persoonallisuus. Olemme ikuinen, puhdas ja tahraton Itse.

Bhagavad Gita – " Herran laulu". *Bhagavad* = Herrasta kertova; *gita* = laulu, joka viittaa henkiseen opetukseen. Opetusten kokonaisuus, jonka Krishna antoi Arjunalle Kurukshetran taistelukentällä Mahabharatan sodan alussa. Se on käytännöllinen opas jokapäiväiseen elämään ja sisältää Veda-viisauden ydinasiat.

Bhajan – Antaumuksellinen laulu

Bhakti – Antaumus ja rakkaus

Bhava – Jumalallinen mielentila tai asenne. Devi *Bhava*; tilaisuus, jossa Amma ottaa vastaan seuraajansa Jumalallisen Äidin mielentilassa.

Bhishma – Pandavien ja Kauravien isoisä. Vaikka hän taisteli Kauravien puolella Mahabharatan sodassa, hän oli *dharman* mestari ja tunsi sympatiaa voittoisia Pandavia kohtaan. Hän on keskeisin **Mahabharatan** henkilöistä heti Krishnan jälkeen.

Brahma – Jumalan aspekti, joka edustaa luomista, *luojajumala*

Brahmachari – selibaattia harjoittava henkinen oppilas, joka tekee henkisiä harjoituksia kurinalaisesti, ja jota henkinen mestari yleensä opettaa.

Brahmacharya – "Brahmanissa *liikkumista*". Mielen ja aistien *selibaatti eli* niiden *hallinta* ja kurinalaisuus.

Brahman – Korkein Todellisuus, Korkein Olento; Kokonainen; se, joka on yksi ja jakamaton, ja joka ympäröi kaikkea ja on kaikessa.

Darshan – Jumalallisen tai pyhän henkilön kohtaaminen tai Hänen näkemisensä.

Deva –Taivaallinen olento/ jumalolento

Devi Bhava – "Devin jumalallinen mielentila". Tila, jossa Amma paljastaa Jumalallisen Äidin identiteettinsä ja ykseytensä Hänen kanssaan.

Dharma – Sanskritinkielinen sana *dharma* tarkoittaa " sitä, mikä pitää yllä (luomakuntaa)". Yleensä sitä käytetään viittaamaan siihen, mikä ylläpitää universumin harmoniaa. *Dharmalla* on monia merkityksiä kuten jumalallinen laki, olemassaolon laki, oikeudenmukaisuus, uskonto,

velvollisuus, vastuu, hyve, oikeus, hyvyys ja totuus. *Dharma*
merkitsee uskonnon syvällisiä periaatteita. Yksi *dharman*
yleisistä määritelmistä on, että se johtaa luomakunnassa
elävien olentojen henkiseen kohottautumiseen ja yleiseen
hyvinvointiin. *Dharman* vastakohta on *adharma*.

Gopi – Gopit olivat lehmityttöjä ja maitopiikoja, jotka asui-
vat Vrindavanissa. He olivat Krishnan lähimpiä seuraajia
ja heidät tunnettiin korkeimmasta antaumuksesta Herraa
kohtaan. He ovat esimerkki kaikkein intensiivisimmästä
rakkaudesta Jumalaa kohtaan.

Grihasthashrama – Henkisyyteen suuntautunut perhe-elämä.
Perinteisesti tämä on toinen elämänvaiheista. Elämänvai-
heita ovat: *brahmacharya* (opiskeluvaihe), *grihastashrama*
(avioliitto ja perhe-elämä), *vanaprastha* (maailmaan liitty-
vistä velvollisuuksista luopuminen ja elämän omistaminen
henkisille harjoituksille) ja *sanjaasa* (kaikista maailmaan
liittyvistä siteistä luopuminen).

Grihastashrami – henkilö, joka on omistautunut henkiselle
elämälle samalla kun hän huolehtii velvollisuuksistaan
perheellisenä.

Guna – Alkuperäinen luonto [*prakriti*] koostuu kolmesta
gunasta eli perusominaisuudesta, taipumuksesta tai paino-
pisteestä, jotka ovat kaiken manifestoituneen taustalla: *satt-
va* [hyvyys, puhtaus, tyyneys], *rajas* [aktiivisuus, intohimo]
ja *tamas* [pimeys, pysähtyneisyys, tietämättömyys]. Nämä
kolme *gunaa* ovat jatkuvasti tekemisissä toistensa kanssa
ja reagoivat toisiinsa. Ilmiömaailma muodostuu näiden
kolmen gunan yhdistelmistä.

Guru – "Hän joka poistaa pimeyden ja tietämättömyyden".
Henkinen mestari tai opettaja.

Gurukula – *Gurukulalla* tarkoitetaan perinteisesti *ashramia*, jossa asuu elävä mestari ja jossa oppilaat ja seuraajat elävät ja opiskelevat mestarin kanssa.

Japa – Mantran, rukouksen tai Jumalan nimen toistaminen.

Jivatman – Yksilöllinen sielu

Jnana – Henkinen tieto ja viisaus. Tieto maailman todellisesta luonteesta ja sen taustalla piilevästä todellisuudesta. Se on suoraa kokemusta, joka on rajoittuneen mielen, älyn ja aistien havainnointikyvyn tuolla puolen. Se saavutetaan henkisen harjoituksen ja Jumalan tai Gurun armon avulla.

Jooga – "Yhdistyä". Metodien sarja, jonka avulla voi saavuttaa ykseyden Jumalan kanssa; tie, joka johtaa itseoivallukseen.

Joogi – Joogan vannoutunut harjoittaja tai hän, joka on ykseyden liitossa Korkeimman olemuksensa kanssa.

Kali – "Hän, joka on musta". *Kalan* [ajan] tuhoaja. Yksi Jumalallisen Äidin eri puolista. Egon näkökulmasta katsottuna Kali saattaa vaikuttaa pelottavalta, sillä Hän tuhoaa egon, mutta Hän tuhoaa egon ja auttaa meitä transformaatiossa vain äärettömästä myötätunnostaan. Kalin seuraaja tietää, että Kalin hurjan ulkoisen olemuksen takana on rakastava Äiti, joka suojelee lapsiaan ja antaa heille Vapauden armon.

Karma – Toiminta, teko

Karma jooga – "Ykseys tekojen avulla". Epäitsekkään, pyyteettömän palvelun henkinen polku; tekojen ja niiden tuottamien hedelmien omistaminen Jumalalle.

Kauravat – Dhritharasthran ja Gandharin sata lasta, joista vanhin oli epäoikeudenmukainen Duryodhana. Kauravat olivat hyveellisten serkkujensa Pandavien vihollisia ja taistelivat heitä vastaan Mahabharatan sodassa.

Krishna – Vishnun pääinkarnaatio. Hän syntyi kuninkaalliseen perheeseen, mutta kasvoi kasvattivanhempiensa luona ja eli nuorena lehmäpaimenena Vrindavanissa. Krishnalle omistautuneet gopit ja gopat (lehmäpaimentytöt ja –pojat] rakastivat ja palvoivat Häntä Vrindavanissa. Krishnasta tuli myöhemmin Dwarakan hallitsija. Hän oli Pandavien ystävä ja neuvonantaja, etenkin Arjunan, jolle Hän paljasti opetuksensa Bhagavad Gitassa.

Kshatriya – Soturikasti

Mahabharata – Toinen Intian suurista historiallisista eepoksista, joista toinen on *Ramayana*. Se on suuri tutkielma *dharmasta* ja henkisyydestä. Tarina käsittelee pääasiassa Pandavien ja Kauravien välistä konfliktia ja Kurukshetran taistelua. Mahabharata on maailman pisin eeppinen runoelma ja sen kirjoitti tietäjä Vyasa noin vuonna 3200 eaa.

Mahatma – Suuri sielu

Mantra – Pyhä kaava tai rukous; ihanteen mukaan sitä toistetaan jatkuvasti. Se herättää piilevänä olevat henkiset voimat ja auttaa saavuttamaan lopullisen päämäärän. Se on kaikkein voimakkaimmillaan silloin, kun henkinen mestari antaa sen vihkimyksessä.

Manu – Manua pidetään ihmiskunnan isänä ja maan hallitsijana. Kirjoituksissa kerrotaan neljästätoista peräkkäisestä Manusta. *Manusmriti*, Manun lakien kokoelma, on Svayambhuva Manun ansiota. Hän oli ensimmäinen neljästätoista Manusta. Tässä kirjassa oleva toteamus naisten suojelemisesta on *Manusmritistä*.

Maya – "Illuusio". Jumalallinen voima tai verho, joka kätkee Todellisuuden ja antaa vaikutelman monesta luoden siten erillisyyden illuusion. *Maya* peittää todellisuuden, joten se harhauttaa meidät uskomaan, että täydellisyys ja eheys löytyy ulkopuoleltamme.

Moksha – Vapautuminen elämien kiertokulusta tai karmasta.

Nirguna –Vailla ominaisuuksia.

Pada Puja – Jumalan, gurun tai pyhimyksen jalkojen palvonta. Aivan kuten jalat tukevat koko kehoa, guruprinsiippi tukee Korkeinta Totuutta. Näin ollen gurun jalat edustavat Korkeinta Totuutta.

Pandavat – Viisi veljestä, Yudhisthira, Bhishma, Arjuna, Nakula ja Sahadeva. Kuningas Pandun poikia ja *Mahabharata*-eepoksen sankareita.

Parabhakti – Antaumuksen korkein muoto; halujen täydellinen puuttuminen; tila, jossa Jumalalle antautunut palvoja kokee yhteyttä kaikenläpäisevän rakastetun Jumalan kanssa.

Paramatman – Korkein tietoisuus; Brahman.

Prarabdha – "Velvollisuudet, taakat". Tässä ja edellisistä elämissä tehtyjen tekojen hedelmät, jotka manifestoituvat tässä elämässä.

Puja – Jumalanpalvelusrituaali tai –seremonia.

Purana – Muinaiset kirjoitukset, jotka sisältävät tarinoita jumalista ja heidän inkarnaatioistaan. Puranoita on kaiken kaikkiaan 36 – 18 suurta (ja keskeisintä) ja 18 pientä Puranaa.

Purna – Täysi, kokonainen, täydellinen, ehjä

Purnavatar – Nimetön, muodoton, muuttumaton Jumala, joka on laskeutunut maailmaan ja ottanut ihmisen muodon. Jumalallisen inkarnaation tarkoituksena on palauttaa ja säilyttää *dharma* ja kohottaa ihmiskuntaa henkisesti tekemällä se tietoiseksi korkeammasta Itsestä.

Rama – "Maailmankaikkeuden Herra". *Ramayana*-eepoksen jumalallinen sankari. Hän oli Vishnun inkarnaatio ja häntä pidetään *dharman* ja hyvyyden esikuvana.

Ramayana - "Raman elämä". Yksi Intian suurimmista eeppisistä runoelmista. Se kertoo Raman elämästä ja sen on kirjoittanut Valmiki. Iso osa eepoksesta kertoo siitä, kuinka demonikungas Ravana kaappasi Raman vaimon Sitan Sri

Lankaan, ja kuinka Rama ja hänen seuraajansa pelastivat Sitan sieltä.

Rasa-lila – "Hurmiollinen näytelmä". Viittaa tanssiin, joka tapahtui Vrindavanissa. Krishna tanssi kaikkien gopien kanssa. Krishna ilmestyi jokaiselle gopille tanssien heistä jokaisen kanssa samanaikaisesti. – *parempi ilman*

Ravana – Sri Lankan demonikuningas, *Ramayana*-eepoksen roisto.

Rishi – Tietäjä. Itseoivaltanut näkijä. Tällä viitataan yleensä seitsemään muinaisen Intian rishiin, *-turha toisto* jotka "näkivät" korkeimman totuuden ja kuvasivat tämän näyn Veda-kirjoitusten kokoelmassa.

Samsara – Syntymän, kuoleman ja jälleensyntymän pyörä; moninaisuuden maailma.

Samadhi – Ykseys Jumalan kanssa; syvän, yksisuuntaisen keskittymisen tila, jossa kaikki ajatukset ovat vaienneet kun mieli on astunut täydellisen hiljaisuuden tilaan ja sulautunut puhtaaseen tietoisuuteen, Atmaniin eli Itseen.

Samskara – *Samskara* on niiden mieleen piirtyneiden vaikutelmien kokonaisuus, jotka juontuvat tämän tai edellisten elämien kokemuksista vaikuttaen ihmisen koko elämään , hänen luonteeseensa, tekoihin, mielentilaan jne. Se tarkoittaa myös jokaisen ihmisen synnynnäistä hyvyyttä sekä luonteen hienostuneisuutta, mielen rakennetta ja jaloja ominaisuuksia, joita on viljelty menneisyydessä. Se voi myös tarkoittaa kulttuuria.

Sanatana Dharma – "Ikuinen uskonto", hindulaisuuden perinteinen nimi ja henkinen perusta.

Sanjaasi – Munkki tai nunna, joka on vannonut muodollisen maailmasta luopumisen valan [sanjaasan]. Sanjaasi pitää yleensä okranvärisiä vaatteita, mikä viittaa kaiken kehotietoisuuden pois palamiseen.

241

Satguru – Itseoivaltanut henkinen mestari.

Satsang – *Sat* = totuus, oleminen; *sanga* = tekemisissä oleminen. Viisaiden seurassa oleminen; myös oppineen tai tietäjän pitämä luento.

Shakti – "Voima". Shakti on Universaalin Äidin nimi, Brahmanin dynaaminen aspekti.

Shiva – "Hän, joka on autuas; Hän joka on hyväntahtoinen; Hän joka on hyvä." Korkeimman Tietoisuuden muoto. Maskuliininen prinsiippi. Brahmanin staattinen aspekti. Hindukolminaisuuden aspekti, joka liitetään maailmankaikkeuden tuhoutumiseen - sen tuhoutumiseen, mikä ei ole todellista.

Sita – Raman puoliso. Intiassa Sitaa pidetään naisten esikuvana.

Tamas - Pimeys, pysähtyneisyys, apatia, tietämättömyys. *Tamas* on yksi kolmesta *gunasta* tai luonnon perustavanlaatuisesta ominaisuudesta.

Tapasvi – Hän joka harjoittaa tapasia eli itsekuria tai henkistä askeesia.

Tattva – Prinsiippi

Upadhi – Keino, väline tai instrumentti. Amma käyttää usein tätä termia viitatessaan välineisiin, joiden kautta äärettömyys tai Jumala ilmenee näkyvässä maailmassa.

Vasana – *Vas* = elävä, jäljelle jäävä. Vasanat ovat piileviä, hienovaraisia mielen taipumuksia ja haluja, jotka ilmenevät toiminnassa ja tavoissa. Vasanat ovat seurausta piilotajunnassa olevista kokemuksien vaikutelmista (*samskaroista*).

Veda - "Tieto, Viisaus"; hindulaisuuden pyhät, muinaiset kirjoitukset. Sanskritinkielinen pyhien kirjoitusten kokoelma, joka jakautuu neljään osaan: *Rig, Yajur, Sama* ja *Atharva*. Ne kuuluvat maailman vanhimpiin kirjoituksiin. Veda-kirjoituksia pidetään korkeimman totuuden suorana ilmestyksenä, jonka *Rishit* [oivaltaneet näkijät] näkivät tai kokivat noin vuonna 5000 eaa.

Vedanta – "Vedojen loppu(osa)". *Upanishadien* filosofia, *Veda*-kirjoitusten viimeinen osa, jossa perimmäisen totuuden paljastetaan olevan "Yksi ilman toista".

www.ingramcontent.com/pod-product-compliance
Lightning Source LLC
LaVergne TN
LVHW051548080426
835510LV00020B/2907